DOCUMENTS HISTORIQUES SUR L'ANJOU
PUBLIÉS PAR
LA SOCIÉTÉ D'AGRICULTURE, SCIENCES & ARTS D'ANGERS
(ANCIENNE ACADÉMIE D'ANGERS)

IV

CARTULAIRE

DU CHAPITRE

DE

SAINT-LAUD D'ANGERS

(ACTES DU XIe ET DU XIIe SIÈCLE)

SUIVI DE

LA VIE DE SAINT SILVESTRE ET L'INVENTION DE LA SAINTE CROIX

Poème français du xiie siècle

PUBLIÉ PAR

Adrien PLANCHENAULT

ARCHIVISTE - PALÉOGRAPHE

ANGERS
GERMAIN & G. GRASSIN, IMPRIMEURS-LIBRAIRES
40, rue du Cornet et rue Saint-Laud

1903

CARTULAIRE
DE
SAINT-LAUD

DOCUMENTS HISTORIQUES SUR L'ANJOU

PUBLIÉS PAR

LA SOCIÉTÉ D'AGRICULTURE, SCIENCES & ARTS D'ANGERS

(ANCIENNE ACADÉMIE D'ANGERS)

IV

CARTULAIRE

DU CHAPITRE

DE

SAINT-LAUD D'ANGERS

(ACTES DU XIe ET DU XIIe SIÈCLE)

SUIVI DE

LA VIE DE SAINT SILVESTRE ET L'INVENTION DE LA SAINTE CROIX

Poème français du XIIe siècle

PUBLIÉ PAR

Adrien PLANCHENAULT

ARCHIVISTE - PALÉOGRAPHE

ANGERS

GERMAIN & G. GRASSIN, IMPRIMEURS-LIBRAIRES

40, rue du Cornet et rue Saint-Laud

1903

Q[u]ra multoc[iens] [...] [conv]ent [...] burgen[sium] novo-
memoriam [...] [...]orum gesta labilem hominum
digna sunt re- sapientes [...] [...] ea ipsa
[et] posteris no- [con]dempnant [...] que presentibus
iusta nomin[um] burg[...] blazone dedit ecclie beati Laudi
cerne ad xxv[...] sol [...] [...] nemore de coe[...] sexaginta se[...]
sancti Albini kl[...] marcis apud Andegavum uicario prefecto Guill[elm]i
ut hereditum suo[rum] reddendos imperpetuum. Quamobrem canonici [...]
eiusdem ecclie illi ministrauerunt ne uiderent ingrata. Dederunt p[re]dicto, sc[ilicet]
xii lib. Andeg[avensium] monete. Et ne h[oc] firmum esset a inuiolabile, p[re]sente
Guill[elm]o cu[m] quibusdam canonicis ante Josselmi de Caront[...] senescallum
d[omi]ni n[ost]ri Henrici anglie regis, tunc qu[as]i Andegauum regerent, qui
illi pactiones istas recognouit a confirmauit a adfiduciauit cum
ipsa manu in manu predicti Joss[...] a cum eo aliud tu[...] de cul[...]ellis
miles suus, quod si aliquis deinceps terram illam calupniari ut
auferre ecclie sancti Laudi niteretur. Ipse inde canonicis sancti Laudi
contra omnes p[re]tor a defensor existeret, a eum ab om[n]ib[us] impediti[s]
ut liberaret. factum est hoc a cirografo confirmatum. Anno ab incar-
natione d[omi]ni m. e. lx. Apud And[...] affuerunt ibi canonici. Gaubridus
manerius. Andreas. Petrus brun[us] Stradien[sis] Josf senescallus. Berni
uxor eius. Haufrid filius eius a nece cu[m] hylaria. Girard[us] nog[...]
Josf. Boimsus a maremi[us] seruientes sui. et cu[m] Gu[illelm]ino Alnulf[us]
de cul[...]ellis milites suus. De molendin[o] et exclusa de perigne[s]
[...]

Quoniam tradere curauim[us] quoniam equali pactio quedam facta est de [...]
a confirmata inter Leonardum ecclie sancti Laudi decanum cu[m] suis assen-
capit[...] a Radulfum de Lacia cu[m] suis sociis, uidelicet bruno de Lu[...]
a Legarde de Loges fauente stephano filio suo super exclusa de perignes[...]
Verum p[re]fati milites dederunt a p[re]tio habendam concesserunt p[er]-
dicte ecclie medietatem eorum que possident in supradicta ecclia exclusa
in om[n]ib[us] a per omnia, uidelicet molendinis, piscatoinb[us], sanguine-
iustificationes a in omnibus ad exclusam pertinentibus; excepta decima
ueteris molendini. De nouo autem molendino decima illud maxime sciend[um]
est, q[uo]d iam d[i]c[t]i milites ita de iure tenentur pactionib[us], quod nec clero
ulla, nec aliqua q[uo]c[um]que conditione illam alicui possint apparere ecclie nisi

UNE PAGE DU CARTULAIRE DE SAINT-LAUD

INTRODUCTION

I

L'église et le chapitre de Saint-Laud

La fondation de Saint-Laud, aujourd'hui l'une des principales paroisses d'Angers, remonte au milieu du xɪᵉ siècle. En voici l'origine :

Autrefois s'élevait, vers le centre de l'emplacement actuel du château d'Angers, à quelques pas devant les portes du palais comtal, une chapelle construite, dit on, dès le ɪxᵉ siècle et dédiée à sainte Geneviève. Là reposaient les restes du bienheureux Laud, évêque de Coutances (vers 530-575), et de plusieurs autres saints. D'après le récit des anciens historiographes (1), ces reliques, transportées d'abord de Cou tances à Bayeux, au temps de l'invasion des Normands, puis à Rouen, en l'église Saint Sauveur, avaient été enfin confiées à Ingelger, qualifié comte d'Anjou, qui les aurait apportées à Angers et placées dans la chapelle voisine de son palais. Il est difficile d'établir l'authenticité de ces faits, et surtout il ne nous est pas prouvé que la dernière asser tion soit très exacte. En effet, un procès-verbal d'ouverture de deux châsses (2) par les moines de Saint-Aubin, vers

---

(1) Voyez notamment la notice historique sur l'église Saint-Laud, œuvre d'un anonyme du xvɪɪɪᵉ siècle, dans le ms. 680 de la Bibliothèque d'Angers, tome I, fol. 10 (33 folios). — Cf. *Péan de la Tuillerie*, édit. Port, p. 223.

(2) Cf. acte n° 12 du *Cartul. de Saint-Laud*, et *Cartul. de Saint-Aubin*, tome II, p. 5.

1027-1036, semblerait indiquer que les reliques en question étaient alors à Saint-Aubin. Il apparaîtrait, au contraire, si l'on s'en réfère au Cartulaire de Saint-Laud (1), qu'elles se trouvaient dans la chapelle Sainte-Geneviève, une vingtaine d'années plus tard.

La chapelle Sainte Geneviève n'était alors desservie que par deux ou trois chapelains. Le comte Geoffroy Martel, jugeant que ce service était insuffisant, remplaça les chapelains par un chapitre de chanoines qu'il dota de nombreux biens. La tradition fait remonter cette fondation à l an 1047, mais aucun texte ne le prouve. La pièce que nous reproduisons sous le n° 25 du présent Cartulaire (2) n'est pas à proprement parler, comme on l'a cru jusqu'ici, la charte de fondation du Chapitre ; c'est plutôt un acte énonciatif et confirmatif de donations faites antérieurement. Elle peut être datée de l'année 1060. Mais ni ce document, ni aucun autre texte n'indiquent la date de 1047 qu'on s'est plu, de tout temps, à considérer comme celle de la fondation. Un seul point semble acquis, c'est que le comte Geoffroy Martel fut le fondateur du Chapitre.

Il est à remarquer combien la fondation de Saint-Laud paraît avoir eu peu de retentissement à cette époque. Les différents rédacteurs des *Gesta consulum Andegavensium* n'y font aucune allusion, alors qu'ils relatent la fondation de l'Évière par le même comte et diverses donations faites par lui à l'abbaye de Saint-Nicolas d'Angers. A l'appui de ce que nous avançons, il nous suffira d'examiner le manuscrit qui contient, avec le Cartulaire, comme nous le verrons plus loin, l'une des rédactions des *Gesta*. Nous y trouvons cette phrase : *« Hic etiam bona ecclesie beati Laudi valde ampliavit* (il s'agit de Geoffroy Martel), *et xi canonicos in ea posuit, cum tamen modo tres vel quatuor presbiteri tunc ibi*

---

(1) Cf. acte n° 25.
(2) L'original de la charte existe dans le ms. 680, tome I (Bibl. d'Angers).

essent, sicut continetur in privilegio ipsius quod est in eadem ecclesia. » Mais cette mention, la seule d'ailleurs qui, dans le manuscrit des *Gesta*, ait trait à l'église Saint-Laud, est écrite sur une languette de parchemin reliée avec l'un des cahiers, entre les folios 57 et 58 du manuscrit. Cette languette paraît avoir été ajoutée pour y inscrire la phrase omise par le copiste dans la page voisine et, comme il restait un peu de place à la suite, il est probable que les chanoines en ont profité pour y introduire le passage en question, dont la teneur seule indique qu'il a été rédigé après coup (1).

Il n'existe pas, à proprement parler, d'acte de constitution du Chapitre. Aucune pièce n'y fait même allusion, et nous croyons que le n° 25 du Cartulaire est, sinon le plus ancien titre de Saint-Laud, du moins le principal, précédé peut être par les donations partielles de Thibault d'Orléans et de Robert le Bourguignon (Port-Thibault, l'Onglée, Genneteil, actes n°ˢ 6 et 76 du *Cartulaire*).

Parmi les donations de la première heure figurent, dans l'acte de 1060 : divers droits dans la forêt de Verrières, des vignes à Épluchard et à Sainte Gemmes, la terre et l'église de Bouchemaine, avec une partie du bois du Fouilloux et des droits sur les bateaux passant en Loire, des moulins aux Ponts-de-Cé, le dixième denier de la Monnaie d'Angers, plusieurs biens dans la châtellenie de Loudun, et à Gouis, à Chambiers, à Brain-sur Longuenée, la terre de Genneteil au Port Thibault et des vignes dans la vallée de Fosse.

Les successeurs de Geoffroy Martel ne manifestèrent pas moins de sympathie envers les chanoines. Ainsi Foulques

---

(1) Marchegay et Salmon (*Chron. d'Anjou*, édit. de la Soc. de l'Hist. de France, p. 132 en note) prétendent que cette phrase est une addition de d'Achery (*Spicilegium*, édit. in-4°, p. 483) et du ms. latin 6005, Bibl. Nat. Il est bon de faire remarquer que le ms. 6005 est du XVII° siècle. Il a été copié, il est vrai, sur un manuscrit plus ancien appartenant à l'abbaye de Toussaint, mais dont le texte est semblable à celui publié par d'Achery. Or, d'Achery a publié les *Gesta* d'après le texte joint à notre Cartulaire.

le Réchin ajoute à leurs possessions l'écluse de Rusebouc, qui sera dans la suite l'objet de nombreuses contestations, confirme les donations à eux faites par divers seigneurs, les protège et leur restitue des biens injustement enlevés ; il leur donne des reliques. Foulques V passe pour leur avoir apporté le fragment de la Vraie Croix célèbre plus tard sous le nom de « Vraie Croix de Saint Laud ». Geoffroy IV et Henri Plantagenet confirment d'une manière générale leurs possessions.

Dès le principe, le nom de la chapelle Sainte Geneviève s'était effacé pour faire place à un nouveau vocable, celui de Saint Laud. Il n'est plus question de Sainte Geneviève dans les actes postérieurs à 1060 (1). D'après quelques auteurs, entre autres Barthélemy Roger (2), la chapelle n'aurait été que peu de temps le siège du chapitre, et Geoffroy Martel aurait bâti à côté une véritable église consacrée au nouveau patron. « Il en subsistait encore il y a quarante ans, dit Célestin Port d'après Godard Faultrier (3), (c'est-à-dire vers 1840), des voûtes ogivales aujourd'hui détruites. » L'affirmation de Barthélemy Roger n'est pas invraisemblable, mais elle n'est étayée sur aucun fait. « Il est à croire, dit-il simplement, que l'église de ces chanoines avoit dès lors changé de nom, ou pour mieux dire qu'on avoit bâti, au dedans du château d'Angers, une autre église sous le nom et invocation de saint Laud, de laquelle église on voit encore les ruines et masures... » et plus loin : « J'avertis encore le lecteur de remarquer que l'église du château où étoient les chanoines s'appeloit l'église de Saint-Laud, laquelle étoit différente de la chapelle Sainte-Geneviève. »

(1) Si ce n'est dans la confirmation générale des biens du chapitre par Henri II d'Angleterre, ce qui n'est pas autrement étonnant, cet acte se référant en somme à l'acte primitif.

(2) Cf. *Hist. d'Anjou*, pp. 195 et 270 ; — *Rev. d'Anjou*, II (1853), p. 464.

(3) Cf. *Dict. de M.-et-L.*, tome I, p. 50 ; — Godard-Faultrier, *L'Anjou et ses monuments*, tome II, p. 6-7.

Rien ne justifie cette opinion. Peut être serait on disposé à tirer un argument des termes « *in die consecrationis ejusdem ecclesie* » qui figurent dans l'acte de 1060 (1). Il n'était pas d'usage, en effet, de consacrer à nouveau une église, tant qu'elle n'avait pas été profanée ou reconstruite en grande partie, et le simple changement de patron n'eût pas suffi à provoquer une nouvelle dédicace. Mais il faut songer que très souvent les églises ne sont consacrées que longtemps après leur construction. La chapelle Sainte Geneviève pouvait être jusque-là simplement bénite, et le fait de la consécration ne nous semble pas une preuve suffisante pour conclure à celui de la construction d'une nouvelle église. Quant à la note de Célestin Port, s'il nous est permis d'effleurer le côté archéologique de la question, nous ne croyons pas que des restes de « voûtes ogivales » puissent dater du milieu du xie siècle. Sur ce point, un document, qu'on ne semble pas avoir utilisé jusqu'ici comme il aurait dû l'être, peut nous donner, croyons-nous, la solution. C'est l'*Obiit* d'Henri Plantagenet (2) qui commence ainsi : « *Obiit Henricus secundus... qui post secundum istius ecclesie incendium eam magna ex parte reedificavit...* » La chapelle ou l'église Saint-Laud fut donc, d'après ce document, dont l'authenticité ne semble pas suspecte, deux fois ravagée par l'incendie et réédifiée en grande partie par le roi Henri II d'Angleterre. Le premier incendie dut avoir lieu dans les premières années du xiie siècle, car l'acte n° 55 du Cartulaire nous révèle qu'une nouvelle dédicace de l'église fut faite le 8 juin 1104 par l'évêque d'Angers, Renaud de Martigné ; le second date vraisemblablement du règne d'Henri II. Et il n'est pas téméraire d'avancer que ces voûtes ogivales sont simplement les ruines de l'église reconstruite par Henri Plantagenet.

(1) V. *Cartul.*, p. 33, ligne 7.
(2) Cf. *Revue d'Anjou*, II (1853), p. 466, note 2 ; — *Catalogue des mss. de la Bibl. d'Angers*, par Lemarchand, p. 256, en note.

Les chanoines étaient logés dans le voisinage immédiat du palais comtal, à proximité de leur église. Or, en 1234, le roi Louis IX, voulant agrandir le château, les en fit sortir. Depuis au moins deux ans il avait dû abattre, pour faire place aux fortifications nouvelles, diverses maisons occupées par les chanoines (1). Ceux-ci s'établirent au dehors. Mais le roi jugea bientôt que leurs entrées et sorties continuelles ne seraient pas sans inconvénient pour la sûreté de la place et, considérant en outre qu'ils se trouvaient parfois dans l'impossibilité d'y entrer, il se décida à transférer l'église elle-même en dehors de l'enceinte. A sa demande, les moines de Saint-Aubin consentirent à céder au chapitre la petite église paroissiale de Saint-Germain, sise non loin du château, ainsi que la maison et l'enclos dits de Saint-Hilaire. Des lettres patentes datées de Vincennes, au mois de septembre 1234, confirmèrent la translation en accordant à l'abbaye de Saint-Aubin les indemnités auxquelles elle avait droit. De son côté l'évêque d'Angers, Guillaume de Beaumont, approuva ce transfert le 18 novembre (2). Le roi avait donné quelques terrains autour de la nouvelle église pour y construire les bâtiments nécessaires. D'après la notice du xviii[e] siècle (3), dont les références sont inconnues, « les murs de la nef furent relevés de plus de deux toises. On bâtit la voûte d'un chœur et des « crois[ill]ons », la tour où sont les cloches, le vestibule devant la grande porte ». En outre les chanoines reçurent des indemnités pour compenser la perte de leurs demeures du château (4).

L'église prit le nom de « Saint Laud », et l'ancienne

(1) Cf Marchegay, *Arch. d'Anjou*, tome II, p. 160.

(2) Pour les détails, voy. la *Revue d'Anjou*, II (1853), p. 468-470, où ces pièces sont publiées, et les *Archives d'Anjou*, tome II, p. 153 et suiv. (Titres originaux) et p. 245 et suiv. *(Cartæ de fortelicia Andegavis)*.

(3) Bibl. d'Angers, ms. 680, tome I.

(4) *Arch. d'Anjou*, tome II, *Cartæ de fortelicia Andegavis*, n°s 8, 18, 30, 30 bis.

paroisse, dont le service fut continué, fut désormais connue sous le vocable de « Saint Germain-en-Saint Laud ».

Nous ne pousserons pas plus loin cet historique, ayant déjà dépassé l'époque où s'arrête notre cartulaire. Il nous suffira d'ajouter que l'église ainsi établie subsista jusqu'à la Révolution, où elle fut en partie démolie. « Quelques traces d'arceaux gothiques en subsistent encore, dit M. Port (1), dans la cour de ce nom (2), qu'entourait une enceinte avec deux portes, enfermant un beau cloître planté d'ormeaux, l'église, le cimetière, les maisons canoniales et celles des officiers. » Ces vestiges ont disparu définitivement en 1900. Après la Révolution, le service fut rétabli dans l'église voisine des Récollets. Puis l'église actuelle fut bâtie et livrée au culte en 1876.

Souvent pillée pendant le Moyen Age, par suite de sa situation en dehors des remparts, l'église Saint-Laud était une des plus pauvres de la ville. Mais elle avait acquis quelque célébrité depuis que le roi Louis XI avait mis en honneur sa Vraie-Croix, sur laquelle il envoyait ses ennemis prêter serment. Ce serait là un chapitre intéressant à faire, mais qui ne rentre pas dans le cadre de notre sujet.

Les Prébendes. — Elles étaient au nombre de onze. D'après le manuscrit des *Gesta* dont nous avons parlé plus haut (3), il n'est question que de onze chanoines à l'origine (4). Le comte se serait réservé l'une des prébendes, et ce fut celle, dit-on, que Geoffroy IV donna vers 1149 à l'évêque d'Angers (V. acte n° 50).

Vers la fin du XIe siècle, une autre prébende avait été attribuée à l'abbé de Saint-Nicolas et à ses successeurs (acte n° 74).

---

(1) C. Port, *Dict. de M.-et-L.*, tome I, p. 54.
(2) La cour Saint-Laud.
(3) Pages 2 et 3.
(4) *Et undecim canonicos in ea posuit.*

Quant aux comtes, ils se qualifient du titre « d'abbés de Saint-Laud » : « *Comites Andegavie sunt domini et abbates illius* » (acte n° 2) ; — « *Et hoc precepit et voluit ad significacionem quod comites Andegavorum pre omnibus ecclesiis sunt abbates et domini ecclesie sancti Laudi* » (acte n° 3).

Les Biens. — A la fin du xiie siècle, époque à laquelle s'arrête le Cartulaire, les possessions du chapitre ne sont pas très différentes de celles énoncées dans l'acte de donation de 1060. Elles comprennent :

A Angers, des maisons, des étals, le dixième denier de la Monnaie(1), et, *dans la banlieue*, des terres et des vignes ;

Sur la Loire, la moitié de la villa du Port-Thibault et de ses dépendances ;

Au delà de la Maine, l'église Saint-Symphorien de Bouchemaine, les villas de Bouchemaine et de Rusebouc, la terre de l'Aleu, la huitième partie des bois du Fouilloux, les églises de Saint-Jean-des-Marais et de Saint Jean-de-Linières ;

Plus loin, *vers l'Ouest et le Nord*, l'église et la paroisse de La Pouèze, la dîme de Brain-sur-Longuenée ;

Au Nord-Est et à l'Est, les églises de Saint Jacques de Foudon et de Saint-Barthélemy de Verrières ;

Dans le Baugeois, l'église Notre-Dame de Chambiers, avec le bourg où elle était située, ou, à proprement parler, la Chapelle-Saint-Laud ; la chapelle Saint-Gilles, avec

---

(1) Nous avons consacré tout un chapitre à l'étude de ce droit du *dixième denier* dans notre thèse sur la *Monnaie d'Angers* (Mém. de la Soc. d'agricult., sc. et arts d'Angers, 1895). Il nous semble inutile de la reprendre ici. Disons seulement qu'en vertu de ces termes vagues : *decimum denarium de moneta Andegavensi*, les chanoines de Saint-Laud prétendaient percevoir la dixième partie, franche de toutes charges, des profits revenant au comte d'Anjou, et plus tard au roi, sur toutes les espèces fabriquées à la Monnaie d'Angers. Ce droit, qui leur fut souvent contesté et confirmé à diverses reprises, était assez important. Les chanoines en retirèrent des bénéfices jusqu'à la fermeture de la Monnaie en 1661.

Bourgneuf et Coué ; des droits dans la forêt de Chambiers ; l'écluse de Prignes, les moulins, la dîme du poisson ; les dîmes du moulin de Bré (?) ; la terre de Gouis et ses dépendances ;

Enfin, *dans le Loudunais*, des hommes, des terres Angliers, Triou, la Vallée, une maison dans le château de Loudun, et la terre de la Chaussée.

Tels sont les biens mentionnés dans une confirmation générale octroyée au chapitre par le pape Alexandre III. Tels sont ceux dont mention se retrouve dans le Cartulaire.

Les Reliques. — Nous signalerons simplement celles dont il est question dans le Cartulaire : les reliques de saint Laud et des saints Romphaire, Coronaire, Cariulle et Marcoul (acte 12), celles de saint Guingalois et le menton de saint Julien (v. n°s 77 et 68). La plus insigne relique du Chapitre, celle de la Vraie Croix n'est même pas mentionnée. Elle demanderait d'ailleurs une étude spéciale (V. page 4 du Cartulaire, note 2.)

Actes de Confraternité. — Suivant la pieuse coutume du moyen âge, les chanoines de Saint Laud se lièrent d'amitié spirituelle avec d'autres chapitres ou des monastères. Ce fut d'abord avec les moines de Saint-Nicolas qu'ils passèrent un acte solennel, dans lequel, après avoir mis fin à d'anciennes contestations, les deux communautés s'accordèrent la réciprocité de leurs prières. L'acte eut lieu dans les dernières années du xie siècle (v. n° 74). Une convention analogue intervint, au commencement du xiie siècle, avec le chapitre de Saint-Martin d'Angers (v. n° 27), et une autre, en 1116, avec l'abbaye de Fontevraud (v. n° 17). Ce sont les seules dont il soit fait mention dans le Cartulaire. Il y en eut d'autres dans les siècles suivants, dont nous n'avons pas à nous occuper ici.

II

Le Cartulaire

Le Cartulaire de Saint-Laud, rédigé vers les premières années du XIII⁰ siècle, eut une notoriété plus grande que beaucoup d'autres, et il en est fait de nombreuses mentions dans l'histoire du Chapitre. Ceci tient surtout à des conditions extrinsèques du ms. Au Moyen Age, on n'employait le parchemin qu'avec parcimonie et, selon ce principe, le scribe chargé de rédiger le Cartulaire se servit pour le transcrire d'un registre déjà plus qu'à moitié rempli par une copie des *Gesta consulum Andegavensium*. C'est la présence de ces *Gesta* qui explique le succès du volume, souvent consulté aux archives de Saint-Laud, et emprunté à maintes reprises, comme nous l'apprennent divers passages des Conclusions capitulaires (1). Les premiers historiens de l'Anjou, tels que Hyret, eurent entre les mains le précieux manuscrit, et il est à croire que Jean de Bourdigné, official du Chapitre, dut y puiser à loisir. Plus tard Dom Luc d'Achery publie les *Gesta consulum* dans son *Spicilegium*, d'après le manuscrit de Saint-Laud que lui communique Vyon d'Hérouval. Le président Fauchet l'a eu sous les yeux, ainsi que

---

(1) *Archives de Maine-et-Loire*, série G. 913, f° 67 : Breslay, chanoine, emprunte le 8 avril 1477 (n. s.) le manuscrit des *Chroniques d'Anjou* : « quemdam librum cronicharum, in pergameno confectum, in quo tractatur de actibus ecclesie necnon de gestis per comites seu duces Andegavie quondam factis » ; — f° 134 : remise par le doyen des livres des *Chroniques* et d'Isidore qu'il avait empruntés (9 juillet 1482). — G. 916, f° 270 : le livre des *Chroniques* est prêté à M. Hyret, docteur en théologie, à charge de le rendre à toute réquisition (8 août 1594). — G. 918, f° 30 : prêt à M. Mottin, secrétaire de l'évêché, du livre des *Chroniques* (27 mars 1607) ; — etc... (V. l'Inventaire de la série G).

l'attestent diverses annotations de sa main sur le Cartulaire. Enfin Baluze et Dom Housseau y ont copié quelques chartes.

C'est donc de siècle en siècle, jusqu'à l'époque de la Révolution, qu'est constatée l'existence du Cartulaire aux archives de Saint Laud. En 1843, M. Marchegay, archiviste de Maine et-Loire, le considère comme disparu (1), de même que plus tard il cherche en vain avec André Salmon, pour leur édition des *Chroniques des comtes d'Anjou*, publiée par la Société de l'histoire de France, le manuscrit des *Gesta* qui a servi a d'Achery, sans paraître se douter que le Cartulaire et le manuscrit des *Gesta* ne forment qu'un seul et même volume.

Le Cartulaire semblait donc perdu, quand, en 1898, le très connu et très distingue bibliophile angevin, M. le marquis de Villoutreys, découvrit un manuscrit relié, mais en assez mauvais état : quelques cahiers déreliés, des feuillets en moins, et surtout, au sommet du volume, un trou circulaire de cinq à six centimètres de diamètre pratiqué par la dent des rats dans les trente derniers feuillets. Plusieurs pages étaient altérées par l humidité, l'écriture presque effacée, des lettres soulevées et s'enlevant comme découpées à l'emporte pièce. M. de Villoutreys, qui partait pour Paris au moment où il fit cette découverte, emporta le manuscrit et le communiqua à M. Léopold Delisle, administrateur général de la Bibliothèque nationale. Quelques semaines plus tard paraissait dans la *Bibliothèque de l'Ecole des chartes* (sept. oct. 1898, p. 533) un article où M. Delisle révélait au monde savant la trouvaille de M. de Villoutreys et donnait une analyse détaillée du volume. C'était le manuscrit tant cherché par Marchegay et Salmon, contenant à la fois les *Gesta consulum* et le Cartulaire de Saint-Laud.

La Société nationale d'Agriculture, Sciences et Arts

(1) *Archives d'Anjou*, I, 190.

d'Angers, qui venait d'inaugurer une série spéciale de documents angevins, en subventionnant la publication du Cartulaire de Saint-Aubin par M. Bertrand de Broussillon, jugea qu'il serait intéressant de la continuer par la publication du Cartulaire de Saint-Laud. Elle obtint de M. de Villoutreys, membre de la Société, l'autorisation de publier le manuscrit, et elle nous fit l'honneur de nous en confier la charge (1).

Il nous est difficile de ne pas donner une analyse du manuscrit de Saint Laud, bien que M. Delisle ne nous ait laissé pour ainsi dire rien à glaner après lui. Nous ne saurions mieux faire que de reproduire ici les principaux passages de son étude. Nous les imprimerons en petit texte, de façon à les mieux faire distinguer des rares observations que nous croirons devoir y ajouter :

En 1843, dit M. Delisle, quand M. Marchegay fit l'appel des anciens cartulaires de l'Anjou, il dut signaler comme disparu celui du chapitre de Saint-Laud dans lequel les Bénédictins du xviiie siècle avaient copié un certain nombre de chartes importantes. (En note : *Archives d'Anjou*, t. I, p. 190. — Les copies des Bénédictins sont à la Bibliothèque nationale, dans la collection de Dom Housseau, sous les n°s 458, 459, 460, 1229, 1282, 1309, 1317, 1366, 1382, 1432, 1473, 1507, 1635, 1711, 1892, 1907, 1920.)

Un peu plus tard, MM. Marchegay et Salmon, chargés par la Société de l'histoire de France de donner une édition des Chronique des comtes d'Anjou, cherchèrent en vain le manuscrit d'après lequel les *Gesta consulum Andegavensium* avaient jadis été publiés par dom Luc d'Achery (*Spicilegium*, éd. in-fol., t. III, p. 232), manuscrit que le savant bénédictin indiquait en ces termes : « Consulum Andegavensium Gesta indicio clarissimi Herovalii debeo, quippe codicem abhinc quadringentis circiter annis scriptum, ex ecclesia Andegavensi Sancti Laudi, nobis suppeditavit. »

(1) Le Ministère de l'Instruction publique a bien voulu accorder à la Société, pour aider à cette publication, une subvention de 400 francs.

En 1868, M. Célestin Port (*Description de la ville d'Angers*, par Péan de la Tuillerie, p. 224), ayant à parler de l'ancienne bibliothèque du chapitre de Saint-Laud, cita le manuscrit dont s'était servi dom Luc d'Achery et sur lequel il ne put donner qu'un renseignement rétrospectif : « Un exemplaire des Chroniques d'Anjou, qui fut souvent emprunté au chapitre et qui est ainsi désigné dans une délibération capitulaire du 8 avril 1477 : « Liber cronicarum in « pargameno confectus, in quo quidem libro tractatur de actibus « ecclesie necnon de Gestis per comites seu duces Andegavie « quondam factis. »

Le Cartulaire du chapitre de Saint-Laud et l'exemplaire des *Gesta consulum Andegavensium* communiqué par Vyon d'Hérouval à dom Luc d'Achery ne formaient qu'un seul et même volume et c'est ce volume dont la réapparition est due à M. le marquis de Villoutreys.

Le manuscrit a dû rester à Saint-Laud jusqu'au moment de la Révolution, comme l'atteste une inscription mise au xviie ou au xviiie siècle sur le carton de la couverture : « Il appartient à Mrs de Sainct Laud lez Angers ; il contient 98 feuillets, le dernier plus [qu'à] moitié déchiré. »

Les Bénédictins ne sont pas seuls à avoir consulté ce manuscrit. Claude Fauchet l'a eu sous les yeux : c'est à lui qu'il faut attribuer la note tracée au haut d'un premier feuillet : *Romans. De l'invention de la sainte* ✠ *de Nostre Seigneur*, et celle qui est en marge du fol. 12 v° : *Confraternitas ecclesiarum S. Nicolai et Laudi*.

Le volume se compose de trois parties distinctes, réunies de toute ancienneté, et dont les cahiers ont reçu les signatures B-C, D-K et L-P (les signatures A et Q ayant été affectées aux gardes). On a sans doute ajouté ces signatures lors de l'exécution d'une nouvelle reliure paraissant dater du xvie siècle.

Dans son ensemble le manuscrit forme un volume haut de 275 mill., large de 184, et composé de 99 feuillets de parchemin, dont beaucoup ont souffert de l'humidité et de la dent des rongeurs. Les feuillets ont été numérotés vers la fin du xvie siècle ; le feuillet qui avait alors reçu la cote 2 a malheureusement disparu. — Au commencement et à la fin du volume ont été attachés, comme gardes, quatre feuillets d'un registre de comptes de la fin du xive siècle ; un article et un arrêté de compte en date du 4 juillet 1396. On a aussi employé comme gardes deux morceaux d'une lettre d'Innocent VIII portant provision d'un bénéfice ; la pièce est datée du 8 janvier 1486, l'an III du pontificat, et adressée à un chanoine de Cambrai et aux officiaux d'Angers et du Mans.

Chacune des trois parties du manuscrit doit être examinée isolément.

I (fol. 1-14)

La première partie consiste en deux cahiers, l'un de 6, l'autre de 8 feuillets. Le premier de ces cahiers est incomplet du feuillet qui avait reçu la cote 2 quand les feuillets du manuscrit furent numérotés vers la fin du xviᵉ siècle. Il contient un poème français d'environ 1480 vers, copié sur deux colonnes, en caractères qui peuvent dater du règne de Philippe-Auguste. Le bas des premières pages a été fort endommagé par l'humidité, et la perte du deuxième feuillet a fait disparaître 128 vers.

Le sujet du poème est l'invention de la sainte croix. C'est le développement de la légende latine qu'on trouve dans beaucoup de manuscrits du moyen âge et qui est imprimée dans le recueil de Mombritius, feuillets signés VIII. c. I et VIII. c. II.

Ici M. Delisle publie 23 vers du premier feuillet et les 36 derniers vers du poème. De son côté, M. Paul Meyer a étudié plus complètement cette partie du manuscrit dans la *Romania* (1899, p. 280) et a publié les 121 premiers vers puis les vers 257 à 308. Bien que ce poème n'ait pas d'intérêt pour l'histoire de Saint-Laud, nous en donnerons, à la fin de ce volume, le texte intégral, avec un extrait de la notice de M. Meyer.

La présence de ce poème dans un manuscrit de Saint-Laud d'Angers s'explique par l'importance que les chanoines de cette église attachaient à la possession d'un morceau de la sainte croix.

Cinq pages (fol. 12 v°-14 v°) restaient blanches à la fin du second des cahiers remplis par le poème de l'invention de la sainte croix. On y a copié quatre chartes, dont l'indication sera donnée plus loin...

II (fol. 15-72)

La seconde partie du manuscrit de M. le marquis de Villoutreys est une copie, faite au xiiᵉ siècle, de la rédaction des *Gesta consu-*

lum Andegavensium, que Jean, moine de Marmoutier, dédia à Henri II et qui comprend :

1º (fol. 15). Une épître dédicatoire adressée à Henri II, roi d'Angleterre (éd. d'Achery, t. III, p. 234 ; éd. de la Société de l'histoire de France, p. 351) ;

2º (fol. 16). Un résumé de l'histoire des comtes d'Anjou, affectant la forme de panégyrique, depuis « Torquatius » jusqu'au roi Henri II (éd. d'Achery, t. III, p. 235 ; éd. de la Société de l'histoire de France, p. 354-363) ;

3º (fol. 18 vº-71 vº). Le texte des *Gesta consulum Andegavensium*, de la dernière récension, appelée par M. Mabille (*Chroniques des comtes d'Anjou*, p. XXVIII) « Quatrième rédaction ou rédaction du moine Jean », (éd. d'Achery, t. III, p. 237-266 ; éd. de la Société de l'histoire de France, p. 35-157) ;

4º (fol. 71 vº.) La formule du serment à prêter par le doyen et par les chanoines de Saint-Laud (éd. d'Achery, t. III, p. 266 ; omis dans l'édition de la Société de l'histoire de France).

Cette copie de la rédaction du moine Jean, tout incorrecte qu'elle est, sera très utilement consultée. Aucun autre exemplaire ancien de ce texte n'est connu ; M. Mabille croyait pouvoir dire en 1871 : « Il n'existe plus de manuscrit ancien de la rédaction du moine Jean. » Le manuscrit de M. le marquis de Villoutreys vient heureusement donner un démenti à cette assertion : il sera d'un grand secours pour éclaircir un certain nombre de points restés douteux.

Une étude attentive du manuscrit des *Gesta*, et sa collation avec le texte de d'Achery, le seul qui soit publié d'après le manuscrit de Saint-Laud (car le texte donné par la Société de l'histoire de France s'en écarte sensiblement), nous ont convaincu qu'il n'y a pas lieu d'en donner ici une nouvelle édition. Le texte des *Gesta*, dans le manuscrit de Saint-Laud, est fort mauvais en lui-même. Mais il a été corrigé au XVIe siècle, d'une encre pâle, d'après un meilleur manuscrit, et c'est grâce aux corrections et additions de mots ainsi faites que d'Achery a établi un texte à peu près compréhensible.

III (fol. 72-99)

La dernière partie du manuscrit est un recueil de chartes de l'église de Saint-Laud copié dans la première moitié du xiiie siècle. C'est un véritable cartulaire qui remplit : 1° le dernier feuillet d'une feuille dont l'autre partie contient la fin des *Gesta* et sur laquelle se voit la signature L ; 2° les 24 feuillets de trois cahiers signés M, N et O ; 3° trois feuillets d'un cahier signé P. Toute cette partie du manuscrit a beaucoup souffert ; le bas de tous les feuillets a été plus ou moins mutilé, et l'humidité a tellement rongé les derniers que l'écriture en est à peu près illisible.

Les trois premières pièces du recueil (fol. 72) ne sont pas écrites de la même main que le reste. La lettre de pape qui est en tête semble avoir été copiée après coup, sur une demi-page restée blanche. Il est bon de faire observer que cette lettre papale est fort suspecte. Elle est émanée d'un pape du nom d'Alexandre... (1)

Le recueil se compose de 73 pièces du xie et du xiie siècle ; celles qui portent des dates appartiennent à la période comprise entre 1094 et 1176. La notice n° 43 est du temps de Célestin III (1191-1198).

M. Delisle donne ensuite des extraits ou l'analyse sommaire de chacune des 73 pièces. Plusieurs sont publiées presque intégralement (N°s 1, 3, 12, 66).

Là s'arrête le Cartulaire proprement dit. Il n'y a pas à tenir compte d'un lambeau de feuillet numéroté 99, sur lequel se voient des restes de notes écrites au xiiie et au xive siècle ; mais au cartulaire qui vient d'être analysé il convient de rattacher 4 pièces copiées à la suite du poème qui forme la première partie du manuscrit (fol. 12 v°-14 v°). Je vais les indiquer sous les n°s 74-77.

Suivent des extraits de ces pièces, la dernière publiée en entier. En terminant, M. Delisle félicite à juste titre M. le marquis de Villoutreys de sa découverte qui, dit-il, « nous a conservé des textes d'un grand intérêt : un vieux poème français non encore signalé, un des textes les plus anciens des *Gesta consulum Andegavensium* et un cartulaire

---

(1) Voir la suite en note de la pièce n° 1 du *Cartulaire*.

angevin ne renfermant pas moins de 77 chartes ou notices du xie et du xiie siècle ».

L'article de M. Delisle nous a été souvent d'un grand secours pour la publication du Cartulaire. Il nous avait d'abord préparé et tracé notre besogne. Malgré ces facilités et bien qu'ayant attentivement examiné le manuscrit, nous ne nous doutions guère, en entreprenant ce travail, à quel point il serait laborieux. Le texte du Cartulaire est assez mauvais. Mais la transcription en eut été relativement aisée sans l'état lamentable de certaines pages. Dans beaucoup d'actes, en outre du trou qui s'étend sur les cinq ou six lignes en tête de chaque feuillet, et dont le fac simile que nous joignons à ce volume donne l'idée, beaucoup de passages sont à peu près illisibles, l'épiderme du parchemin étant enlevé. A peine, lorsque des copies permettent de compléter le texte, peut-on reconnaître sur le manuscrit l'emplacement des mots. Et cette difficulté de lecture augmente et se reproduit de deux en deux folios, à partir du folio 90. Les folios 91 v° et 92 r°, 93 v° et 94 r°, 95 v° et 96 r°, 97 v° sont dans cet état. Le feuillet 98 n'est plus qu'un lambeau. Aussi avons-nous dû laisser, dans plusieurs actes, des séries d'espaces blancs et des points. Nous n'avons cependant négligé aucune recherche pour arriver à combler les lacunes. Peut-être pourra-t-on le faire plus tard.

Nous devons expliquer ici le système que nous avons employé pour signaler les lacunes du Cartulaire. Nous avons placé entre crochets carrés les passages ou les mots dont il ne reste aucune trace dans le manuscrit, soit que le parchemin ait été rongé, soit que l'épiderme seul soit emporté. Lorsque nous n'avons pu suppléer à ces vides à l'aide de copies ou de restitutions par le sens de la phrase, nous avons indiqué en millimètres l'étendue totale de la lacune. Pour les passages simplement illisibles, nous avons remplacé les mots ou les lettres par des points.

Le texte, comme nous l'avons dit plus haut, est mauvais. Nous ne nous sommes attaché à en rectifier ou à en signaler les fautes, qu'autant que cela nous a semblé indispensable pour l'intelligence du sujet, sans quoi il nous eût fallu parsemer les pages de trop nombreuses additions. Cependant ce texte ne nous a pas paru si défectueux que nous ne dussions en donner une édition paléographique. De même que les copies sont utiles pour le compléter, il permettra de remédier sur beaucoup de points aux imperfections des actes connus seulement par ces copies.

Quant aux renseignements nouveaux à retirer du Cartulaire, nous devons avouer qu'ils ne répondent pas à toutes les espérances. Un certain nombre de pièces, une trentaine environ sur soixante dix-sept, étaient déjà connues par les copies de Dom Housseau, de Baluze et du manuscrit 680 (1), et quelques-unes, quoique encore inédites, ont été mises à contribution par les historiens ; d'autres avaient été publiées par Marchegay et Célestin Port.

Les données historiques sont peu nombreuses. L'acte n° 16, relatif à l'absolution de Foulques le Réchin, et déjà connu par les copies, contient le récit de la folie et de la captivité de son frère Geoffroy. Le n° 48, qui figure dans Baluze, nous apprend que, en 1145, le comte Geoffroy IV prit possession du château d'Arques et qu'il était maître de la Normandie ; le n° 55, daté de 1104, que Foulques IV avait donné la terre de Genneteil à Robert l'Allobroge, pour que celui ci l'aidât dans la lutte contre son frère ; le n° 5, qu'en 1111, Hugues de Mathefelon, sur le point de se croiser, remit son château aux mains de son oncle Samuel. L'acte le plus important, parmi les inédits, est l'attribution par Geoffroy IV d'une prébende de chanoine de Saint Laud à l'évêque d'Angers. Il n'a jamais été publié et semble avoir été ignoré des auteurs des deux Gallia Christiana.

Les renseignements archéologiques sont encore plus insignifiants. Tout au plus est-il fait allusion, dans le n° 3, au

---

(1) Voici les références de ces divers manuscrits :
Bibl. nat. Mss. Coll. Dom Housseau, tomes IV, V, VI. Coll. Baluze, vol. 276, p. 115 et s. — Bibl. d'Angers, Ms. 680. t. I.

thau eboreum dans lequel on croit reconnaître le premier reliquaire de la Vraie Croix de Saint-Laud, et, dans le n° 48, est-il question d'un autel, « *altare Beate Marie in cripta* ».

Le Cartulaire permet de contrôler l'exactitude de quelques usages du temps, tels que le don à l'église, en signe de tradition, d'un « couteau à manche noir posé sur l'autel, puis conservé, fermé, dans les archives » (n° 44), ou bien l'apposition d'un denier à une charte en guise de sceau (n° 33). Au point de vue du droit, nous relevons quatre affranchissements de serfs (n°s 44 15, 9, 15 et 14). C'est principalement à la topographie et à l'onomastique que le Cartulaire est appelé à rendre des services. Il vient compléter à propos le Cartulaire de Saint-Aubin pour la région de Chambiers et de Gouis, et celui du Ronceray pour Bouchemaine. Les noms de témoins et de personnages qu'il fournit aideront à dater d'autres actes. Malheureusement, sur soixante dix-sept actes du Cartulaire, cinquante n'étaient pas datés : nous avons dû leur assigner des dates approximatives.

Nous avons ajouté en supplément quelques actes des xie et xiie siècles qui auraient pu figurer dans le Cartulaire et que nous avons retrouvés soit aux Archives de Maine-et-Loire, soit dans les recueils manuscrits de la Bibliothèque de la Ville, soit dans diverses publications. Ils sont en petit nombre et constituent avec le Cartulaire tout ce qui est connu de l'histoire de Saint Laud pour la période antérieure à l'année 1200. Enfin, nous donnons ci après une liste des doyens du chapitre de Saint Laud reconstituée, autant que nous l'avons pu, jusqu'à la fin du xiie siècle.

Nous adressons l'expression de notre reconnaissance à MM. Delisle, P. Meyer, Lelong, Saché et Ch. Urseau, qui ont bien voulu nous aider de leurs conseils, ou nous prêter leur concours dans la collation de différents textes, et aussi à M. le marquis de Villoutreys, qui nous a si aimablement confié son manuscrit pendant de longs mois.

Liste des doyens du chapitre de Saint-Laud depuis la fondation jusqu'à l'an 1200

D'après la Gallia Christiania	D'après le Cartulaire
Lambertus . . . . . vers 1070	Lambertus . . . . . vers 1080
Gausbertus . . . . . vers 1075	. . . .
Guido. . . . . vers 1099	Guido. . . . entre 1094 et 1101
. . . .	Guido de Atheuis. . après 1131
Normannus. . . . . vers 1140	Normannus. . . . . vers 1140
. . . .	Goffridus 1150
. . . .	Guillelmus Lumbardus ou Longobardus. 1164
. . . .	Leonardus. 1174
Girardus . . . . . . vers 1192	Girardus ou Gerardus vers . . . . 1178-1191 *(Ce dernier figure dans un acte du Cartulaire de Saint-Aubin en date du 12 avril 1195.)*

CARTULAIRE

DU CHAPITRE

DE SAINT-LAUD

D'ANGERS

1

F° 72. — 1172, 17 avril. — **Lettre d'un pape du nom d'Alexandre aux chanoines de Saint-Laud, leur prescrivant de porter devant les frères les plus anciens de leur église toutes les contestations qui pourraient surgir parmi eux** (1). — (Publié par M. L. Delisle, Bibliothèque de l'École des Chartes, 1898, p. 539.)

Alexander, episcopus, [servus servorum D]ei, dilectis filiis decano et capitulo Beati Laudi Andegavensis, [salutem et apostoli]cam benedictionem. Justis petentium desideriis dignum est nos facilem prebere assensum, et vota que a rationis tramite non discordant effectu sunt prosequente complenda. Ea propter, dilecti in Domino filii, vestris justis

---

(1) Cf. Baluze, vol. 276, f° 121. — M. Delisle conteste avec raison l'authenticité de cette lettre : « Elle est émanée d'un pape du nom d'Alexandre et datée de Rome le 17 avril de la treizième année du pontificat. Il ne peut s'agir que d'Alexandre III ou d'Alexandre IV. Ce dernier pontife est hors de cause, puisqu'il n'a occupé le Saint-Siège que pendant six années et demie. D'autre part, il parait impossible d'attribuer la pièce à Alexandre III : les lettres de ce Pape ne sont datées que du jour du mois sans mention de l'année du pontificat. D'ailleurs, Alexandre III était non pas

postulationibus grato concurrentes assensu, devotioni vestre auctoritate apostolica confirmamus et presentis scripti patrocinio communimus, ut, si qui ex vobis vel clericis ecclesie vestre aliqua negocia inter se habuerint, vel si alius aliive adversus vos vel adversus aliquos ex vobis vel adversus eos aliquid querimonie moverint, apud digniores vel ante seniores fratres ecclesie vestre, quicquid illud sit, mediante justicia vel concordia dirimatur. Statuimus autem ut nulli omnino hominum liceat hanc paginam nostre confirmationis infringere vel ei aliquatenus contraire. Si quis autem hoc attemptaverit, indignationem omnipotentis Dei et beatorum Petri et Pauli, apostolorum ejus, se noverit incursurum. Data Rome, xv kalendas maii, pontificatus nostri anno tercio decimo.

2

Fº 72. — Entre 1144 et 1149. — **Geoffroy Plantagenet, comte d'Anjou, confirmant au chapitre de Saint-Laud la possession de tous les dons faits par ses prédécesseurs, ordonne de porter devant lui ou devant ses successeurs toutes les causes relatives à ces biens (1).**

Transcriptum prime carte Goffridi comitis.

Ego, Gofridus, dux Normandie et comes Andegavie, filius Fulconis regis Jerusalem, volo notum fieri tam futuris quam presentibus me dedisse et concessisse et presenti

à Rome, mais à Tusculum, le 17 avril 1172, treizième année de son pontificat. Enfin, quand Alexandre III était à Rome, il ne datait pas ses lettres en employant simplement le mot *Rome*, il indiquait l'église auprès de laquelle siégeait la cour pontificale : *Rome apud Sanctam Mariam Novam, Rome apud Sanctum Petrum.* »

(1) Cf. Dom Housseau, t. IV, nº 1507 ; — Bibl. d'Angers, ms. 680, t. I nº 9 (original de l'acte, illisible). Dans ce dernier manuscrit, l'acte est complété ainsi par une copie du xviiº siècle : *Actum apud Andegavum, in thalamo meo. Testes fuerunt Rainaldus de Castrogon-*

confirmasse clericis meis de Sancto Laudo Andegavensi omnes possessiones et omnia dona et tenementa que antecessores mei comites ecclesie Sancti Laudi et eis dederunt, et omnia que ipsi ad opus ecclesie adquirere poterunt, cum omni libertate et omni quitencia, sine aliqua costuma alicui reddenda, cum sanguine et latrone, cum incendio et raptu et murtro, et cum omni dominio integre, et cum omni honore, et eciam con fodrio meo, et cum vinagio illarum vinearum omnium que remanebunt ad usum clericorum in ecclesia illa deserviencium. Hec, inquam, dono ecclesie Sancti Laudi et clericis in feodo et casamento, sicut ego melius et liberius teneo terram meam, cum hominibus omnibus, villis et terris, vineis, aquis, pratis et molendinis, cum bosco et plano, cum viis et semitis et cheminis. Quare volo et precipio quod canonici nulli respondeant de possessionibus suis nisi in presencia mea aut in presencia comitum Andegavie mihi succedencium. Ecclesia enim Sancti Laudi supra omnes alias mei juris est et antecessorum meorum, et ad Andegavie comites hereditar[io jure pertin]et, et comites Andegavie sunt domini et abbates illius, et specialiter est [statutum] sicut illa cujus bona temporalia in vita et spiritualia eciam post mortem sine fine possidebunt. Actum (1).....

terii, Rainaldus Ruffus, Gaufridus et Huo et Fulco de Durico (sic), Gorronius et Fulco camerarii, Pipinus de Turone et Joslenus de Turone, Andegavensis ecclesiæ, Normannus decanus, Huo de Carnoto, Gauffridus Manerii, Girardus de Belloforti, Giraldus de Daulcis, Andreas Cadaver, Ganguenon, Petrus Brito et plures alii. Dans le même ms., un vidimus de l'Official d'Angers, de 1279, et un autre vidimus de 1405 donnent la variante suivante : Après *Joslenus de Turone*, il y a non pas *Andegavensis ecclesie*, mais *De canonicis vero ecclesie, Normannus decanus.*

(1) Le texte du Cartulaire finit au mot « Actum » et il nous a été impossible de lire la date sur l'original.

3

F° 72 v°. — Après 1131. — **Règlement par le doyen Guy d'Athée des cérémonies à observer par les chanoines nouvellement promus et pour la réception des comtes d'Anjou lorsqu'ils se rendent à Saint-Laud** (1). — (Publié presque en entier par M. L. Delisle, Bibl. de l'École des Chartes, 1898, p. 540.)

Sciant omnes successores nostri canonici Sancti Laudi Andegavensis quod hec obediencia et fidelitas debetur Andegavorum comitibus, comitisse eorumque liberis, a canonicis Sancti Laudi, videlicet quod canonici qui de novo creati fuerint jurabunt, tactis sacrosanctis evangeliis, honorem et utilatem et consilium comitis et comitatus, et jura dicte ecclesie et libertates in omnibus et per omnia in capitulo Sancti Laudi Andegavensis fideliter observare. Comes vero qui de novo creatus fuerit, cum ad ecclesiam venerit, processionaliter recipietur a capitulo et clericis sollempniter Sancti Laudi, et eciam quocienscumque a peregrinacione longa sive ab absencia redierit idem comes, quod eciam cum comitissa (et) eorumque liberis observabitur, et recipientur a decano sive ab illo qui primus erit prior ejusdem ecclesie, cum textu et turibulo et aqua benedicta, tradens dicto comiti similiter in dicta receptione *thau eboreum* (2) quod Fulco, rex Jerusalem, Andegavorum comes,

(1) Cf. Baluze, vol. 276, f° 121 v° ; — Dom Housseau, t. IV, n° 1507 *bis* ; — Bibliothèque d'Angers, ms. 680, t. I, f° 28 (copie du xviii° siècle).

(2) Ce *thau eboreum* a été considéré jusqu'ici comme étant le premier reliquaire de la Vraie Croix de Saint-Laud. Nous nous bornerons à faire observer que le texte ci-dessus est en contradiction avec l'opinion commune d'après laquelle Foulques V aurait « rapporté » la relique de Jérusalem. En effet, ce comte est allé deux ou peut-être trois fois à Jérusalem (Cf., sur ce point, Dodu, *De Fulconis Hierosolymitani regno*) et y est mort au cours de son dernier voyage, après avoir été sacré roi le 14 septembre 1131. D'après le texte, ce serait à l'époque de son sacre qu'il aurait reçu la relique des mains du sultan de Babylone. Il n'aurait donc pu la

dicte ecclesie dedit, quod habuit a sodanno Babilonie, quando Christus in regem Jerusalem ipsum Fulconem sublimavit. Ego vero Guido de Atheuis(1), cum toto capitulo ecclesie et clericis, pluries comitem Andegavorum ita recepi ; et ideo dictus Fulco rex dictum *thau* ecclesie nostre dedit ut nos ita comites reciperemus, et hoc precepit et voluit ad significationem quod comites Andegavorum pre omnibus ecclesiis sunt domini et abbates ecclesie Sancti Laudi.

4

F° 72 v°. — Vers 1069. — **Foulques IV, comte d'Anjou, approuve la donation d'une partie du bois du Fouilloux, faite au chapitre de Saint-Laud par Joubert de Maillé, seigneur de Trèves, de l'assentiment de « Thehelda » de Trèves, sa sœur, et de Hardouin, son neveu.**

Ego, Fulco, Andegavorum comes, volo notum fieri tam futuris quam presentibus quod cum Gobertus de Malliaco, dominus de Trevis, mee se presencie presentaret, partem suam quam habebat in foresta mea, cui nomen est Communalis, necnon eciam Foilliosus, hoc est octavam partem, cum terra sua de Bucca Meduane prope dictum nemus, canonicis Sancti Laudi dedit et concessit. Rogavit eciam idem Gobertus Theheldam, sororem suam, cum Hardoino, nepote suo, ut aliam partem, id est octavam, monachis Sancti Nicholai concederent, qui respondentes se, Deo

---

rapporter lui-même, ainsi que le représente d'ailleurs un bas-relief de l'église Sainte-Croix de Loudun.

(1) Nous préférons à la lecture « Athenis », généralement admise mais ne correspondant à aucun nom de lieu de la région, la lecture « Atheuis » qui prête à l'identification possible avec Athée (Maine-et Loire, Mayenne, Indre-et-Loire) et notamment avec la famille de ce nom connue dans la Mayenne (Cf. Angot, *Dict. de la Mayenne*).

dante, hoc in brevi facturos. Ego vero, comes Fulco, donum istud auctorizavi, [ut] prout melius et liberius reliquas tres partes possideo et ita possideant dicti canonici, hoc est cum omni libertate et omni quitancia. Huic donacioni interfuerunt Thehelda de Trevis cum Hardoino, filio suo, et magistro Raginaldo Garnerio, camerario, Girardo, celerario. Ego Fulco ✠ comes, firmitatem facti hujus sancte crucis impressione roboravi, et quicumque contraierit anathema maranatha sit.

5

F° 73. — 1111. — Accord entre les chanoines de Saint-Laud et Hugues de Mathefelon au sujet des exemptions de droits accordées par Geoffroy Martel, comte d'Anjou, auxdits chanoines et aux habitants de Chambiers et de Gouis. En présence de l'Évêque d'Angers, Hugues, sur le point de se croiser, abandonne ses prétentions (1). — (Publié par Marchegay, Bibl. de l'École des Chartes, t. XXXVI, p. 422.)

Libertas hominum de capella Sancti Laudi.

Laudabile [duximus noticie posterorum] tradere quod Goffridus Martellus, comes inclitus Andega[vorum, ecclesiam Sancti Laudi], que, in tempore patris sui Fulconis, tantummodo parrochiale [servicium habue]rat, volens exaltare, canonicale officium in ea fieri constituit, [qui inter] cetera que clericis ibidem servituris contulit, partem forestis sue, cui nomen est Chamberis, dedit eis extirpandam, et edificiis burgi et ecclesie, culturarumque solo conveniencium excolendam. Constituit itaque cultores illius loci ab omnibus consuetudinibus inraunes (2) esse, et maxime in calle Andegavensi, eundo et redeundo, nisi ali-

(1) Cf. Dom Housseau, t. IV, n° 1309.
(2) *Sic,* pour *immunes.*

quis esset qui lucrum mercatur (1) vendendo vel emendo
exerceret, is talis consuetudinem redderet de rebus illis quas
causa lucri mercaturalis compararet. Alioquin, quicumque
illorum, vel peccudes, vel salem, vel pannos, vel aliquid
ad opus domus sue compararet, vel de quibuslibet fructibus
terre per suum cultum aliquid lucraretur, aut aliquid ven
deret vel emeret non causa mercaturalis lucri, ille talis
liber ab omni consuetudine remaneret. Tenuerunt itaque
canonici Sancti Laudi et habitatores loci illius per multos
annos libertatem illam, donec quidam colonus illius terre,
nomine Girmundus, porcos suos duxit Andegavim vendendos. Qua occasione Fulco de Matefelono, volens contra
constitucionem illustrissimi comitis habitatores predicti
loci consuetudinarios sibi facere, pedagium de porcis illis
violenter rapuit. Unde canonici commoti duos de consorcio
suo ad Fulconem miserunt, Garinum videlicet de Azeo et
Manerium, qui disserentes tenorem inmunitatis sue, rece
perunt ab eodem Fulcone pedagium quod de porcis habuerat. Postquam autem Fulco monacus factus est, et Hugo,
filius ejus, castellum patris in manu habuit; pro eadem
causa boves predicti Girmundi filius idem rapuit. Unde
canonici venientes iterum ad discussionem contra eum in
curiam Rainaldi episcopi, jus ecclesie sue ibi evidenter
disseruerunt; tandemque recognovit Hugo se rapinam
illam injuste fecisse, et consuetudinem predictam reliquit,
cum anulo episcopi in manu ipsius, adversus Girmundum
ceterosque omnes cultores terre Sancti Laudi, tam Chamberis quam Gozie, imperpetuum, annuente hoc Adelena
uxore et filio ejus Theobaldo, suoque patruo Samuele, in
cujus manu dimittebat castellum suum iturus Jerusalem.
Actum est Andegavi, in thalamo episcopi, anno ab incar
nacione Domini MCXI, indiccione III, concurrente VI, epacta XI,
presentibus istis testibus : Guillelmo de Salmuro, Huberto
archidiacono, Ricardo de Valle, Stephano de Continniaco,

(1) Il faut lire *mercaturale*.

Guillelmo Muscha. De canonicis Sancti Laudi affuerunt isti : Goffridus Caifas, Manerius, Garinus de Azeo, Goffridus de Resti[gniaco. De parte] Hugonis, affuit Hamo de Ruilliaco et Goffridus de [Intramis].

6

F° 73 v°. — Entre 1047 et 1060 (?). — **Renaud le Bourguignon concède aux chanoines de Saint-Laud les biens qu'il possédait au Port-Thibault en vertu de la convention faite avec N..., fils de Salomon de Sablé, et leur donne en outre la terre de l'Onglée (1).**

[De portu] Theobaldi.

Ego. R. Burgundio (2), memor autem be[neficiorum domini m]ei, G. Martelli, que erga me larga manu dispensavit, [ob rem]edium anime ipsius et domine mee Ag., que mihi semper potuit adjutrix et corroboratrix in omnibus extitit, et anime mee et parentum meorum et fidelium meorum Ra. et Ro., et uxori mee et omnium fidelium defunctorum, canonicis ecclesie beati Laudi, quos ipse dominus meus ad serviendum Deo et vivendum regulariter congregavit, totam convencionem quam cum N., filio Salomonis de Sablodio, de ductu Theobaudi Aurelianensis feceram im perpetuum concedo. Concedo eciam canonicis terram Angularie, que est de meo casamento, cum vinagio et fodrio et vicaria et terre et aque, et omnibus aliis costumis, que omnia et ductum et terram et cetera alia dominus meus in dotalicio ecclesie habenda constituit, et sicut soluta et quieta concessit et ego similiter concedo et filii mei.

---

(1) Cf. Dom Housseau, t. II, n° 459 ; — Bibl. d'Angers, ms. 680, t. I. n° 4, f° 5, et n° 6, f° 1.

(2) Voyez le n° 76.

7

F° 73 v°. — Vers 1100. — Notice du don et vente de l'écluse de Rusebouc, par Foulques le Réchin, comte d'Anjou, aux chanoines de Saint-Laud et aux religieuses du Ronceray, et de l'accord survenu à ce sujet entre les coacquéreurs (1). (Publié par Marchegay, *Cartulaire du Ronceray*, n° 100, et daté : vers 1080.)

De exclusa de Rusebouc.

Volumus posteritati scriptum relinquere quo pacto sanctimoniales ecclesie Caritatis cum canonicis Sancti Laudi ductile sub Bucca Meduane communiter habuerunt et quomodo, dono et emptione, a magni Gaufridi nepote Fulcone, Andecavensium comite, adquisierunt. Comes ille, supradictus Gaufridus, hanc aquam in qua ductile edificatum est ita propriam habuit ut ibi tractus esset sue sagine (2). Mortuo autem illo, nesciente Fulcone herede suo, Fossenses colliberti et alii multi in eadem aqua plurimos descensus fecerunt. Quod postquam deprehendit, jussit ut quicumque in eadem aqua descensus fecerant (3), illo nesciente, rectum sibi facerent. Illi autem in ecclesiam (4) Sancti Laudi convenerunt ante eum, in sancti Laudi solempnitate, quorum nomina hec sunt : Ingelbaudus de Saiaco, Frogerius frater ejus, Gauterius (5) de Mesodavid, Robertus Romarius, Martinus Borrellus, Rorguinus et frater ejus, Gauterius Glacialis et Radulfus, frater ejus, qui tunc erat subvi-

(1) Complété à l'aide du *Cartulaire du Ronceray*. — Voyez ci-après l'acte n° 72.
(2) sagene (*Ronceray*).
(3) fecerent (*Ronceray*).
(4) ecclesia (*Ronceray*).
(5) Depuis ce mot jusqu'à *subvicarius ejusdem*, le texte est ainsi modifié dans le *Cartulaire du Ronceray* : *Gauterius Glacialis et Radulfus frater ejus, Robertus Romarius, Martinus Borrellus, Rorguinus et frater ejus, Gauterius de Meso David qui tunc erat subvicarius ejusdem.*

carius ejusdem, et cum his alii multi quorum nomina, propter fastidium, scribenda relinquimus, ibique comes rectum poposcit de aqua sua quam, se nesciente, invaserant injuste. Illi vero omnino placitum respuerunt, dicentes se nonquam cum eo placituros de hoc. Respunsum quorum audivit comes, et clerici plures et milites et servientes. Videns autem eos comes omnino judicium renuentes, dedit et vendidit sepedictis (1) aquam absolutam et quietam ab omni consuetudine, dimittentibus ei sanctimonialibus centum quincaginta libras, quas ipse eisdem sanctimonialibus debebat, excepto quarto [pisce quem in manu su]a retinuit, eo tenore ne unquam alicui daret, sive [in vita sive in morte], nisi duabus ecclesiis supranominatis communiter, ita u[t ductile can]onicorum, quod erat superius, destrueretur, de quo multi conquer[ebantur]. Annuit eciam comes sanctimonialibus et canonicis ut acciperent de silvis suis ad opus ductilis pro quarto pisce quem retinebat. Deinde videns et audiens Hugo, canonicus Sancti Laudi, prescriptos invasores defecisse de placito, ut conscios commisse injurie, dedit eis, de Sancte Marie Sanctique Laudi peccunia et de sua, unicuique tantum ut sponte dimitterent calumpniam quam in supradicta aqua clamabant : Gauterio Glaciali et fratri suo Radulfo, pagellam unam et dimidiam vinagii, Roberto Romario xx solidos, Frogerio filio Petri, Gauterio Balduino, triginta tres solidos, Gauterio de Mesodavid, xxxv solidos, et filius ejus David et Rorguinus annuerunt ; Martino Borrello, xii solidos, Alberico Borrullo, xi solidos ; filio Alcherii, ii solidos et unum sextarium sigule ; Lam berto Radevino, ii solidos et unam aream domus in terra Sancti Laudi, pro censu quatuor denariorum, quam post mortem ipsius tradidit Hugo uxori sue. Dederunt eciam canonici dimidium arpentum vinearum et dimidium arpentum terre et unam aream domus Constantino .exclusatori. Pro his rebus et pro vinagio suprascripto et pro petra que

(1) Saepedictam (*Ronceray*).

est in terra canonicorum, unde edificentur ductile, et ut homines Sancti Laudi defendant molendina Sancte Marie sicut molendina Sancti Laudi a glacie vel tempestate, si homines Sancte Marie non celeriter adesse poterint, dederunt sanctimoniales canonicis unum arpentum vinearum. Hec (1) est conveniencia inter sanctimoniales ecclesie Caritatis et Sancti Laudi canonicos de supradicto ductili, ut equaliter mittant canonici et sanctimoniales quecumque necessaria fuerint ad edificacionem ductilis, et equaliter accipiant omnes profectus qui inde exituri sunt de piscibus, excepto quarto pisce comitis [et] quarto pisce exclusatorum. De vicaria que inde proventura est, nec liceat canonico vel servienti ejus aliquid perdonare sine assensu sanctimonialis vel servientis ejus, nec sanctimoniali liceat aliquid perdonare vel servienti ejus sine assensu canonici vel servientis ejus. Omnium molendinorum ibidem molencium profectus equaliter habeant. De burgo Sancte Marie et de burgo Sancti Laudi et de pistrinis eat annona ad eadem molendina. Hoc autem pactum insuperpositum fuit ut molendina Sancti Laudi essent uno anno (2) parte ripe et al[tero anno intra mag]nam aquam, et molendina sanctimonialium similiter. Itaque [mutabantur variab]iliter uno quoque anno status molendinorum.

8

F° 74 v°. — Vers 1110, un mercredi veille de la Mi-Carême. — **Foulques V, comte d'Anjou, donne aux chanoines de Saint-Laud la part de servage qu'il tenait d'Auger (?).**

In nomine Sancte et Individue Trinitatis, [tam prese]ntibus quam posteris notum facimus sancte Dei ecclesie fidelibus quod donnus Fulco, Fulconis filius, Andecavensium

(1) Hec autem (*Ronceray*).
(2) In (*Ronceray*).

comes, partem illam servitutis quam de Algero (?) habebat, pro remedio anime patris sui omniumque fidelium defunctorum, ecclesie Beati Laudi et canonicis totam et absque ulla retemptatione dedit, cum omni prole quam tunc habebat vel habiturus erat. Quicunque igitur inimicus Dei, quod absit, donum supradictum calumpniari aut infirmare presumpserit, iram summi Judicis incurrat et anathemati subjaceat. Factum est hoc in claustro Beati Laudi, die mercurii illius ebdomade que mediana Quadragesime appella tur. Huic dono interfuerunt, de canonicis : Maenerius nepos donni Josberti, Gaufridus de Restiniaco ; de militibus comitis : Hardoinus de Sancto Medardo, Mauricius Roognardus, cum duobus filiis suis, Joscelino et Petro, Joscelinus de Campo Caprario, Gaufridus de Clara Valle, tunc dapifer, Simon Emsaudi, Borrellus de Salmurio, Hugo Rigauldi, tunc prepositus.

9

F° 74 v°. — 1109 (n. s.), 14 avril. — **Affranchissement d'un serf nommé Benoît, par Foulques V, comte d'Anjou, et par Hermengarde, sa sœur, le jour des obsèques de leur père Foulques le Réchin (1).**

Piissimus dominus noster Jesus Christus, salutem humani generis amore paterno desiderans, inter alia precepta que fidelibus suis dedit ut eterne vite gaudia possent adipisci, precepit eis debitores suos a debitis illorum absolvere, quo ipsi ante summum Judicem suorum commissorum veniam securi valeant expectare. Tante igitur autoritatis preconio compulsus, ego Fulco, comes Andegavorum, et mea soror Hermengardis, hunc fidelem nostrum Benedictum, nobis vinculo servitutis obnoxium, ab omni debito servilis condicionis, pro anima patris nostri Fulconis et pro remissione malefactorum nostrorum absolvimus, ut deinceps

(1) Cf. Dom Housseau. t. IV, n° 1282 ; Baluze, vol. 276, f° 122 v°.

cum omni fructu suo licencia liberali donatus, in quamlibet mundi partem eat, nec cuiquam successorum nostrorum eum ab arbitrio suo revocare liceat. Actum est Andegavi, in ecclesia Sancti Mauricii, ubi patris Fulconis exequie celebrabantur, xviii kalendas maii, anno ab incarnacione Domini mcviii, indictione ii, concurrente iiii, epacta xvii, Pascasio papa sedem apostolicam obtinente, Ludovico in Gallia regnante, Rainaldo episcopo Andegavensem ecclesiam gubernante. Hujus manumissionis testes sunt : Ademius nutricius, et Burgundio de Calumpna, qui quartam istam super capud Benedicti composuit, quando comes et soror ejus sua signa in ea fecerunt.

10

F° 75. — Vers 1100. — **Foulques IV, comte d'Anjou, donne à Geoffroy Caïphe, son chapelain, une petite maison qu'il avait acquise de Renaud l'Espautier, près de l'église Saint-Aignan (1).**

Notificetur ita[que...] Fulconem, Andegavorum comitem, d[omunculam que adheret c]ellario quod est ante Sanctum Anianum, de Rainaldo Espalte[rii, x libras em]isse eandemque solutam et quietam Gaufrido Caiphe, clerico, [capella]no suo, dedisse. Hujus rei sunt testes isti : Gaufridus Fulcredi, qui tunc erat senescallus, Hugo de Pocheio, Achardus de Santonis, Siebrannius comestabuli, Fulcoius cellerarius, Aubertus Balotus, Herbertus de Vieriis et multi alii

(1) Cet acte est reproduit dans le corps du n° 41.

11

F° 75. — Entre 1096 et 1101. — **Accord entre l'abbaye de Saint-Nicolas et le chapitre de Saint-Laud, par devant le comte Foulques IV et l'évêque Geoffroy de Mayenne, au sujet du droit de panage dans le bois du Fouilloux (1)**

De pasnagio nemoris de Folioso.

Sciant quibus sciendum est abbatem Sancti Nicholai, Lambertum nomine, et monachos ejusdem monasterii et canonicos Sancti Laudi quandam que inter eos erat contencionem, de pasnagio illius silve que Communalis dicitur, coram comite F. et G. Meduanensi, Andegavorum episcopo, sic diffinisse, ut monachi de porcis suis qui tantum de cellario sunt canonicis pasnagium non darent. Illi vero porci sic debent esse proprii de cellario, ut nullus homo, sive cliens, sive rusticus, sive eciam quilibet alius, habeat partem in illis. Et ut hoc ex veritate sciant canonici, videlicet quod in eis porcis nemo partem habeat preter cellarium Sancti Nicholai, constitutum est a comite et episcopo ut uni canonichorum vel alicui quem loco suo sponte posuerit duo clientes Sancti N., scilicet cellararius laicus et forestarius, vel, si unus eorum defuerit, eque valens ei, fidem tribuant in foreste Communali, aut ubi canonico sive legato illius convenienter placuerit.

12

F° 75. — Vers 1027-1036. — **Procès-verbal de l'ouverture de deux châsses contenant des reliques des saints Laud, Romphaire, Coronaire, Marcoul et Cariulle, faite par les moines de Saint-Aubin sur l'ordre du comte Foulque III (2).** — (Publié par M. Bertrand de Broussillon, *Cartulaire de Saint-Aubin*, t. II, p. 5.)

Tempore Fulconis, Andegavorum comitis, et donni Huberti episcopi, reserate sunt pariter he due capse a

(1) Cet acte est reproduit au folio 84. Voyez ci-après, n° 34.
(2) Cf. Baluze, vol. 276, f° 123 v°.

donno Primoldo, abbate Sancti Albini, presentibus quibusdam suis monachis, et jussu ipsius comitis. Invente intus reliquie multo culcius sunt reposite in loculum ab eodem comite (1) instructum, in honorem ipsorum sanctorum, cum decenti tocius monasterii decoracione. Sed et scripta in singulis capsis inventa taliter notificabant sanctorum corporum nomina : « Hic sunt corpora sanctorum Lauthonis, Rumpharii et Coronarii, de pago Constantino. Factum x kalendas octobris, in festo scilicet ipsius (2) sancti Lauthonis. Hic sunt corpora sanctorum Marculfi, Cariulli. »

13

F° 75. — Entre 1109 et 1115. — **Accord entre les chanoines de Saint-Laud et le trésorier du chapitre de Saint-Maurice au sujet des dîmes de Verrières, portant entre autres conventions que les chanoines pourront bâtir, à Verrières, une église dont les profits et revenus seront partagés entre eux et le trésorier de Saint-Maurice (3).**

De fundatione ecclesie Sancti Bartholomei et de decimis de Verreriis.

Quia cursus humane vite tendens semper ad occasum non permittit hominum instituta diu haberi in memoria, risi literis fuerint commendata, duximus idoneum nos, canonici Sancti Laudi, literarum apicibus confirmare concordiam que facta est inter nos super contempcione ista quam diu tenueramus propter decimam Vitrearie, quam ecclesia Sancti Laudi sibi totam apropriare volebat, et th[esaurarius Sancti Mauricii pa]rtem ejus reclamabat propter ecclesiam Sancti Silvini, que antiqu[itus in ejusdem Vitrearie] novalibus edificata erat et in possessione ejus ex fevo the[sauri accesserat]. Assensu igitur domini Regn[aldi]

---

(1) eis (addition du *Cartulaire de Saint-Aubin*).
(2) Mot supprimé dans le *Cartulaire de Saint-Aubin*.
(3) Cf. Baluze, vol. 276, f° 124.

episcopi et Goffridi thesaurarii ceterorumque cano[nicorum] Sancti Mauricii, concordatum est ut canonici Sancti Laudi edificent ecclesiam in Vitrearia et sacerdotem suum ibi ponant, et de offertura ecclesie in quinque festis, unde canonici Sancti Laudi partem habebunt, habeat thesaurarius terciam partem, et de sepultura similiter terciam partem. De XII denariis qui reddentur inde in unaquaque sinodo et de tribus solidis circuicionis, reddant canonici terciam partem et thesaurarius terciam partem, et sacerdos ejusdem ecclesie terciam partem. In dedicacione ecclesie nichil habebit thesaurarius. Preterea de decima Vitrearie concordatum est ut, ubicunque Johannis Pigneonis extenditur, tam in vineis quam in culturis, similiter thesaurario decima permitatur. Decimam quam communicaverant canonici cum monachis Sancti Sergii sic possidebunt ut possiderant. Sed si, de occupacionibus monachorum, unde nichil canonici habuerint, aliquid cum auxilio thesaurarii vel thesaurarius cum auxilio eorum adquirere potuerit, illud cum eo equaliter parcientur. De terra autem Barboti de Serenis, unde diu inter se contenderant, quia thesaurarius ejus decimam dono ipsius Barboti se habuisse dicebat, concordatum est ut tres aut quatuor de monachis vel de servientibus Sancti Sergii qui terram illam colunt super eam ducantur, et quod legitimo testimonio comprobabunt fuisse illius Barboti remaneat sicut fuerat. Si autem thesaurarius ultra illud de proximis locis aliquid occupaverit, illud in partem canonicorum redeat. De cetero constitutum est ut decimator thesaurarii citra sepem non transeat viam illam que tendit ab urbe ad Plaxicium Grammatici, nisi in terram Roberti, filii Raignaldi, cujus habebunt canonici duas partes decime et thesaurarius terciam, quam decimator ejus in area canonicorum suscipiet. Ultra sepem autem sicut ex utraque parte hactenus habitum est habeatur.

14

F° 75 v°. — Sans date. — **Affranchissement d'un serf** (1).

Quoniam omnis potestas a Deo est et qui potestati resistit ordinacioni Dei resistit, qui summa et mirabili dispensa cione reges et duces ceterasque potestates in terra consti tuit, ut minor majori, ut consequens erat, serviret potestati, et inter eos quosdam dominos, alios autem servos esse voluit, ita tantum ut et Deum servos et servi dominos venerarentur et amarent juxta illud Apostoli : « Servi obedite dominis carnalibus cum amore et tremore », et ad dominos : « Domini, quod justum et equum est servis prestate, peinas remittite, quia et vos dominum habetis in celo, si et vob[is et illis dominatur cumque] ipse, qui rex et dominus omnium est forma et speculum to[cius boni, jugum servit]utis pro nobis subire dignatus est, quatinus nos a legis maledi[cto et servitute di]abolica liberaret et sue ineffabilis libertatis participes efficeret. [Idcirco ego,] pro redempcione anime mee et pro eterne beatitudinis retribuc[ione, h]unc servum mei juris, N. et omnem fructum ejus ab omni servitutis ejus jugo absolvo, ut ab hodierna die et deimpceps securus et sue potestatis existat. Eat quo cunque voluerit, portas habens apertas, et nulli servitutis obsequium nisi soli Deo, pro cujus amore ipsum manumitto, debeat.

15

F° 76. — 1112, 28 septembre. — **Affranchissement d'un serf nommé Raoul, par les chanoines de Saint-Laud, en présence de l'évêque d'Angers, Renaud de Martigné** (2).

Piissimus dominus noster Jesus Christus, salutem

---

(1) Cf. Baluze, vol. 276, f° 125 v°.
(2) Cf. Dom Housseau, t. IV, n° 1317, contenant seulement une analyse de l'acte et la date ; — Baluze, vol. 276, f° 126.

humani generis paterno amore desiderans, inter alia pre
cepta que fidelibus suis dedit ut eterne vite gaudia possent
adipisci, precepit eis debitores suos a debitis illorum absolvere, quo ipsi ante summum Judicem suorum commissorum veniam securi valeant expectare. Tante igitur auctoritatis preconio compulsi, domineque Hermengardis comitisse gracia precibusque animati, nos, canonici Sancti Laudi,
hunc fidelem nostrum Radulfum, ecclesie nostre vinculo
servitutis obnoxium, ab omni debito servilis condicionis,
pro animabus nostris Goffridique comitis excellentissimi,
qui potissimus ecclesie nostre fundator et ornator extitit,
omniumque benefactorum nostrorum, absolvimus, ut deinceps cum omni fructu suo licencia liberali donatus in quamlibet mundi partem eat, nec cuiquam successorum nostrorum eum ab arbitrio suo revocare liceat. Actum est
Andegavi, in claustro Sancti Laudi, iiii kalendas Octobris,
anno ab incarnacione Domini MCXII, indictione v, concurrente i, epacta i, luna iii, Pascali papa sedem apostolicam
obtinente, Ludovico in Gallia regnante, Fulcone adolescente consulatum Andegavensem regente, Raignaldo episcopo Andegavensem ecclesiam gubernante. Huic rei affuit
Raignaldus episcopus, et de canonicis Sancti Mauricii :
Haimericus de Rameforti, et Obertus de Balneio, Petrus
Cratonus, canonicus Sancti Martini ; de laicis : Goffridus,
filius Gaurini, Albertus de Merallo, Goffridus nepos Goffridi
Caiphe, Serviens Loripes, Guillelmus Golmaldus, Beringarius pincerna, Goffridus Chocus, Rainaldus Picoisus. Presentibus et videntibus istis testibus, imposuimus nos, cano-
nici Sancti Laudi, manus nostras super capud Radulfi, ob
favorem et confirmacionem libertatis sue, videlicet Radul-
fus sacerdos, Rotaldus sacerdos, Hugo de Sancto Petro,
Odo de Sancto Florencio, Goffridus Caiphas, Mainerius,
Guillelmus nepos ejus, Lambertus, consanguineus eorum,
Johannes Rotunnardus, Robertus, Galvanus, Rainaldus
Frislo. De pueris nostris affuerunt : Petrus, filius Pagani

Fulberti, Albericus, pedagog[us illius, Robinus, filius](1) Milonis pelliparii.

16

F° 76 v°. — 1094, 24 juin, Saint-Florent près Saumur. — **Hugues, archevêque de Lyon, légat du Saint-Siège, relève le comte Foulques le Réchin de son excommunication, en présence de l'archevêque de Bourges, de l'évêque du Mans et des abbés de Saint-Florent, de Marmoutiers, de Saint-Serge, de Saint-Aubin, de Saint-Nicolas, de Bourgueil et de la Trinité de Vendôme (2).**

Hugo, Lugdunensis archiepiscopus, apo[stolice sedis legatus], dilectissimis in Christo fratribus archiepiscopis, episcopis, abbatibus [et omnibus sancte Dei ec]clesie fidelibus, salutem. Communi orthodoxorum omnium noticie tradere [dignum judi]cavimus qualiter ex precepto domini nostri pape Urbani, pro causa Fulconis, Ande[gavens]ium comitis, usque ad fines Andegavorum veniendi obedienciam suscepimus ut eum a vinculo anathematis, quo diu tempore innodatus erat pro capcione fratris sui Gaufredi, quem in bello publico ceperat, absolveremus. Cum tamen ipse comes racionem reddere aut satisfacere, aut judicium subire non subterfugeret (3), immo semper paratus esset, et ut virorum probabilium, clericorum et laicorum, relacione cognovimus, prefatus frater ejus, tempore quo captus fuit, a Stephano cardinali, Romane sedis legato, pro multimoda injuria quam inferebat Turonensi ecclesie et abbatie Sancti Martini Majoris Monasterii, excommunicatus erat, et Fulconi huic

(1) Baluze.
(2) Acte complété à l'aide de la copie de Baluze. vol. 276, f° 127 v°. Cf. Dom Housseau, t. IV, n° 1432.
(3) diuturno jam, (mots en plus dans la copie de Baluze, qui n'a pas remarqué que dans le Cartulaire il y a seulement « turno jam » exponctué).

principatus Andegavensis comitatus ab ipso legato ex parte Sancti Petri donatus erat, quem quidem et ab avunculo suo Gauffrido sibi concessum fuisse, virorum probabilium de nobilibus suis veraci cognovimus relacione. Nos igitur, hac suscepta legacione, ut vigor apostolice obediencie majori a nobis tractaretur auctoritate, venerabilem fratrem nostrum, Bituricensem archiepiscopum, execucionis hujus adhibuimus socium, et sic simul positi, fratrem comitis quem captum audieramus consulto adivimus. Quem ita desipientem invenimus, ut ferebatur, ab omnibus, ut prorsus inutile et vanum videretur regende ei patrie committere principatum qui sibi et omnibus stulticia sua factus fuisset inutilis, usque adeo ut nec per manus nostras a capcione vellet eripi. Venimus itaque usque ad cenobium Sancti Florencii et, in die Nativitatis sancti Johanni Baptiste, virorum religiosorum, episcoporum et abbatum, qui invitati advenerant, Fulconem comitem, paratum satisfacere aut racionem reddere, unanimi omnium voto et laude absolvimus, acceptis ab eo securitatibus, ut si frater ejus melioracionem sensus reciperet, ex precepto domini nostri pape vel nostro, aut concordiam facere cum eo, aut judicium subire paratus esset, nec uxorem duceret, de quarum numerositate culpabatur, absque nostro consilio, cujus rei geste seriem nobis pandere dignum judicavimus. Religiosorum autem qui affuerunt nomina hec sunt : Aldebertus, venerabilis Bituricensium archiepiscopus, Ouveldus, Cenomannensis episcopus, Guillelmus, abbas Sancti Florencii, Bernardus, abbas Majoris Monasterii, Bernardus, abbas Sanctorum Sergii et Bachi, Girardus, abbas [Sancti Albini, Natalis, ab]bas Sancti Nicholai, Baldricus, abbas Burguliensis, Gaufrid[us, abbas Vindocin]ensis. Actum est anno ab incarnacione Domini 1° xc° iiii, [apud abbatiam Sancti] Florencii, die festo Nativitatis sancti Johannis Baptiste.

17

F° 77. — 1116, 28 juin. — **Accord entre les églises de Fontevrault et de Saint-Laud ; la dîme relevant de la terre de Pierre de Montsabert sera partagée par moitié entre les deux églises ; Saint-Laud conservera la dîme de la Pignonnière, sauf des vignes appartenant en propre à Fontevrault en cet endroit, et ce, à charge d'une redevance annuelle à Saint-Laud. Si Fontevrault vient à acquérir à Verrières des biens dont Saint-Laud n'ait pas la dîme, Fontevrault en recueillera les paroissiens ; Saint-Laud concède à Fontevrault deux arpents de la terre d'Adam et tout ce qui aura été bâti dans son jardin, réservant le blé et le vin ; enfin, les deux églises se concèdent réciproquement des avantages spirituels** (1).

[*De querimonia* (ou *concordia*)] *inter canonicos beati Laudi et moniales Fontis* [*Ebraudi*] *pro decimis de Pignonneria.*

Quia ex transgr[essu p]rimi parentis in successoribus multa miseria pullulavit, et dampno eternitatis amisse memorie diuturnitas in nobis deperiit, idoneum duxit humana racio ut quod diu mente tenere non poterat literarum memorie commendaret. Hac itaque consideracione necessarium esse duximus concordiam, que inter ecclesiam Fontis Ebraudi et ecclesiam Sancti Laudi facta est super Pignonaria et terra Petri de Monte Sieberti, unde diu contenderant, scribere, ne ulterius inter eas inde aliqua discordia possit insurgere. Definitum est igitur inter duas ecclesias ut decimam illam, que procedet de terra Petri de Monte Sieberti, parciantur per medium, tam in annona quam in vino ceterisque rebus, et de terra que fuit Johannis Pignieonis habeat ecclesia Sancti Laudi decimam, sicut eam habebat die illo quo hec concordia facta est, exceptis vineis quas ibi proprias habe-

---

(1) Cf. Dom Housseau, t. IV, n° 1366, contenant seulement l'analyse et la date ; — Acte cité par C. Port, *Dictionnaire de Maine-et-Loire*, t. III, p. 94.

bat ecclesia Fontis Ebraudi, unde unoquoque anno duos
modios et dimidium legitimi vini reddet vindemialiter
ecclesie Sancti Laudi, vindemiarum tempore, et in festivitate sancti Andree, xxx caseos ad reddendum idoneos, pro
decima suorum propriorum animalium. Et si in Vitrearia
aliquid aquisierit, unde ecclesia Sancti Laudi decimam non
habuerit, parrochianos ejus reciperet, nisi curam mundi
relinquentes. Duos arpennos terre Adam concesserunt ei
canonici liberos, et quecumque in orto suo edificaverint,
preter annonam et vinum. Preterea firmaverunt due ecclesie fraternum beneficium inter se, eo videlicet tenore ut
sanctimoniales Fontis Ebraudi canonicos Sancti Laudi tam
presentes quam futuros in suo martirologio fraternaliter
scribant, et pro eis anniversarium, sicut pro una suarum
claustrensium sanctimonalium, faciant. Si tamen illi qui
futuri sunt canonici canonicatum dimiserint, vitam suam
mutantes, deinceps hujus beneficii non erit eis obnoxia
ecclesia Fontis Ebraudi. Presentes autem canonici qui hanc
concordiam firmaverunt, quocumque modo vitam mutaverint, nonquam ab hoc beneficio privabuntur. Ecclesia autem
Sancti Laudi pro defunctis sororibus illius loci memoriam
integram sicut pro uno suorum [*(lacune, 12^{mm})*] anno faciet,
videlicet in unaquaque sexta feria iem [*(lacune, 37^{mm})*].
Actum est Andegavi, in vigilia apostolorum Petri et P[auli,
que est iv^o] kalendas julii, anno ab incarnacione Domini
mcxvi, indictione [ix, concur]rente vi, epacta iiii, luna xiii,
Pascali papa presidente [apostolica sede], Ludovico rege
in Gallia regnante, Fulcone adolescente exulatum (1)
Andegavorum obtinente, Rainaldo episcopo episcopatum
urbis Andegavie gubernante. Huic concordie affuit Rainaldus episcopus, Stephanus cantor, Robertus de Blouo,
Guillelmus de Molinis, Achardus de Scarabeo, Leothbertus
de Super Pontem, Paganus Carum Tempus, Joffridus de
Vitreio, Bernardus filius Angerii, Bernardus de Savonariis,

---

(1) consulatum (Baluze).

Joffridus de Blazono, Ademus nutricius, Herveus Cantellus, Rainaldus Qualis hora est, Petronilla abbatissa, et canonici Sancti Laudi : Radulfus de Sancto Hilario, Gaufridus Chaiphas, Mainerius Odo, Hugo de Sancto Petro, Robertus, Guillelmus, Galvanus, Frislo, Lambertus, Eudo, Paganus, filius Frigide Buche, Goffridus sacrista.

18

F° 77 v°. — 1100, 8 juillet. — **Foulques IV, comte d'Anjou, concède aux chanoines de Saint-Laud, moyennant 300 sols, l'ancienne écluse de Rusebouc dont il avait ordonné la destruction après leur avoir permis d'en construire une nouvelle (1).**

Item de Rusebouc.

Sciant et intelligant sancte Dei fideles ecclesie tam posteri quam presentes quoniam Fulco, Andegavorum comes illustris, exclusam que erat apud Bucam Meduane, in vecteri ductili, canonicis Beati Laudi solutam et quietam perpetuo concessit habendam. Ut autem hujus rei plenius appareat racio quibus est sciendum hanc exclusam fuisse canonicorum Beati Laudi, cum molendinis et piscaria, et omnibus his prorsus que ad eam pertinebant, ex dono Gaufridi Martelli, nobilissimi comitis. Sed postquam, consilio domni Hugonis, canonici Sancti Laudi, ductile hoc remotum est, factumque et edificatum in Ligeri, in ea aqua que propria est Sancti Laudi, sola remansit exclusa. Hanc comes, propter novum ductile quod in Ligeri permiserat fieri, destrui preceperat, apponens eciam et confirmans inter se et canonicos sic convenisse. Ut igitur huic calumpnie finis imponeretur, canonici Sancti Laudi Fulconi comiti dederunt ccc solidos ac sic, pro ut superius dictum est,

(1) Cf. Bibliothèque d'Angers, ms. 680, t. I, n° 8, f° 1, copie du xve siècle. — Voyez l'acte n° 72.

ecclesie Sancti Laudi exclusam hanc, id est veterem, solutam et quietam deimceps concessit habendam. Actum est hoc Andegavis, in capitolo (*sic*) Beati Laudi, viii idus julii, anno ab incarnacione Domini mc. Ex parte comitis hii sunt testes: Herveus Rocundellus(*sic*), qui tunc temporis erat prepositus, Fulcoius cellarius, Girardus Paganus, Frogerius Michaelis; ex parte vero canonicorum : Girardus Andefredi, Tebertus, prepositus Sante Marie, Girardus et Simon fratres; et de [canonicis : Eudo sacerd]os, Radulfus, Hugo, Odo de Aquaria, Theoba[ldus de Gena, sacerdo]tes, Gauffridus Carfax *(sic)*, Mainerius et reliquus fratrum [conventus. Huic cart]e et dono qui contradixerit anathema sit.

19

F° 78. — 1109, 21 juin. — **Accord entre les chanoines de Saint-Laud et Hubert de Champagne, au sujet de la partie de la forêt de Chambiers appelée Mondoucieux, appartenant aux chanoines et que ledit Hubert avait injustement dévastée. Hubert restitue ce qu'il avait pris et les chanoines lui accordent en échange des avantages spirituels.**

De [bosco de Chamberi]s et de Monte Daoucelli.

Notum facimus [tam presentibus] quam posteris sancte Dei ecclesie fidelibus F. comitem, Martelli magni nepotem, ecclesie Beati Laudi et canonicis servientibus ibidem, pro remedio anime sue et avunculi sui Martelli, dedisse, in silva que dicitur Chamberiacum, partem ejusdem silve que vocatur Mons Daocelli, ad quoscumque disponerent usus, videlicet ad extirpandum, scilicet ad boscum reservandum, solutam et quietam ab omni consuetudine, quomodo et cetera dona comitum que ejusdem sunt ecclesie, propter quod donum domnus Josbertus, sacerdos et canonicus, qui tunc temporis erat prior ecclesie, dedit comiti equum decem librarum. Hujus silve partem canonici fecerunt

extirpare et in ea domos plures edificare, et per plures
annos in pace tenuere. Deinde longo tempore post, multis
ac diversis intervenientibus causis, silvam supradictam
F. comes Huberto de Campania dedit, excepto dono quod
ecclesie Sancti Laudi fecerat. Porro Hubertus, omni racione
postposita, vi et rapina donum supradictum per multa
tempora ecclesie abstulit, et quod extirpatum et arabile
fuerat, domibus eciam combustis, in silvam convertit. Canonici vero, justiciam comitis et ecclesie multociens reclamantes nec eam obtinentes, tandem precibus apud Hubertum impetraverunt ut quod male et injuste abstulerat
ecclesie restitueret. Facta est igitur, consilio Avicie, uxoris
sue, et hominum suorum, inter Hubertum et canonicos hec
concordia, propter beneficia que fecerat et que se facturum
promittebat, et maxime propter restitucionem ejus doni
quod ecclesie injuste abstulerat, ut in beneficio ecclesie
frater conscriberetur et, pro anima sua et uxoris sue et
parentum suorum, singulis diebus unus panis pauperibus
tribueretur, et hoc omni tempore tam eo vivente quam
post mortem, et post obitum anniversarium ejus unoquoque
anno celebraretur. Actum est hoc anno ab incarnacione
Domini MCIX, XI kalendas julii, Pascali papa sancte Dei
ecclesie regimen disponente, Lodovico in Gallia regnante,
Philipi filio, Fulcone juniore Andegavensium comitatum
obtinente, Raginaldo Andegavensis ecclesie culmen pontificale feliciter gubernante, indictione II^a, epacta XVII^{ma}, concurrente IIII^{to}. Porro concordia hec et hujus doni recognicio
sive confirmacio inter Hubertum et canonicos facta [est in
capitulo] Sancti Laudi, testibus his, ex parte Huberti :
R[*(lacune, 44^{mm})*] Hamelinus de Troada, Robertus de
Filgerio, Albericus de [*(lacune, 44^{mm})* H]elihort, Piscis de
Super Pontem, Paganus de Mal [*(lacune, 41^{mm})*] elupus ;
ex parte canonicorum : Arraudus Graslap [*(lacune, 35^{mm})*]
pincerna, Gauterius forestarius, Guillelmus Gomaldus,
Andefredus Diabolus, Gaufridus nepos Cayfe, G. Marcoisi,
Mainardus et Guillelmus fratres, Gauterius de Mansionibus

David, Goffarius, Rainaudus, cliens canonichorum, et Martinus ejusdem gener. Hoc eciam donum et hanc concordiam concessit Gaufridus de Clara Valle, in ospicio Warini de Azeio, presente Huberto avunculo suo, et ipso.

20

F° 78 v°. — 1099, 13 avril. — Notice concernant le procès intenté par les chanoines de Saint-Laud à Gaudin de Malicorne, devant le comte et l'évêque, au sujet de la possession de la terre de l'Onglée. Gaudin est tenu de convoquer Robert le Bourguignon, son seigneur suzerain, au plaid qui se tiendra, le 3 juin suivant, à Baugé.

Pateat omnibus sancte Dei ecclesie fidelibus canonicis Sancti Laudi contra Gaudinum de Malicorna, in presencia Fulconis comitis et domni Gaufridi antistitis, placitasse die tercio ab illo Pascha quod ab incarnacione Jesu Christi anno millesimo nonagesimo nono. In quo dijudicatum est placito, a supradicto comite et reliquis baronibus qui presentes aderant, quod Gaudinus eum de quo dicebat se terram habere in feodo, Robertum videlicet Burgundionem, in curia comiti Andegavorum et episcopi testem et defensorem terre que Angularia dicitur deberet habere. Huic placito locus constitutus est castrum Baugiaci, terminus vero quinta decima dies a Pentecoste.

21

F° 78 v°. — Vers 1175. — Les chanoines de Saint-Laud concèdent à Renaud, clerc, leur maison de la Chapelle-Saint-Laud, sa vie durant, et Renaud fait à leur église, par reconnaissance, don de 50 sous de monnaie angevine (1).

Notum sit omnibus tam presentibus quam futuris quod ego, G., Dei gracia decanus ecclesie beati Laudi, et ejusdem

(1) Cf. Baluze, vol. 276, f° 129.

ecclesie totum capitulum, donavimus et concessimus Raginaudo, clerico, domum nostram de Capella que fuit Haimonis sacerdotis, tali condicione quod eam absque aliquo censu teneat et in eo statu vel meliore quem accepit. Post obitum vero ipsius Rag[inaudi], redeat predicta domus in proprietatem capituli beati Laudi. Ipse vero Rag[inaudus], propter hoc beneficium, dedit caritative ecclesie beati Laudi L solidos Andegavensis monete. Hoc factum est et cirographo confirmatum et concessum, presente domno G., decano Sancti Laudi, magistro Andrea, Haimerico canonico, magistro G., Guillelmo Gallerio.

22

F° 79. — 1160. — **Guillaume de Blaison donne à l'église de Saint-Laud une partie du bois de Coué, près de Bourgneuf, et les chanoines lui donnent en retour 11 livres de monnaie angevine.**

De [nemore de (?)] Coue juxta Burgum Novum.

Quia multoc[iens (*lacune, 47mm*)]orum gesta propter labilem hominum memoriam [(*lacune, 45mm*)] sapienter est statutum ut ea que digna sunt re[(*lacune, 47mm*) literis] commendentur. Ea propter presentibus et posteris not[um facimus quod Guillelmus de] Blazone dedit ecclesie beati Laudi, justa Novum Burgum, [(*lacune, 40mm*)] nemore de Coé, sexaginta sexterias terre ad xxx^{ta} v solidos [servicii (*manquent deux mots*)] remota redevancia in festivitate sancti Albini, kalendis marcii, apud Andegavum, vicario prefecti Guillelmi vel heredum suorum reddendos im perpetuum. Quamobrem canonici qui tunc ecclesie illi ministrabant, ne viderentur ingrati, dederunt predicto G. xi libras Andegavensis monete. Et ut hoc firmum esset et inviolabile, perrexit Guillelmus cum quibusdam canonicis ante Joslenum de Turonis, senescallum domini nostri Henrici, Anglie regis, tunc temporis Andegavim regentis, qui ibi pacciones istas recognovit et confirmavit et adfiduciavit cum propria manu in manum predicti Josleni, et cum eo Alnulfus de Culturellis, miles suus, quod si aliquis deinceps terram illam calumpniari vel auferre ecclesie Sancti Laudi niteretur, ipse inde canonicis sancti Laudi contra omnes protector et defensor extiteret, et eam ab omnibus impedimentis liberaret. Factum est hoc et cirografo confirmatum, anno ab incarnacione Domini M° C° LX°, apud Andegavim. Affuerunt ibi canonici : Gauffridus Manerii, Andreas, Petrus Brito, predictus Joslenus, senescallus, Berin [gardis] uxor ejus, Gaufridus, filius ejus, et uxor ejus Hylaria, Girardus, notarius Josleni, Dionisius et Martinus, servientes sui, et cum Guillelmo, Alnulfus de Culturellis, miles suus.

23

F° 79. — 1174. — Accord entre le chapitre de Saint-Laud et Raoul de Lasse, Étienne, son fils, Bruno de Baracé et Legeard des Loges, au sujet de l'écluse et des moulins de Prignes (1).

De molendinis et exclusa de Perignes.

Memorie tradere curavimus quomodo et qualiter paccio quedam facta est et confirmata inter Leonardum, ecclesie Sancti Laudi decanum, cum sui assensu capituli, et Radulfum de Lacia, cum suis sociis, videlicet Bruno de Baracé et Legarde de Loges, favente Stephano, filio suo, super exclusa de Perignes. Verum prefati milites dederunt et perpetuo habendam concesserunt predicte ecclesie medietatem eorum que possident in supradicta exclusa, in omnibus et per omnia, videlicet molendinis, piscacionibus, sanguine, villicacione, et in omnibus ad exclusam pertinentibus, excepta decima veteris molendini. De novi autem molendini decima, illud maxime sciendum est quod jam-

---

(1) Cf. Dom Housseau. t. IV, n° 1907, contenant seulement l'analyse de l'acte et la date.

dicti milites ita de jure tenentur pactionis quod, nec elemo
sina nec aliqua quippe condicione, illam alicui possunt
appropriare ecclesie, nisi tantummodo ecclesie sancti Laudi
[*(lacune, 45mm)*] quibusdam pabulis que suum ad dominium
pertinebant [*(lacune, 46mm)*] ad opus molancium ut illorum
animalia [*(lacune, 49mm)*] pasci. Illi tamen reddito de com
muni, singulis annis [*(lacune, 47mm)*] ali. Ideoque pro tali
convencione predictis fact [*(lacune, 38mm)* can]onici tocius
terre sue molaturam concesserunt ad supradictorum molendinorum lucrum et conmoditatem, ut, sicut canonici facti
sunt participes molendinorum, ita milites fiant participes
et lucrorum. Fuit eciam predicte illud additum paccioni
quod, si quis hominum de terra canonicorum vel militum
ad aliud molendinum forte diverteret, et per famulos dominorum valeat comprobari, consideratum est jus suum
exsolvat, scilicet molaturam, ac si predictis molaret molen
dinis; quod nisi fecerit, si milites dampnum suum cogno-
verint, in parte canonicorum illud sibi restituant, et canonici similiter in parte militum. De hominis autem conmisso
milites in homine suo suam capiant justiciam et vindictam,
eodemque modo canonici, ut sic utrisque salva sit dignitas
sui juris. Nec pretermitendum est sic iterum fuisse prolocutum quod molendinarii suis in domibus venientes ad
molendum recipiant; et si exinde hospicii defectu aliqua
forte oriatur conquestio, concessum est ut, de propriis locis
vel plateis que sunt infra metas et confinia domuum quas
possident molendinarii a dominis suis, locum asignent quo
possit habitaculum instrui, in quo molantes cum bestiis
suis habitare valeant et latere. Preterea priusquam nostre
cartule finem imponamus, restat sciendum quod quicumque
clamorem fecerit pro aliquo dampno illato sibi vel injuria,
in molendinis vel in exclusa, clamorem suum deferat tam
in presencia canonichorum quam militum, quo audito, de
jure quod illis inde adjudicatum fuerit, in eorum sit voluntate vel illud capere vel relinquere condonatum. Hoc autem
pactum factum fuit publice et cirographo confirmatum in

capitulo sancti Laudi. Hujus scripti sancitur presencia et testium habundancia [quorum] hec sunt nomina que secuntur : Leonardus, decanus, magister Andreas, Girardus de Belloforti, Erraudus, Guillelmus filius decani, Petrus . . . ., magister Girardus, Guillelmus Gauler, Aimericus de Borgulio, Archenbaldus omnesque alii clerici ejusdem ecclesie. De laicis vero isti interfuerunt : Guillelmus de Ostillé, Aimericus d'Aver, Hugo Gauler, Robertus de Ostillé, Aimericus . . . ., Aimericus de Boscheto. De hominibus autem Sancti Laudi isti similiter [(*lacune, 54mm*)] Ernaudus salnerius, et Andrea frater ejus, Gau [(*lacune, 52mm*)] Gondoinus, Theobaudus Brito et Garinus sace[rdos (*lacune, 53mm*)] quos quia lungum est enumerare isti sust [(*lacune, 50mm*)] de Lacia. Hujus pacti sunt plegii : Isembardus de Ull[iaco (*lacune, 40mm*)], Heliorth de Troee, Haimericus de Coorlum, Hamelin Ba [(*lacune, 30mm*)] de Alveriis, Hernaudus de Alveriis, Berteloth de Folgeré, Gauterius Viviani. Ipse vero Radulfus hoc vinculo fidei confirmavit, et similiter Bruno de Baracé et Legardis de Loges, cum filio suo data fide confirmaverunt, anno ab incarnacione Domini M° C° LX° X° IIII°, regnante feliciter Henrico, Gaufridi comitis et Matildis imperatricis filio, Stephano de Marciaco existente senescallo. Hoc iterum, ex parte canonichorum, Guillelmus Gauler, Garinus sacerdos, Theobaudus Brito, Ernaudus salnerius data fide confirmaverunt.

24

F° 80. — 1176. — **Accord devant Etienne, sénéchal d'Anjou, entre les chanoines de Saint-Laud et Philippe de La Pouèze, au sujet de la dime de la Pouèze. Il est convenu qu'ils la partageront par moitié (1).**

De decima de Pozia.

Approbate consuetudinis est ea, que inter quascunque

(1) Cf. Dom Housseau, t. V, n° 1920, contenant seulement l'analyse de l'acte et la date.

personas discordantes concordia vel judicio terminantur, commendare memorie literarum, quatinus in posterum pravis hominibus calumpniandi tollatur occasio. Ea propter, ego Stephanus, senescallus Andegavie, notum fieri volo presentibus atque futuris quod inter canonicos Beati Laudi et Philipum de Pozia, militem, causa vertebatur et erat dissensio magna super decimam de Pozia, quam predicti canonici ad jus ecclesie sue indubitanter ab antiquo pertinere affirmabant, et Philipus suam propriam esse jure hereditario constanter asserebat. Tandem vero, ex consensu partis utriusque, in presencia mea et approbatorum virorum, in hanc concordie formam convenerunt canonici et Philipus, quod canonici singulis annis haberent medietatem unam in decima illa de Pozia, que est in terra Philipi, et Philipus alteram medietatem in pace possideret, sicut via separat parrochiam de Pozia a mortario de Clare (?) usque ad parrochiam Sancti Clementis. Ideo autem determino et distingo : de decima que est in terra Philipi, quia super decimam quam canonici habent in Besconeio, in terra aliorum, predictus Philipus nec reclamabat nec juste reclamare vel aliquomodo poterat contradicere. Pepigit eciam firmiter Philipus, in presencia mea, quod ipse redderet Guillelmo Gallerio, tunc temporis obedienciario, medietatem decime quam susceperat ipso anno quo hec acta sunt, ut canonici plenariam haberent investituram ; preterea de tractu decime inter se hoc modo composuerunt, assensu et consilio meo, quod canonici uno anno tractum decime haberent, et Filipus al[tero (*lacune, 53*mm)]us canonichorum securitatem fidei prestaret Phi[lipo (*lacune, 53*mm) inte]gre et sine fraude ei redderet, et similiter decima[(*lacune, 53*mm)]m et eodem modo canonicis fidei securitatem fac[eret. Et ut fir]ma et inconcussa im perpetuum conservetur, [sigillo me]o scriptum presens feci confirmari. Factum est autem hoc [pactum] in aula domini regis, anno ab incarnacione Domini M°C°LXX°VI°, videntibus et audientibus plurimis quorum nomina sunt hec.

25

F° 80 v°. — Entre 1047 (?), et 1060 (1). — **Geoffroy II Martel, comte d'Anjou, ayant établi des chanoines dans la chapelle de Sainte-Geneviève, où était conservé le corps de saint Laud, rappelle et confirme les dons qu'il leur a faits (2).**

Donationes Goffridi comitis de possessionibus ecclesie Sancti Laudi. (En marge, écriture du xvie siècle : *Coppie de la grand chartre*).

In nomine domini Dei et Salvatoris nostri Jesu Christi, et veneracione genitricis ejus semper virginis Marie atque omnium sanctorum, ego Goffridus comes, quamvis bello-

(1) Dans l'inventaire de la série G des Archives de Maine-et-Loire, M. Port indique cette pièce avec la date 1009 (?). De même dans le *Dict. de Maine-et-Loire*, (tome I, pp. 50 et 427). Ce ne peut être qu'une faute d'impression échappée à l'archiviste, 1009 au lieu de 1060, puisque, en 1009, le comte d'Anjou était Foulques Nerra. La date 1047, qu'il semble difficile de préciser par le contexte, est celle de la tradition. Dans tous les cas, la charte ne peut être attribuée qu'à Geoffroy Martel, ainsi qu'en font foi les noms des principaux témoins : Robert le Bourguignon, l'abbé de Saint-Nicolas, Adraldus, Robert, prévôt, etc. Saint-Laud a pu être fondé en 1047, mais le nom du prévôt Robert, dont les fonctions ont commencé vers 1060, nous semble devoir reporter la date du présent acte aux environs de cette année 1060.

(2) Nous avons déjà publié cette pièce d'après les copies citées ici, en contrôlant, autant que possible, sur les lambeaux de l'original, dans notre étude sur la Monnaie d'Angers (*Mémoires de la Société Nationale d'Agriculture, Sciences et Arts d'Angers*, 1895, p. 382 ; — tirage à part, p. 158). En raison des divergences de texte nous croyons devoir la publier de nouveau. — Cf. Bibl. d'Angers, ms. 680, t. I, original en poussière et plusieurs copies ; — Arch. de M.-et-L., G, 943, copie du xviie siècle ; — Dom Housseau, t. II, n° 457. La pièce figure dans le *Gall. Christ. Samm.*, t. II, 138 ; *Rev. d'Anjou*, t. II (1853), 464. Des extraits de cet acte ont été publiés par M. l'abbé Longin, *Notice de la Ville d'Angers*, de Thorode, p. 126.

rum turbinibus semper inquietus et multimodis mundialium curarum impedimentis innexus, non tamen omnino ecclesie Dei cultum aud honestatem negligens, factu dignum et honorificum judicavi capellam beate Genovephe virginis, intra muros civitatis Andegave, ante fores videlicet comitalis aule positam, ubi sacrum corpus sancti Laudi confessoris et alie plurime sanctorum reliquie posite sunt, aliquo emelioracionis studio provehere et collegio clerichorum ibidem constituto ad Dei servicium apcius ordinare, quod videlicet antecessores mei comites negligencius retroacta etate omiserant, solo singulorum aut, ut magnum, duorum sive trium capellanorum famulatu contempti (1). Igitur ibidem de rebus possessionis mee, diversis temporibus prout oportunitas fuit, donaciones feci, quarum summam per nomina sua computatam in cartula ista ob perpetuam commemoracionem et firmitudinem subnotari rogavi. Dedi itaque, in die consecracionis ejusdem ecclesie, hec omnia cum omnibus consuetudinibus ad me pertinentibus, eciam fodrium, dimidium pasnaticum quod dominicum habeo in foreste Vitraria, et boscum ad coquinam et pistrinum et vineas, vinearum arpennos vIII in alodia Pelu chardi, qui fuerunt Teobaudi Arelianensis et nonum (*sic*) ibidem juxta illos in terra Sancte Gemme, et consuetudines ceterarum vinearum, si quas clerici comparaverint ibi vel alio loco. Item, supra flumen Meduane, juxta prata Aquarie, vinee quartarios quinque, qui fuerunt Guaterii Gurmari ; ad Buccam Meduane, terram que fuit Josberti de Malliaco, cum aquis et pratis et molino uno absque ulla consuetudine, et de bosco ipsius Josberti dimidiam partem, hoc est tocius boschi qui dicitur Communalis octavam. Item in aqua Sancti Albini, subtus pontem Sigei, unum locum molini, et alium locum inter archas predicti pontis ; decimum [denarium de moneta Andeg]avensi. In castellaria Losdunensi, ad villam [que dicitur Murai, vIII] arpennos

(1) Pour *contenti*.

terre arabilis ad censum solvend[um et pratorum arpennos II et d]imidium, et vinee arpennos III alodiales et ibidem [operam unam ad censum]; in suburbio ipsius castelli, unam mansionem. [Item in eadem castel]laria, terulas quas per comcambium commutavi ab [Huberto milite] meo de Campania, quarum hec sunt nomina : Angularis, Trio et Valleia. Item, in aliis locis, quatuor mediatorias ; in villa que dicitur Bucca Meduane, in pago Andegavo, ecclesiam in honore Sancti Simphoriani martiris, cum villa et terris et pratis ad eam pertinentibus, et cum vicaria et fodrio et omnibus consuetudinibus terre et fluminis, *a rupe Colubraria usque ad rupem que dicitur Becherela* (1), et de tercio, sive lembo, sive navi, unum sextarium salis et dimidiam partem conmendacionis ; in loco qui dicitur Gothia, ipsum boscum et terram et iterum terram que dicitur Anframacus, simul cum pratis ad eam pertinentibus ; in foreste mea cui nomen est Chamberis, exarta que dicuntur Ad illum bragum, et simul decimas de tota terra forestarii mei Goffridi, cognomento Boschiti, et prope ipsum locum examplacionem quam permisi facere Johannem, clericum meum, in eadem foreste, absque ulla consuetudine ; in parrochia que dicitur Brainius, donavi Sancto Laudo vicariam et alias consuetudines meas, de terris quas comparaverant vel deimpceps comparabunt ibi vel aliis locis predicte ecclesie clerici. Dedi iterum modium ordei quem de liberandis colibertis habebam ubicunque liberabam, si quidam ex clericis ecclesie adesset ; in Angularia, juxta civitatem Andegavam, loco Genestulio, terram que fuit Ursonis militis de Calvano, cum vicaria et vinagio et censu vinearum et fodrio, pro quo Johannes magnum sciphum vini bibit quem Warinus cellararius michi pretulerat ; in flumine Ligeris ductum (2) unum cum piscaria et molinis duobus de presenti, et quatuor aliis, post

---

(1) Les mots en italiques sont placés en renvoi en marge ; ils sont d'une autre écriture que le corps du Cartulaire.
(2) Ce mot est récrit dans le texte.

obitum Theobaudi Aurelianensis, et simul vinee septem quarteriis qui sunt juxta spaltum ; in loco qui dicitur Lupellus, pratorum arpennos septem, et totidem (1) in villa quam nominant Fossas, et quatuor in Insula longa. Ego, Goffridus comes, firmitatem facti hujus sancte Crucis impresione roboravi, audientibus istis : Roberto Burgundione, Altardo, Huberto Ragoto, Israel, Raginaldo, Garnerio, camerariis, Garino et Girardo, cellarariis, Adrando abbate et magistro Raginaldo, Josberto capellano et cantore Girardo, et Roberto preposito.

26.

F° 81 v°. — Premier tiers du xi° siècle. — **Préface de la Vie de saint Julien par Letaldus.** — (Cf. Bolland., saint Julien, 27 janvier. Janv. t. III, p. 377 et p."757, add.) (2).

Reverentissimo patri Aves[gaudo frater Letaldus salutem in Domino. Cum] desiderio afflatus [tam] spirit[u]alis quam corp[oralis remedii, ad memoriam p]recellentissimi presulis Juliani accessissem et d[ulci affamine vestre dilectionis] frui licuisset, eadem vis caritatis quam vestre subl[imitatis animum mee pusillani]mitati conciliabat, imposuit mihi onus, si idon[eus forem, amabile atque j[ocundum, quia impar, non 'tam jocundum, quam reveren[dum, scilicet ut e]a que ab antiquis de actibus ejusdem patris in culto, ut nobis videbatur, sermone conscripta sunt, ipse planior et luculencior ordine detexerem et ad edificacionem audiencium quadam dealbatura vestirem. Quod opus reverendum pocius quam jocundum dixe-

(1) Ce mot est récrit dans le texte.
(2) Epitre dédicatoire qui, dans le texte des Bollandistes, est placée aux additions, p. 757. — La présence de ce texte dans le Cartulaire peut s'expliquer par ce fait que les chanoines de Saint-Laud possédaient d'importantes reliques de saint Julien. Voyez n°° 68 et 77.

rim, quia cum magne reverencie gravitate dicenda et scribenda sunt, que in conspectu veritatis debent recitari, ne unde Deus placari creditur, inde amplius ad iracundiam provocetur; nichil enim placet ei nisi quod verum est. Sunt autem nonnulli qui, dum atollere sanctorum facta appetunt, in lucem veritatis offendunt, quasi sanctorum gloria mendacio erigi valeat, qui, si mendacii sectatores fuissent, ad sanctitatis culmen nequaquam ascendere potuissent. Dicenda ergo cum veritate sunt que veritas gessit, quia et si aliquis patrum aliquod dicitur fecisse miraculum, non illud homo, sed Deus operatur qui potens est operari, in quo et per quod vult hominem. Cum ergo tam mira et speciosa de actibus hujus precellentissimi patris recito, non de meritis ejus diffido, nec de potencia Christi ambigo. Sed cum hec eadem in aliis invenio, cui pocius credendum sit, non [per]spicue video nisi gravitas auctoritatis alicujus magnifici doctoris me ab errore deduxerit et quasi ancore pondus vacillantem animum solidare. Multa enim in actibus supradicti patris conscripta sunt que et in beatorum Clementis et Dionisii martirum et sancti Fursei confessoris, eodem sensu et pene eisdem verbis inveniuntur. De tempore quidem quo magnus iste pater floruerit, ex libro Gregorii Turonensis per conjecturam sumpsi, qui in historiarum suarum libro primo, sub Decio et Graco consulibus, a Sixto, Romane sedis appostolico, plurimos episcopos ordinatos asserit, et in Gallias ad predicandum verbum Dei directos. Quorum nomina et loca quibus destinati sunt partim posterius dicam, porro cum beatus Gregorius a sancto Dionisio (1) ad Gallias predicaturus venisse narretur, non dubium existimo quin sub Decio, Valeriano, et Graco consulibus et Sixto, Romane sedis antistite, fuisse monstretur. Qui videlicet Sixtus et Laurencius archidiaconus ab eodem Decio et in Christi confessione permanentes vitricti *(sic)* paciencia coronati sunt. Quod vero

---

(1) Lisez : cum beatus Dionisius a sancto Gregorio.

sanctus Julianus a beato Cle[mente destinatus, neque racio
t]emporum neque auctoritas veterum consentit. [Beatus
enim Clemens sub] Trajano cessare (1) in exilium apud
Cersonas dep[ortatus est et inter Trajanum atque] Decium,
sub quo beatissimum Julianum [fuisse conjicimus, plurimi
im]peratores intersunt ; quod in cronicis Eusebii Cesar-
[iensis, que Hieronimus trans]tulit, facile diligens lector
agnoscet. Nos igitur ea que [de sancto Juliano con]scripsi-
mus, in quantum potuimus, auctoritate precedencium
patrum confirmavimus, et quedam simpliciter secundum
antiquam tradicionem edidimus ; quedam vero que minus
probabilia nobis sunt visa pretermisimus. Nusquam tamen
de meritis tanti patris quemquam diffidere suademus ; qui
cum apud suos sacros cineres, Christo largiente, tanta et
talia operetur, multo majora et clariora, dum in hoc mundo
adhuc viveret, eum operatum fuisse cunctis recte creden-
tibus liquet. Quod si hec nostra elinguis rusticitas vel utilitati vel devocioni fidelium aliquid emolumenti contule-
rint, ea eciam que nostra etate apud sacrum ejus tumulum
patrata sunt, domino Christo largiente, dum nostre accesse-
rint noticie, subnectere cogitamus. Sane responsoriorum et
antiphonarum, ut peciistis, dissessimus ordinem ; in quibus
provitando fastidio de unoquoque modo singula compegi-
mus corpora, neque omnino alienari volumus a similitu-
dine veteris cantus, ne barbaram aut inexpertam, uti proibe-
tur, melodium fieri geremus. Non enim mihi placet quorumdam musicorum novitas, qui tanta dissimilitudine
utuntur, ut veteres sequi omnino dedignentur auctores.
Nam his qui conjugiis vacantur, malunt liberos homines
similes ginnere quam alicujus invisi monstri effigiem pro-
creare (2).

(1) Lisez : Cesare (Cf. Bolland.).
(2) Ici se termine l'épitre dédicatoire. Le Prologue de l'auteur
commence : Cum adhuc mundus... (Cf. Bolland., Janvier, tome III,
p. 377).

Cum adhuc mondus error[um] tenebris involutus claritatem vere lucis penitus ignoraret, et antiqui hostis versucia in humano genere, quod sibi a primo parente subdiderat, crassaretur, honorque , Creatoris creature pocius quam Creatori famularetur, scilicet quia unusquisque, vel ex mortuis hominibus vel ex infabili materia, deos quos oraret fingebat, Deus omnipotens, humanos miseratus errores, ne sua in eternum factura periret, Verbum suum equale sibi atque coeternum, ut per uterum intacte Virginis, pro seculi vita verum hominem ad humanos produxit aspectus. Qui Deitatis natura, non immunita humanitate tamen absque peccati [ve]neno veraciter assumpta, inter homines conversatus est, prebens beneficia Deitatis et perferens [in]commoda humane singularitatis; denique eam carnem, quam de Virgine sumpserat, pro redempcione nostra posuit, et hominem quem creaverat non alio redemit precio, nisi vivi[fi]co et precioso sanguine suo. Factus igitur obediens Patri usque ad mortem, mortem autem crucis, destruxit mortis imperium, et ab ipsi[s] Averni sedibus suos eripuit, et comitante illa [ineffabili triumphati hostis victri]ce ponpa, ad dexteram Dei patris imperpetuum [regnaturus ascendit. Ecclesiam] ergo suam, quam sibi salutari adquisierat sanguine, [Spiritus sui illustravit adventu, ut] mundi aversis interim exercenda, invincibili Sp[iritus sancti confortaretur armatura]. Fundata igitur supra petram fidei, diffunditur [per climata tocius mundi, ut relic]ta vanitate idolorum, Deum verum homo cog[nosceret, et ab errore] paterni delicti, ab scalore vetuste gentilitatis in novi[tatem vite t]ransiret. Sed veternus hostis dolens sibi perire quod Deo constabat adquiri, omne malicie sue machinamentum ad subvertendum Ecclesie invincibilis convertit asilum, et nonquam instancia pro defensione falsitatis, nonnullos martirum prostravit gladio, alios affixit patibulo, alios obduxit pelago, fame alios peremit, alios ignibus excruciavit, alios membratim discerpsit, et indicibili morcium genere debaccatus, ecclesiam Christi expugnare nixus est. Sed quo amplius ejus efferbuit immanitas, eo sanctorum insuperabilis constancia, unde atrociori pulsata est invidia, inde amplioris virtutis enituit gloria. Nero igitur primum contra pietatem habens impietatis ministrum, per succedentes sibimet principes malicie sue augens incrementum, per trecentos et eo amplius annos ecclesiam Christi concussit; sed nullatenus evertere valuit, cum enim ei complacuit qui fideles suos igne temptacionis permisit excoqui, ut serenus dies post turbines familie sue illusceret lux veritatis, culmen imperii subiit, et mundi gloria sibi substracta, eos cepit habere defensores atque tutores, quos per invidiam hostis antiqui eatenus habuerat perfidos impugnatores. Tunc ergo velud post asperitatem nimbose hyemis, cum placidas verni clemencia temperat auras, redolentes arbusta prorumpunt in flores, et nudata duobus roseta redivivis adornantur rosis, mirantesque occulos erumpencium candor verberat liliorum, sic pace Ecclesie reddita diversi per mundum effulsere viri, qui virtutum luce mirabiles, fulgore fidei insignes, ad sequenda Christi vestigia mansueti corde pararentur imitabiles.

Ad collocandum igitur in Galliis (1),..

27

F° 82 v°. — xii° siècle. — **Confraternité entre les églises de Saint-Laud et de Saint-Martin d'Angers, comportant, en outre des avantages spirituels, concession par Saint-Martin à Saint-Laud de ce qu'il possédait à Bouchemaine, et par Saint-Laud à Saint-Martin d'une terre au Port-Thibault (2).**

Confraternitas ecclesiarum Sancti Laudi et Sancti Martini Andegavensis.

Caritas siquidem in preceptis Dei principatum probatur

---

(1) Le scribe n'a copié que les cinq premiers mots de la Vie de saint Julien.
(2) Complété à l'aide de l'acte n° 74.

obtinere, sine cujus perfectione, ut apostolus Paulus testatur, nichil Deo potest placere. Nichil enim martirium, sive seculi contemptum, sine elemosinarum largicione, sine caritatis officio proficere posse ostendit in epistola ad Corinthios, inter cetera dicens : « Si distribuero in cibos pauperum omnes facult[ates meas et si tradidero corpus] meum ita ut ardeam, caritatem non autem habuero, [nichil mihi prodest. » Item ipse alibi] : « Plenitudo legis est dileccio, unde ipsa ver[itas. » Ad discipulos loquens ait :] « In hoc cognoscent omnes quia mei estis discip[uli, si dileccionem adhibueriti]s ad invicem. » Et beatus Johannes evangelista : « Hoc, [inquit, mandatum habemus] a Deo, ut qui diligit Deum diligat et fratrem suum. » Quod c[anonici Sancti Mar]tini Andegavensis pariterque canonici Sancti Laudi diligenter atendentes, cujusdam mutue dileccionis fedus, Spiritu Sancto intimante, unanimiter ingerunt (1) et, ne ullatenus cassari sive adnullari posset literali memorie, illud, ut in sequentibus apparet, veraciter tradiderunt et communis cyrographi testimonio im perpetuum confirmaverunt. Proinde ab utraque parte stabilitum est ut, hyemali festo beati Martini, ad ejus ecclesiam totus conventus Sancti Laudi cum ordinata processione conveniens toti servicio matutino et diurno sollempniter non moretur, idemque honor vice versa a conventu Beati Martini ecclesie Sancti Laudi ejus festo unoque anno affectuose recompensetur. Nec reticendum est, quod, si quilibet canonicus predictarum ecclesiarum, aliqua occasione justa sive injusta a sui conventus communione depulsus fuerit et ad alterum conventum refugium petiturus venerit, fraterno affectu ab ipsis statim recipietur, victum ibi canonicum communionemque capituli et ecclesie indeficienter habiturus, donec eorum interventu, si ullatenus fieri potest, benigne reconcilietur. Stabilitum est preterea quod, si quilibet eorum ingruentibus alicujus

(1) Pour *inierunt*.

contumeliis sive injustis calumpniis et gravaminibus inquietatus fuerit, fraternam ei consilii et auxilii compassionem invicem impendent, justa preceptum Apostoli, alter alterius onera ferentes propiciique Salvatoris et Redemptoris nostri legem misericorditer adimplentes. Defunctis insuper canonicis, idem per omnia nocte et die supremi muneris, scilicet exequiarum et processionum, honor eademque triginta continuis diebus que suis canonicis oracionum et elemosinarum suffragia ab utroque conventu invicem persolventur, et eorum anniversaria martirologiis capitulorum suorum memoriter annotata, in utraque ecclesia, eodem affectu parique devocione singulis annis recolentur. Statutum est nichilominus inter eos quod, si forte cuilibet horum duorum convencium *(sic)* canonico ab aliquo sive a pluribus concanonicis suis aliqua injuria illata fuerit, nullus inde clamor ad comitem justiciasve suas, sive ad episcopum, perferetur, sed ab altero conventu quid sibi super hoc agendum sit prius inquiretur ut, eorum interventu et consilio, si fieri potest, quicquid [*(lacune, 56mm)*] facione celeriter emendetur. Qui vero aliter fecerit [*(lacune, 53mm)*]is ab utriusque capituli fraterna communione sta [*(lacune, 53mm)*]uorum conventuum disposicione erit ; sic expul[*(lacune, 52mm)*] vel quamdiu voluerint omnino excludere. Ne [*(lacune, 53mm)*]dam convencionem de quadam terra que ad Portum [Theobaudi] diu habitam, hac confederacione ita im perpetuum [*(lacune, 35mm)*] ecclesia beati Martini determinatum censum ecclesie Sancti Laudi annuatim reddendo, totam terram illam quiete possidebit, preter sanguinem furtumque et duellum, que Beatus Laudus inde habebit. Item quicquid canonici Beati Martini ad Buccam Meduane habebant, decem solidos census ab eis recepturi, conventus Sancti Laudi im perpetuum quiete possidere concesserunt, singulis tamen annis. Dignum eciam memoratum est quod, si qui harum ecclesiarum canonici ante sui obitus diem nutu divino ad religionis asylum confugerint, quecumque, si canonici morerentur, elemosinarum oracionumque et anni-

versariorum suffragia habituri erant, ab utriusque predicti
conventus fraternitate inter religiosos mortui nichilhominus
recipient. Nec silendum est quod quicumque tam absentes
quam presentes die prefate confederacionis supra memora-
tarum ecclesiarum canonici erant, pretaxata mutue dileccionis beneficia, qualibet occasione sive eciam prebendarum suarum dimissione dum vixerint facta, post obitum
suum nequaquam amittent.

28

F° 83 v°. — Vers 1160. — **Geoffroy de Ramefort abandonne au chapitre de Saint-Laud la terre du Port-Thibault qu'il avait usurpée,
fait pour lequel il avait été excommunié** (1).

Notum sit omnibus tam presentibus quam futuris quatinus cum Gaufridus de Ramoforti anathematis sentenciam
ab ecclesia Andegavensi, pro injuria quam faciebat eccle
sie beati Laudi de terra Portus Theobaudi, diu sustinuisset,
tandem in Parasceve veniens, in presencia donni Gaufridi
de Sancto Saturnino, tunc temporis Andegavensis archi
diaconi, presentibus Beati Laudi canonicis et aliis pluribus
quorum nomina scripta sunt, terram omnino dimisit et
affirmando promisit ne ultra de illa terra predicta esset
adjutor et defensor Herveo fratri suo, vel alicui alio qui
eam possideret. Hoc autem totum factum est et cirographo
confirmatum in claustro Beati Mauricii, in presencia predicti archidiaconi, videntibus et audientibus istis : Gaufrido
Manerii, archipresbitero et Beati Laudi canonico, Galvano,
Isemberto, Girardo de Daulciis, magistro Andrea, Girardo
de Belloforti, Beati Laudi canonicis, Herveo, Beati Albini
priore, Luca, [ejusdem Sancti] sacrista, Luca hospiciario,
Gaufrido de Engria, Andegavino, monachis, Radulfo vice-

(1) Cf. Dom Housseau, t. II¹, n° 460 ; — Baluze, vol. 276, f° 129 v°.
— Acte complété à l'aide de ces copies.

comite, Alelmo de Virleta, Ragnaldo, predicti archidiaconi famulo, et aliis pluribus [quorum nomina ignoramus].

29

F° 84. — Vers 1175. — Don de vignes par le chapitre de Saint-Laud au prieuré de Saint-Gilles du-Verger à charge d'un cens annuel.

Notum [sit omnibus *(lacune, 54mm)*] quod canonici Sancti Laudi monach[is Majoris Monaster]ii, Andegavi, apud Sanctum Egidium de Viridario, [*(lacune, 53mm)*] Gaufridus filius Garini, quando monachalem [habitum susceperat] in claustro Sancti Laudi perpetuo jure possidendas [*(lacune, 35mm)*] decime secundum consuetudinem aliarum vinearum illis redderentur, et census, qui trium solidorum et decem denariorum erat, augmentaretur, atque illis, ad festivitatem Sancti Laudi, quinque solidos de censu solverentur. Insuper pro hac concessione L solidos de caritate Sancti Martini habuerunt, videntibus testibus, ex parte monachorum, de monachis : Aimerico tunc sacrista, Loherio, Helia; de laicis : Bonello cambitore, Nicholao Lusco, Quarterio, Robino genero Turpini, Guilone cementario, Bernardo Sancade, Gabardo famulo, Andrea, Daniele, Gaufrido, Hugone de Sancto Albino, Burzelio, Guillelmo Caro, Robeto ; ex parte canonicorum : Normano, archidiacono, Galveno, Isemberto, Girardo de Daulcis, Garino de Chalen, Gaufrido Mancrio.

30

F° 84. — Entre 1102 et 1124. — Concession par Guillaume de Passavant aux chanoines de Saint-Laud de la pêcherie dite « Turris Paulini » qu'ils tenaient en gage de Guillaume de Vernée. Le Chapitre donne en échange 20, puis 25 sous.

Hec conveniencia facta est inter canonicos Sancti Laudi et Guillelmum de Passavanto, quam Mainerius fecit loco canonichorum, coram Raignaldo episcopo, de piscatura

Turris Paulini. Canonici igitur dederunt ei xx solidos et Guillelmus concessit eis piscaturam, sicut eam habebant a Guillelmo de Verneia in vadimonio, quoad usque ex toto reciperent pecuniam quam pro ea tradiderant. Preterea accomodavit Manerius xxv solidos Guillelmo de Passavanto, ea siquidem condicione ut, quandiu Manerius eam nollet recipere, Guillelmus eos teneret pro servicio, quod tamen interea non minus a Guillelmo requireret, et si Guillelmus illud facere nollet, canonici tamen non perderent piscaturam, nec Guillermo de Verneia aliquid super eam amplius darent, nisi causa favore Guillelmi de Passavanto. Quod si Guillelmus vel heredes sui eam redimere vellent, redimendi potestatem haberent. Factum est hoc in curia sancti Mauricii et cirographo confirmatum, ante thalamum decani, presente Raignaldo episcopo. Et de canonicis affuerunt : Bernerius, sororius Guillelmi, Otbertus, Guillelmus Potardus, Rotaldus de Vitreio, Mainerius de Sancto Laudo ; de laicis : Robertus, filius Raignaldi, Gaurarinus Becchemia. Alteram partem hujus testamenti habet Bernerius, sororius Guillelmi.

31

F° 84. — Vers 1190. — **Le chapitre de Saint-Laud concède à Bertrand Giroire et à ses héritiers, à charge d'un cens annuel, des maisons que Geoffroy, clerc, frère dudit Bertrand, avait construites sur la terre des chanoines.**

Ego, Girardus, Dei gracia decanus Beati Laudi, et capitulum nostrum, volumus et concedimus et sigilli nostri munimine confirmamus quod Bertrandus Girorii et heredes sui habeant et teneant domos quas Gaufridus, clericus, frater suus, edificavit in terra nostra, ita quod [*(lacune, 55*mm*)*] em, quando nobis placuerit, et reddant [nobis *(lacune, 54*mm*)*] denarios census, in die Nativitatis beati [Johannis Baptiste. . . co]nsuetudines nostras, sicut liberi homines [*(lacune, 52*mm*)* con]venientem talliatam quando alii homines [*(lacune, 43*mm*)*] reddant nobis talliatam.

32

F° 84 v°. — Vers 1150. — Accord entre le chapitre de Saint-Laud et Joulain de Tours qui avait enlevé injustement aux hommes de Saint-Laud le passage sur le pont d'Angers. Ledit Joulain le restitue avec l'argent qu'il avait perçu.

Libertas hominum ecclesie Sancti Laudi in ponte Andegavensi.

Omnibus tam presentibus quam futuris notificari volumus quod Joslenus Turonensis cepit de hominibus Sancti Laudi passagium in ponte Andegavensi ; quod canonici audientes, de injuria sibi inde facta clamorem fecerunt eciam ipsi comiti, pro quo predictum Joslenum multociens inde convenerunt et ut ab ecclesie injuria cessaret rogaverunt. Qui cum diu obstinate predictum passagium tenuisset et se ipsum raciocinaturum dixisset, termino inde posito et postea preterito, tandem jus ecclesie recognoscens, quatuor nomos quos inde ceperat reddidit, presente Pipino prefecto, qui ei multociens jus ecclesie ostenderat, et, sicut canonici clamabant, testificatus fuerat.

33

F° 84 v°. — Entre 1160 et 1175 environ. — Accord entre le chapitre de Saint-Laud et Rayer Hervé, fils d'Augeard. Après avoir, ainsi que sa mère, donné aux chanoines une terre sise au-delà du ruisseau près de la maison d'un nommé Chalopin, Rayer avait concédé, à l'insu des chanoines, une partie de ladite terre à Chalopin, à 4 deniers de cens. Il restitue au Chapitre par le présent acte ce qu'il lui avait enlevé.

Omnibus tam presentibus quam future etatis notum sit quod Raherus Hervei, Augardis filius, ipse et mater sua, dederunt ecclesie Sancti Laudi terram quamdam que est trans rivulum juxta domum Chalopini, et facientes donum, super altare posuerunt, accepta a canonicis caritate quam decuit. Postea vero Raherus partem predicte terre, canonicis nescientibus, Calopino tradidit, quatuor census denarios ab eo singulis annis accepturus, quod ubi cum eis contendere noluit, sed jus ecclesie recognoscens, quatuor denarios quos injuste acceperat in manu Normani decani, in claustro sancti Laudi, reddidit, videntibus canonicis : ipso Normanno decano, Fulgeio, Galvano, Gaufrido Manerii, Girardo de Daulcis, Amdrea et senescallo famulo ecclesie, Stephano de Insula, Goffredo Tosé. Denarius autem qui huic cartule dependet in testimonium unus est [de] illis quatuor quos Raherum reddidisse premissum est.

34

F° 84 v°. — Même acte qu'au n° 11

35

F° 85. — Entre 1162 et 1189 environ. — Accord entre le chapitre de Saint-Laud et Hubert de Champagne, en présence d'Étienne, sénéchal d'Anjou, au sujet des haies de Gouis, qui seront désormais communes et gardées par le même homme, tant pour les chanoines que pour Hubert (1).

De haiis de Gozia.

Ego, Stephanus, senescallus Andegavie, notum facio omnibus tam presentibus quam futuris quod, super controversiam que versabatur inter canonicos Sancti Laudi et Hubertum de Campania de haiis de Gozia, facta est pax hujusmodi juxta barram Gozie per manum meam. Haie predicte erunt communes inter canonicos et predictum Hubertum, et quicquid utilitatis inde evenerit, sive in forifactis, sive in pasnagio, sive in apibus, sive aliquo alio modo, per medium parcientur predicti canonici et predictus Hubertus. Radulfus de Rupe, qui homo est canonicorum et predicti Huberti, custodiet predictas haias pro Huberto,

(1) Cf. n° 71.

et canonici habebunt ubi quem voluerint hominem qui custodiat predictas haias pro eis, et tam custos canonicorum quam custos predicti Huberti sibi invicem fide videbunt quod fideliter predictas haias custodiant, et jura communiter ad hutilitatem dominorum suorum. Si autem vel custos canonicorum vel Huberti alicui hominum, vel alter alteri aliquid injuriosum fecerit, et apellatum fuerit ad audienciam alterius dominorum, canonici et Hubertus apud Marceium convenient, vel aliquis loco illorum, et quod inde judicatum fuerit constabit ; interim autem cessabit contencio et vadimonia recredentur. Canonici autem hospitabuntur homines suos, si voluerint, juxta haias suas ante suam terram propriam, ita quod domus eorum adhereant haiis, ita tamen quod haias non extirpent vel destruant. Similiter et Hubertus suos proprios homines hospitabitur ante suam terram, si propria sibi habuerit, quod nulli alii qui ab eo aliquid teneat facere licebit. Quedam eciam osca terre, que inter haias est, communis erit inter canonicos et Hubertum. Et sic facta est hujus pacis composicio ex utraque parte ut firmiter teneatur, his audientibus et videntibus quorum nomina scribuntur: Fulco de Moliherna, Hamelin de la Fegne, Hubertus de Boolez, Julianus de Villaguer, Theobert de Briencio, Odo de Sarmasiis, R[adulfus] de Rupe, Matheus de Asneriis, Simon Miete, Eliort de Troee, Gervasius de Troee et Theobaudus de Rupe, Aalart de Coornez, Matheus vicarius, Paganus de Val[libus, (*lacune 59*^{mm})], Fronidus de Fonteneio, Hugo de Sancto Vi[ctorio (*lacune, 55*^{mm}) Hai]mericus Collun, Radulfus de Laszia, Johannes de Chin[geio (*lacune, 54*^{mm}) Arrau]dus, P. Letardi, G[irardus] medicus, canonici Sancti Laudi, Gar[inus capellanus, Haimo presbiter,] Gaufridus de Creon, Bricius sacerdos, Paganus de [Chaumont, Odo de Haiis, Robertus de Gozia], Andreas Dubalan, Garnerius de Plat[ea (*lacune, 36*^{mm})] Bernardus pelliparius, et Garinus, frater ejus, Guarinus Polen et filius ejus, Gaufridus de Auverce, Rorgre de Sacé et multi alii.

36

F° 85 v°. — 1125. — **Accord entre le chapitre de Saint-Laud et les moines de Saint-Nicolas, d'une part, et Renaud le Roux, seigneur du Plessis, d'autre part, au sujet des bois du Fouilloux. Renaud donne en commun aux deux églises différentes parties dudit bois (1).**

Ut ad posteros perveniat rei presentis noticia, scripto significare decrevimus quod inter Raginaudum Ruffum, Plessiaci dominum, et duas ecclesias, videlicet Sancti Nicholai et Sancti Laudi, contencio maxima erat de bosco qui Communalis dicitur. Cum enim ecclesiarum duarum boschi illius quarta pars propria esset, relique vero tres illius et eorum qui de eo tenebant, supradictum boscum, tam suum quam ecclesiarum, quibus volebat vendebat, seu donabat. Quod tam monachi quam canonici videntes, magnas et innumeras illi facere calumpnias. Tandem ac coacti injuria conquesti sunt et clamorem fecerunt episcopo Rag[inaldo], qui postea factus est Remorum archiepiscopus, et Fulconi comiti. Per quos ad justiciam cogetur . . . . monachis et canonicis facere injuria, talem cum eis fecit concordiam. Exactorum suorum, videlicet Gorronis et aliorum que facta vel facienda sunt, dedit et concessit decimam duabus ecclesiis ; quod si aliquis de hac decima injuriam facere eis vellet, auxilium eis diligenter et omni simulacione remota impenderet. Dedit eciam bosculum totum qui est citra haiam, a Pertuso Jaguz usque ad fossatum qui est justa exartum Gorronis, ad extyrpandum et faciendum quicquid vellent monachi et canonici. Reliquium vero bosculum, qui est a dicto fossato usque ad haias Marquerii et terram Gorronis, dedit similiter quicquid vellent ad faciendum, excepto quod non extirparetur ad arandum. Porro ex altera parte haie dedit

---

(1) Cf. Dom Housseau, t. IV, n° 1473, contenant seulement l'analyse et la date.

boscum monachis et canonicis (similiter) communiter (1), et
a Pertuso Jaguz usque ad callem qui de [Sancto Leo] degario
ducit ad Sanctum Lambertum, sicuti ex ejus precepto et
dono per ca . . . . atum est a nostris et suis hominibus,
suis quidem : Guillelmo de Serenis, Britanno de Capella,
Gohardo ; nostris vero : Mauricio monacho, Herberto celle-
rario, Ansaudo canonico, Guillelmo canonico, Freslone
canonico, Eudone canonico, Pascale canonico, Barboto,
Pagano, fratre ejus, Raginaudo de Sartrino, laicis, item
Herveo Algardis, Pagono (*sic*) refectorario, Auduini Sancti
Laudi. Inter hec nemora est haia, a Pertuso Jaguz usque ad
haiam Marquerii, quam ex antiquo tempore fa[(*lacune, 57*mm)]
sue terre et aliorum. Quicquid in ea habebat [(*lacune, 54*mm)]o
monachis et canonicis, ita tamen ut haia [(*lacune, 54*mm)]
contingeret forisfactum de eo qui hoc fecisset mo [(*lacune,
52*mm) ha]ia reficeretur, nec propter hoc, a domino Plessiaci vel a[(*lacune, 46*mm) mo]nachis et canonicis imputa-
retur, aut eorum hominibus [(*lacune, 34*mm) m]onachis
et canonicis sicut diximus datis, retinuit sibi Raginaudus
pasnagium, et venacionem et fenum vavassorum suorum
sicut antiquitus haberi solebant. Illud equidem scire
volumus omnes quod, propter hanc concordiam, monachi et
canonici nichil penitus de jure suo quod in aliis boschis
habent dimittunt. Sciant quibus est sciendum quod Rag[i-
naudus] Ruffus et Goffredus, sororius ejus, hec dederunt et
concesserunt in elemosina monachis Sancti Nicholai *et
canonicis Sancti Laudi* (2), in capitulo Sancti Nicholai, et
in manu donni Johannis abbatis, et postea positum est
donum super altare cum textu et cultello, videntibus et
audientibus his : donno Johanne abbate, Arraudo priore,
Joio subpriore, Mauricio monacho, Widone monacho,
Roberto de Bisaio monacho, Petro monacho, Herberto cel-
larario, monacho, Goffrido de Engrala, monacho, et omni

(1) Ce mot est écrit au-dessus de similiter.
(2) Ces mots sont ajoutés en interligne.

capitulo, Ansaldo canonico, Willelmo canonico ; de laicis : Raginaldo de Saltrino, Roberto, fratre ejus, Blanquardo, Pipino, Guillelmo, Odone, Raginaudo Cosin, famulis, aliisque pluribus tam ex nostris quam ex aliis qui affuerunt hominibus ; ex parte Raginaldi Ruffi : eodem Raginaldo, Godefredo, sororio suo, Gohardo, Britanno, aliisque pluribus. In capitulo Sancti Laudi facta est eadem concessio, testibus his, ex parte Raginaldi : Roberto Ragot ; ex parte canonicorum : donno abbate Johanne, Mauricio monaco, Gaufrido de Camiliaco, monaco ; de canonicis : Radulfo, Hugone, Ansardo, Hylario, sacerdotibus, magistro Gurdone, Guillelmo Manerii, Chalvino, Eudone, Pascario Freslono ; de laicis, ex parte canonicorum : Fulgero, Bruno de Boleto, Willelmo de Bargiaco, Bussum et multis aliis. Pro his omnibus que dicta sunt taliter duobus ecclesiis datis et concessis, dederunt monachi et canonici Raginaudo Ruffo in caritate septingentos solidos, et Godefredo, sororio suo, xl solidos. Post hec autem Alburgis, uxor Raginaldi, concessit monachis et canonicis ad Plessiacum in pomerio viri sui. . . . placitum quod cum eo fecerant . . . . co, videntibus et audientibus : Guillelmo de Serenis, Gaufrido de . . . . ., Gohardo ; ex parte monachorum et canonicorum : Gosleno de Co. . . ., Ti . . ono famulo, Andrea Laharde, Huberto de Ca. . ., ...do canonico, Willelmo canonico . . . . . . deinde . . . . fact. . . . die. . . . . Raginaldi Ruffi in capitulum Sancti Nicholai. . . . erat et eadem que. . . . . . concesserat et ipsa . . . . Britannus de Capella. . . . . Ex parte vero canonicorum . . . . . . canonicorum . . . . capitulum . . . Ansaldus canonicus, Galvanus canon[icus (*lacune, 56*mm)] Gradulfi venit in capitulum Sancti Nicholai, et que [(*lacune, 55*mm)] ejus mendica concesserant concessit, vidente omni c[apitulo (*lacune, 54*mm) Go]hardo et aliis pluribus. Hoc idem in capitulo Sancti [(*lacune, 52*mm)] nta solidos in caritate. Factum est hoc et cirographo conf[irmatum (*lacune, 43*ᵐᵐ)] Mº Cº XXº Vº, in capitulo Sancti Laudi et in capitulo [Sancti Nicholai], indictione iiiª, regnante Ludovico, Francorum rege, Andegavorum, Turonorum atque Cenomannorum comite Fulcone juniore, Raginaudo de Martiniaco, Andegavorum presule. Si quis hec contradicere vel calumpniare presumpserit anathema maranata sit.

37

Fº 86 vº. — 1164. — **Geoffroy, neveu de Eudes, chanoine de Saint-Laud, abandonne au Chapitre la terre de l'Aleu, dont il lui contestait la possession, et les chanoines lui concèdent en échange divers biens à charge d'un cens annuel.**

De medietaria Sancti Laudi que vocatur Alodium.

Notum sit omnibus tam presentibus quam futuris quod Gaufridus, nepos defuncti Eudonis, canonici Sancti Laudi, fecit pacem et concordiam de canonicis ejusdem ecclesie, de terra Alodii, quam ipse calumpniabat et suam esse jure hereditario dicebat. In manu vero Gaufridi, Andegavorum episcopi, et in manibus decani Sancti Laudi, videlicet Guillelmi Lumbardi, et canonicorum, Galvani, Gaufridi Manerii, Gerardi de Daulcis, Andree, Gerardi de Belloforti, Arrardi, Petri Britonis, Helie, predictus Gaufridus illam terram quietam in palacio dimisit. Canonici vero, pro pace et concordia, dederunt ei viii sexterias terre et unum quarterium de vinee, et unam domum ad hospitacionem, unde ipse reddet annuatim ecclesie Sancti Laudi ii solidos iiii denarios de censu. Isti viderunt hoc et audierunt : Gaufridus archidiaconus, Stephanus de Monte Sorello, archi diaconus, G. thesaurarius, Hugo de Semblenzai, precentor, et homines de Buche Meduane, Frogerius Berlan, Robertus de Vallibus, Isembardus senescallus et homines de Andegavim plus quam centum qui erant in palacio. Sed postea [ut] illud firmius foret et stabile et in memoria cerciori haberetur, supranominatus Gaufridus fide sua afirmavit canonicis in capitulo quod nullo tempore amplius calupniam de terra Alodii faceret, nec alius pro eo. Hujus rei testes sunt hii : Frogerius Berlandi, Robertus Berlandi, Robertus de Vallibus, Isembardus senescallus, Johannes Richeldis et plures alii. Hoc autem factum est et cirographo confirmatum, anno ab incarnacione Domini M° C° LX° IIII°, Lodovico, alterius filio Lodovici, rege Francorum, Henrico vero rege Anglorum, et duce Normannice et Aquitanie, et Andegavorum comite. Census reddetur ad festum sancti Johannis Baptiste, II solidos de terra et IIII de domo.

38

F° 86, v°. — Entre 1129 et 1142. — **Accord par Geoffroy IV, comte d'Anjou, entre les chanoines de Saint-Laud et un nommé Guérin, au sujet de biens sis à Verrières. Guérin paiera 20 sous de cens annuel.**

Notum sit omnibus quod ego Gaufridus, comes Andegavorum, Fulconis Jerosolime regis filius, cum multociens clamorem et querimoniam canonicorum Sancti Laudi audissem de quibusdam [(*lacune, 55*^{mm}) Guerrin]us in Vitreia, et antecessores ejus diu tenuerant [(*lacune, 56*^{mm}) cl]amantibus et calumpniantibus, nolens amplius p[(*lacune, 54*^{mm})] tempore meo fieri vel querelam inde habitam indisc[(*lacune, 51*^{mm})] terminandam et justo judicio tractandam utrisque [(*lacune, 40*^{mm}) nu]nc itaque, cum ex utraque parte Cenomannie ubi constitueram con [(*lacune, 27*^{mm})] pacem inter eos de hac querela feci, ut per singulos annos, ad festum sancti Nicholai, Guerrinus et heredes ejus XX solidos census ecclesie sancti Laudi, pro hac re im perpetuum redderent, et hec paccio et concordia scripto et cirographo confirmaretur. Huic rei affui ego qui eam composui et Pipinus prepositus et, de militibus meis mecum : Garsilius de Bugnonio, et Goffridus de Cleeris, et Guido, filius

Hugonis, et Boterus et Ingelbaudus, pater ejus; ex parte vero canonicorum : Normagnus, ipsius ecclesie decanus, et Fulcoius, capellanus, et Goffridus Manerii et magister Thebaldus, et magister Isenbardus, et Girardus de Monteforti et Thomas, capellanus, et magister scolarum Sancti Mauricii, Vaslotus nomine, et Petrus Fulberti, canonicus Sancti Martini, et de Cenomannensibus : Bulgericus, magister scolarum Beati Juliani, et Gervasius, precentor Sancti Petri; ex altera parte : ipse Guerrinus et Loellus Fellus, et Oliverus, filius Samuelis, et Goffridus de Ramoforti, et Radulfus de Greio, et Oliverus de Novavilla.

39

F° 87. — Vers 1150. — **Accord entre le chapitre de Saint-Laud et Geoffroy de la Possonnière, au sujet du bois appelé « Longum Boel ». Les chanoines concèdent à Geoffroy ce qu'ils possédaient dans ce bois, à charge d'un cens annuel.**

Quoniam diuturnitas memorie incommodo infirmitatis humane obliterata in verbis deperise, idoneum duxit humana racio ut quod diu mente tenere non poterat literarum apicibus conmendaret. Hac itaque consideracione, necessarium esse duximus convencionem que facta est super bosco qui dicitur Longum Boel inter canonicos Sancti Laudi et Gaufridum de Pochooneria litteris et scripto omnibus notificare, et ut inde nullatenus inter eos aliqua contencio possit insurgere. Omnibus igitur manifestum sit quod predicti canonici partem quam habebant in illo boscho, pro censu x solidorum, in crastino festivitatis sancte Marie, que est in septembri, semper reddendorum, supranominato Gaufrido, conmuni consilio tocius capituli, contulerunt et unanimiter concesserunt. Unde concorditer hujus paccionis talis forma inter canonicos et Gaufridum diffinite sanccita est, quatinus dominus prefate Pochoonerie pro bosco predicto quicquid de illo contingat superdictum censum statuto die canonicis im perpetuum persolvat. Hujus convencionis formam utrique parti placuit hoc cirographo evidenter confirmari et. . . eodem atentissime subn [*(lacune, 58mm)*] partem suam habeant penes se recondit [*(lacune, 56mm)*] rep. . . . . . conservandam. Huic convencioni [affuerunt ex parte canoni]corum : Normannus, ecclesie decanus, magister Fulc[oius, magister Goffridus Mane]rii, magister Isembertus, Girardus de Daociis, G [*(lacune, 45mm)*] Andreas Cadaver, Hugo Ruffus ; ex parte vero Gaufridi [de Pochooneria : . . .] ogerius et Nicholaus Luscus.

40

F° 87 v°. — Vers 1175. — Jean Piluart, sous-sacriste de Saint-Laud, avec l'assentiment de Caradeo, son frère, et de Julienne, sa sœur, donne à l'église de Saint-Laud pour l'entretien de l'autel, six sous et huit deniers de cens à percevoir sur la maison de Mengui, chevalier, et sur deux arpents de terre et de vignes et sur la maison et la vigne d'Angebaud Robin, plus trois sous et quatre deniers de cens.

Ego G., Dei gracia decanus Beati Laudi, notum volo fieri presentibus et futuris quod Johannes Piluardi, tunc temporis subsacrista ecclesie nostre, dedit Deo et ecclesie Beati Laudi ad servicium altaris, super domum Meingui militis et super duo arpenta terre et vinee, vi solidos et viii denarios annui census, reddendos in festo sancti Michaelis sine decima et alia consuetudine, excepta decima pecudum, quam idem Meingui et successores ejus reddent ecclesie, et super domum Engelbaldi Robin et super vineam ejus. Dedit eidem ecclesie nostre iii solidos et iiii denarios de census sine alia aliqua consuetudine. Hoc donum dedit ecclesie liberum et quietum in feodo, cum vicaria et sanguine et latrone, sicut antecessores sui et ipse habuerant et tenuerant libere et quiete, de dono comitis Andegavorum. Et est sciendum quod Meingui et heredes sui et Engelbau-

dus Robin debent habere et facere propriam mansionem in feodo illo. Hoc donum voluit et concessit et cirographo confirmavit Karodocus, frater jandicti Johannis Peluart, et Juliana, soror ejus, qui omnes propriis manibus posuerunt investituram doni istius super altare beati Laudi. Testes, G. decanus, P. Letardi et Haimericus de L . . . . .
canonici, Garnerius de Chamberiis, Bricius, presbiter, G. sacrista et Johannes Peloart et Karodocus, frater ejus, et Juliana, soror eorum.

41

F° 87 v°. — Vers 1100. — **Don par le comte Foulques IV à Geoffroy Caïphe, son chapelain, d'une petite maison située près de Saint-Aignan, en compensation d'une autre qu'il avait prise pour en faire sa maréchalerie (?) (1).**

Mundus iste et que in ea sunt ad occasum et ad non esse festinat, et idcirco nos homines inter mundi creaturas, ut summo placuit Opifici, privilegium dignitatisque discrecionis obtinentes, non absurdum neque incongruum judi cavimus mundo . . . . disposicionibus ne oblivioni ex toto subjaceant, ut cumque succurrere . . . . quando veritatem sub scripture testimonio eisdem asignare. Notificetur itaque . . . . Fulconem, Andegavorum comitem, domunculam que adheret cellario quod est ante Sanctum Anianum de Rainaldo Espalterii x. libras emisse, eandemque solutam et quietam Gaufrido Chaiphe, clerico et capellano suo, dedisse. Hoc . . . fecerat . . . . . Goffridus Chaiphas et Eudo, avunculus ejus, de proprio suo domum petrinam que vicina erat curie et . . . . . Que domus . . . . . ex hominum placuit predicto comiti Fulconi et voluit eam habere et inde malchaaciam suam facere quia proxima et commoda erat curie, pro qua domo petrina, de qua malcaalciam suam fecerat, dedit dictus

(1) Voyez le n° 10.

[comes in concambio](1) domunculam que adheret cellario quod [est ante Sanctum Anianum.] Thestes isti, Goffridus Fulcredus, qui tunc e[rat senescallus, Hugo de Pocheio], Achardus de Sanctonis, Siebrannus comestabula, [Aubertus B]alotus, Hubertus de Vieriis et multi alii.

42

F° 88. — Vers 1175. — **Accord entre le chapitre de Saint-Laud et Raoul et Pierre de la Roche au sujet d'une partie du bois et de la terre de Gouis. Lesdits Raoul et Pierre abandonnent aux chanoines douze arpents de terre au-dessus de la barre de Gouis et les chanoines leur cèdent les biens qui étaient contestés, à charge d'hommage et d'un cens annuel. Les chanoines auront en outre la dîme de ces biens, sauf sur deux arpents dont la dîme appartenait à un tiers** (2).

De homagio Radulphi de Rupe.

Super controve[rsia que vertebatur] inter canonicos Sancti Laudi et Radulfum de Rupe et Petrum de Rupe de quadam parte boschi Gozie et terre, facta est pax hujusmodi per meum manum juxta barram Gozie. Predictus Radulfus et Petrus de Rupe reliquerunt canonicis duodecim arpenta terre que sunt supra barram Gozie libere et quiete possidenda, reliquam vero terram et vineas et boscum que in controversia erant, prout conculcatum fuit ab me ipso et aliis multis hominibus, reliquerunt canonici Radulfo de Rupe, ita quod ipse Radulfus et ejus heredes im perpetuum hommagium facient canonicis super predictis possessionibus et eas de canonicis tenebunt, et inde reddent annuatim canonicis apud Andegavim duos solidos

(1) Du Cange, art. *Malcaalcia*, a reproduit les lignes précédentes, depuis *voluit eam habere.*

(2) Cf. Dom Housseau, n° 1892, contenant seulement l'analyse et daté : vers 1172. — Voir le n° 56 qui est la copie presque littérale du n° 42, avec quelques lignes en plus.

et annuatim (?) servicii in festo Sancti Laudi. Insuper autem canonici habebunt decimam totam illius terre, quam reliquerunt R. et P., et vinearum et pasnagii et pecudum, excepta decima duorum arpentorum terre arabilis, quam decimam habebat Goffridus Crispini. Testes : Fulco de Moliherna, Hamelin de la Fesne, Hubertus de Boolez, Julianus de Villa Guerre, Theobaudus de Briencio, Odo de Sarmasiis, Radulfus de Rupe, Matheus de Asneriis, Simon Miete, Heliort de Troec, Gervasius de Troee, Theobaudus de Ruppe et filius ejus, et Gaufridus de Auverce, Rorgre de Sacé, Alart de Coorné, Matheus vicarius, Paganus de Vallibus, Odo de Alencé, Goscelinus de Dossé, Fromundus de Fonteneio, Hugo de Sancto Victorio, Guerinus de Lescigné, Haimericus Collun, Radulfus de Laszia, Johannes de Changeio, Girardus, decanus Sancti Laudi, Arraudus canonicus, Petrus Letardi, Girardus medicus, canonicus Sancti Laudi, Guarinus, capellanus, Haimo, presbiter, Gaufridus de Creon, Bricius, sacerdos, Paganus de Chaumont, Odo de Haiis, Robertus de Gozia, Andrea Durbalam, Garnerius de Platea.

43

F° 88. — Entre 1191 et 1198. — Accord entre le chapitre de Saint-Laud et Laurent Bachelot au sujet de vignes sises à. . . . dépendant de la chapellenie de. . . .

Ego G., Dei gracia Beati Laudi decanus, et commune capitulum ejusdem ecclesie, scienc[i]e presencium et intelligencie futurorum notum fieri curavi quoniam, pro causa que vertebatur inter nos et Laurencium Bachelot, ad dominum Celestinum tercium, summum Pontificem, querimoniam nostram per transmissa exposuimus. Ipse vero religiosis et discretis viris abbatibus Oratorii, Burgulii et Turpiniaci, causam . . . delegavit fine de . . . terminandam. In quorum presencia nos cum parte adversa constituti, proposuimus. . . . . Laurencius. . . arpentum vinee teneret que est apud. . . . leium, de feodo cujusdam capellanie nostre que [*(lacune, 57mm)*] pro quo arpento possessores ejusdem reddiderant et [*(lacune, 55mm)* se]xtaria frumenti capellano, ipse Laurencius ea viole [*(lacune, 54mm)*] ndebat. E contra Laurencius constanter asse[rebat *(lacuue, 52mm)*] penitus pro vinea illa habebat, sed capellano tantum [modo *(lacune, 45mm)* Andegaven]sis monete annuatim debebat. Post multos vero et litig[iosos *(lacune, 32mm)*], ex consilio predictorum judicum et discretorum qui eis asistebant virorum, tandem, Deo annuente, in hujusmodi convenimus pacis et concordie unionem. Laurencius siquidem et possessores predicte vinee reddent capellano jandicte capellanie, pro eadem vinea, in festo sancti Mauricii, singulis annis, x solidos Andegavensis monete, et nullum frumentagium. Ut autem hec pax et concordia firmiter et bona fide teneretur, ego G., decanus, et L. prenominatus, in manus judicum compromisimus. Testes : Johannes, abbas Oratorii, Hylarius, abbas Burgullii, Lucas, sacrista, Lucas, abbas Turpiniaci ; ex parte nostra : ego G., decanus, Bricius, capellanus ejusdem capellanie, magister Stephanus de Palude, advocatus noster, Guillelmus monacus, precentor Burgullii, Fulquerius de Calvo Monte ; ex parte Laurencii : idem L., Gaufridus Belmoeu, capellanus Taventi, Durandus Bernin(?), advocatus ejus, Raginaudus Bacheloti, Johannes de Gorron. Postea vero in capitulo nostro convenimus, ubi pax recitata et retracta est et ab utraque parte concessa, presentibus istis : G., decano Beati Laudi, Philipo, decano Beati Martini et canonico nostro, magistro Girardo, medico et canonico nostro, Matheo de Calvomonte, con canonicis Martino magistro, capellano, Bricio, capellano, Guillelmo, sacrista ; ex parte Laurencii : ipse Laurencius, Bartholomeus Rollandi, tunc pretor Andegavis, Johannes Gram, Matheus, frater ejus, Raginaudus Bachelot, et Raginaudus Drachonis, et Philipus de Turre.

44

F° 88 v°. — 1103, 11 juillet. — **Accord entre le chapitre de Saint-Laud et Renaud d'Iré au sujet de deux familles de serfs qui vivaient dans la dépendance du chapitre à Saint-Sauveur. Renaud les abandonne aux chanoines (1).**

Quoniam vita hominis diu durare non potest, acta humana que memorie idonea sunt commendari literis absurdum non est. Notum igitur omnibus esse volumus tam posteris quam modernis quod ecclesia Sancti Laudi duas habet familias hominum Sancti Salvatoris que descenderunt ex progenie duorum fratrum, Christiani et Aldeberti de Mapho. Quas cum ecclesia diu tenuisset in vita predictorum patrum et successorum suorum et in tempore trium consulum, Goffridi videlicet Martelli, cujus dono ecclesia prius eas habuit, et Goffridi Barbati, et Fulconis fratris sui, in tempore eciam trium episcoporum, Eusebii scilicet et Goffredi Turonensis et Goffridi Meduanensis, tandem in tempore quarti episcopi, videlicet Raignaldi Martiniacensis, surrexit calumpnia super eas, calumpniante illas Raignaldo de [Yreo], unde, [cum his in judicium venissent ca]nonici cum Raignaldo in curiam Raignaldi episcopi, [noluit Raignaldus de Yreo exequi] quod in utroque judicio judicatum fuit, sed, perseve[rans in calumpnia sua, cepit violent]er depredari res ecclesie Sancti Laudi. Canonici autem, [cum inde justitiam adipisci non posse]nt, dissencientibus ad invicem comitibus, comite Ful[cone et Goffrido, filio suo, coa]cti necessario venerunt ad concordiam cum Rainaldo et [cum Normanno (?) de Monte] Rebelli, de cujus fevo dicebat Raignaldus sibi predictas familias esse obnoxias. Facta est igitur concordia illa cum Normanno apud Castrum Secreti, presentibus istis testibus : Vasloto, quem Goffridus, filius comitis, posuerat custodem ipsius castri, Guischardo, filio Hamonis Guis-

(1) Cf. Dom Housseau, n°° 1229 et 1892.

chardi, Primaldo, fratre Atrei, Barbotino, filio Rainsendis, Gueufredo, Barboto de Corroceo. De canonicis autem affuerunt : Goffridus Caiphas, Mainerius, et Goffridus, sacrista, qui pro concordia Normanno LX solidos dederunt. In crastino autem facta est cum Raginaudo concordia apud Candatum, ibique absolvit Raginaudus predictas familias ab omni calumpnia, tam in patribus quam in filiis, et omnem successionem eorum. Ipse, inquam, absolvit eas et uxor ejus, Chorintha, et filii ejus, Goffridus et Albericus, et filia ejus, Eusebia. Cui concordie affuerunt, ex parte canonicorum, tres ex ipsis canonicis : Guarinus videlicet de Azeo, Goffridus Caiphas, Mainerius et Goffridus sacrista. Ex parte autem Rainaldi fuit Oliverus, filius Samuelis, nepos ipsius Rainaldi, Fromundus, nepos Hamelini, filii Guischerii, Cornillius, Robertus et Hubertus, filius Rainaldi Merlati. Hec concordia postea confirmata est Andegavi, in capitulo Sancti Laudi, ante Goffridum, filium Fulconis comitis, et alios personales viros, quorum nomina infra scripta sunt, ibique receperunt canonici Rainaldum de Yreo in beneficio suo, et Rainaldus absolvit iterum predictas familias et omnem successionem earum ab omni calumpnia, et spopondit se deinceps eas adquietare ab omni prosapia sua, et ceteras res ecclesie Sancti Laudi fraternaliter tueri et custodire. Actum est, ut prediximus, Andegavi, in capitulo Sancti Laudi, v idus Julii, luna IIII, concurentibus tribus, indiccione XI, epacta XI, anno ab incarnacione Domini millesimo centesimo tercio, regnante Philipo rege in Gallia, Pascasio papa sedente in sede apostolica, affueruntque huic confirmacioni : Goffridus, filius Fulconis comitis, Hugo de Matafullone, Ricardus, frater episcopi, Richardus de Sancto Quintino, Buchardus de Grado, tunc prefectus urbis, Queus, frater Berlai, Guillelmus de Rupe, Niellus, filius Babini, Girardus Villicus, Odo d'Escharboth, Sigebrannus Aremberti, Hubertus Frigida Bucca, Burellus de Alneto, Anstarius spaltarius, Guillelmus, frater Menerii, Goffridus Almenardi, Rainaudus

Bastardus, Gorhandus corvisarius, Goffridus [de Sancto Albino, Rainaldus Picois]us, Goffridus, nepos Goffridi Cayphe, Guib[ertus Portarius, Albinus de Monste]rolo, Fulbertus Garnerii, Ascelinus, homo [Guillelmi de Passavanto, Josbert] us Tenens Mentulam, Goffridus thesaurarius, G[arnerius archidiaconus, Pagan]us Bubulus, Goffridus, nepos Goffredi Mane[rii, Goffridus de Engreia], capellanus Sancti Mauricii, Eudo, canonicus Sancti Laudi, [Theobaudus de] Genna, Radulfus canonicus, Garinus de Azeo, Odo Pictavensis, Odo de Sancto Florencio, Rotaldus, Goffridus Caiphas, Mainerius, Jugellus capellanus, Goffridus sacrista, Berardus presbiter, Griphanus, filius Galterii, Hugo Peluardus, Harduinus filius Hervei, Bonus Homo, capellanus Sancte Trinitatis, Mauricius Bucengrinus, Herveus filius Viani, Joclinus, Ebrardus Grenullia. Cum Rainaldo affuit Goffridus filius ejus, Oleverius nepos ejus, Calvellus Merlatus, Fromundus de Ogis, Lambertus. In presencia horum testium facta est et confirmata concordia. Surrexit Rainaldus de Yreo, et veniens de capitulo in ecclesiam Sancti Laudi, cum cutello nigrum manubrium habente, posuit astipulacionem istius concordie super altare, qui cutellus continuo plicatus in armario Sancti Laudi est repositus. Istis denique peractis, accepit Rainaldus a canonicis, pro pace et concordia ista, xiiii libras et x solidos, sicut cum eis apud Candatum convenerat.

45

F° 89 v°. — 1103, 17 août. — (Suite de l'acte précédent). — Confirmation de l'accord par Normand de Montrevault

Quando Normannus de Monte Rebelli fecit prescriptam concordiam cum canonicis Sancti Laudi, pepigit eis quod testimonium ipsius concordie poneret in manu Andegavensis episcopi. Venit igitur Andegavim insequenti mense et, cum cirotheca quadam, quam accepit a manu Baudoini de Verno, posuit in manu Raignaldi episcopi testimonium sue concessionis, in thalomo *(sic)* ipsius episcopi, xvi kalendas septembris, presentibus et videntibus : Alberico decano, Garnerio archidiacono, Huberto cantore, Guillelmo, magistro episcopi, Baudoino de Verno, Theobaudo de Genna, Goffredo Cayfa, Hugone de Sancto Petro.

46

F° 89 v°. — S. d. — **Règlement des moulins de la Loire.**

Homines qui in Ligeri molendina habebant hanc calliditatem exercebant ut annonas eorum qui mollere voluissent aut per terram cum asinis suis, aut per aquam cum calannis, ad sua molendina devehi facerent. Et hoc non gracia levaminis eorum quorum annone erant, sed propter suam cupiditatem, faciebant, ut sub occasione talis levaminis facilius eos qui molere opus habebant ad sua molendina atraerent. Hac per hoc eos qui juxta illos molendina similiter habebant, sed similiter agere non valebant, in tantum gravabant, ut aut rarus aut nullus ad eorum [(*lacune*, 57ᵐᵐ)] igitur calliditatem, hi qui in vanum molendin [(*lacune*, 55ᵐᵐ)] itudinem nostram, quatinus moderamine justicie [(*lacune*, 55ᵐᵐ)] cerem atque ad antiquam consuetudinem omnia ([*lacune*, 54ᵐᵐ) ac]ceptis igitur ab interpellantibus me duodecim de [nariis (*lacune*, 47ᵐᵐ)] nemo deinceps alterius annonam, nec per terram nec per aq[uam, (*lacune*, 33ᵐᵐ) mole]ndinum devehi faceret, neque propter hoc oculte illi qui molere voluisset aliquid daret aut promiteret, sed unusquisque suam annonam ad quodcumque molendinum sibi placuisset ipse per se deportaret ; atque ut hec precepcio firmius permaneret, eciam in civitate Andegavis bannum publice preconari jussi, et hanc cartam mea auctoritate et manu firmavi, quoram horum presencia testium.

Si quis hoc edictum semel violaverit, quinquaginta nummorum solidos compulsus judicio exsolvet ; si bis, centum ; si ter, omnino deserat molendinum.

47

F° 90. — S. d. — État des redevances dues au chapitre de Saint-Laud par les hommes de Bouchemaine.

Si contencio fuerit de frodio quod contingit canonicis Sancti Laudi de territorio Bucce Meduane, hic certissima veritas rei invenietur diligenter investigata ab Hugone, canonico Sancti Laudi, in illo tempore eidem ville presidente. Ansgerius (?) reddit ıı s.; Guillelmus, filius Haie, ı m.; Ebrardus, frater Haie, ı s.; Ulgerius piscator, ı m.; Lambertus furnarius, ı m.; Hubertus de Porta, ı s.; uxor Adelardi de Carrione (?), ı m.; Harduinus de Monte Soriau, ııı m.; Fulconius de Bugnonibus, ı m.; Ebruinus ı m.; Landricus, ı s.; Johannes Faber, ı s.; Aubert Pelafutu, ı s.; Garnerius Butellarius, ı m.; Rainaudus Addobatus, ı s.; Morinus Gundraudus, ı m.; Guibertus Barbilon, ı m.; uxor Durandi Torti et Pepinus, ı s.; Engelgerius Blocus, ı s.; Guillelmus Adisolatus, ı s.; uxor Stabuli, ı s.; Christiani nepos et Pelefutu, ı m.; Se. . . . , ııı m.; Bosolinus, ı s., dimidiam m. pr., Thebaldus molnarius, ı s.; Lambertus, ı m.; Herveus calandarius, ı m.; Godefredus Ruffus, ı m.; Vaslinus, ı m.; Benea Tuscardus (?), m. et dimidiam; Petrus Pichon, ı m.; Mainardus de Landa, ı m.; Odolinus Bassacunta et Rannulfus, ıı s.; Gauterius de Campellis, ı m.; Johannes, filius Adeline, ı m.; Adelardus cum Guillissendi, ı s.; Rainaldus Capero, ı m.; Restas . . , ı m.; Robertus Ronni, ı s.; uxor Laurencii de Valle, ı s.; Guibertus Depiestatus, ı m.; Girardus clericus, ı m.; Stephanus filius Alburgis, ı m.; Algardus et (?) uxor Alnulfi, ı m.; Albertus de Esterio, ı m.; uxor Durandi vicarii, ı m.; uxor Alberti Bilirici, ı m.; Martinus Zusca, ı m.; uxor Lamberti Fullonis, ı s.; Marnardus horto lanus, ı m.; Lantauldis uxor Andree, ı m.; Martinus de . . . . , ı m.; Berta uxor Berengarii, ı s.; Aurricus de Insula, ı s.; Garnerius Ras (?) . . . , Bernardus de Virgulto, ɪ m.; An [(*lacune, 57*mm)] ɪ s.; Supplicia, ɪ m.; Lethaudus piscator, ɪ m.; [(*lacune, 56*mm)] ɪ m.; Odolinus Mussus, ɪ m. et dimidiam; Da [(*lacune, 55*mm) ɪ m. et dim]idiam; Guibertus Angelus, ɪ m.; Gilbergis de Te [(*lacune, 54*mm)] Godefredus, ɪ m.; Guillelmus Restius, ɪ s.; Benedictus [(*lacune, 49*mm)] Grimellus, ɪ m.; Harduinus filius Bernardis, ɪ s.; [(*lacune, 37*mm)] dus, ɪ s.; Guillelmus Clavardus, ɪ m.; Benedictus Gulasoche, ɪ m.; Rembertus pistor, ɪ m.; Martinus Rex, ɪ s.; Haimericus, ɪ m.; Balbus Maria, ɪ m.; Archerius, ɪ m.; uxor Petri de Hesterio, ɪ m.; Gauterius Gastellus, ɪ s.; Bernardus Rex, ɪ s.; David Rufus, ɪɪɪ m.; Isembardus, ɪ s. de podio; Girardus Cufardus, ɪ s.; Guarinus Loripes, ɪ s.; Letardus Ruffus, ɪ s.; Benedictus Bona Archa, ɪɪɪ m.; Bardonius et pater ejus, ɪɪ s.; Legerius molnarius, ɪ m.; Hodo Fabiarus, ɪ m.; Haligon piscator, ɪ m.; Gaufridus Pictavus, ɪ s.; filii Fulcardi, ɪɪɪ m.; Adelardus et Gosbelinus, ɪ m.; Bernerius, ɪ m. et dimidiam; Andreas Papalore, ɪ m.; Gauterius Petelosus, ɪ m.; Gaufridus Valiardus, ɪ m.; Hugo saginator, ɪ m.

48

F° 90 v°. — 1145. — **Geoffroy IV, comte d'Anjou, ordonne la destruction d'une écluse construite par les habitants de Fosses et qui causait du tort aux possessions du Ronceray, de Saint-Laud et de Saint-Nicolas. Il accorde en outre au Ronceray et à Saint-Laud un petit terrain d'alluvion au-dessous de leurs écluses (1).**

Sit omnibus notum quod homines comitis. de Fossis, invidia et cupiditate nimia ducti, ceperunt construere exclusam contrariam et nimium dampnosam tribus ecclesiis, scilicet Beate Marie et Beati Laudi, necnon et Sancti Nicholai. Cum itaque abbas H. atque abbatissa A. et precipue canonici Sancti Laudi quererentur, et inde comiti

(1) Cf. Dom Housseau, n° 1711, contenant l'analyse et la date; — Baluze, vol. 276, f° 130 v°.

clamorem facerent, comes, misso preposito suo Pipino ad videndum, cognitoque danpno suarum elemosinarum et antecessorum suorum, exclusam illam aufferri et destrui precepit, et quod deimpceps nulla ibi exclusa construeretur, sed sicut in tempore patris sui et in suo usque ad hoc tempus fuerat, sic amodo teneretur ecclesiis concessit. Dedit preterea duabus ecclesiis, videlicet Beate Marie et Beati Laudi, hardacium (1) parvum, quod, sub exclusa predictarum ecclesiarum communi in sabulo, impulsu undarum ibi adunato, adislando creverat, et cum ei nichil valeret, ecclesiis dampnosum erat. Ut autem hoc totum firmiter teneretur, auctoritate sui sigilli firmari et signari fecit. Hec vero facta sunt in ecclesia Sancti Laudi, ante altare Beate Marie in cripta, videntibus istis et audientibus : Briencio de Martigneio, Hugone de Poceio, Pipino preposito, Josleno Turonensi, Turpino, Nicholao Lusco, Simon[e de Castillione, Fulcone came]rario (2), Gorranno, insuper presente predic[to abbate Herberto cum duobus] monachis, scilicet Gaufrido Engraalo et Rag[inaldo psalterario, presente] eciam abbatissa Hamelina, cum Aremburge [monetaria (?), presentibus eciam] istis Sancti Laudi canonicis : Galvano, capellano, [Fulcoio, Goffrido Man]erii, magistro Isemberto, Girardo de Daulciis, [Hugone Rufo, Andr]ea, Girardo de Belloforti et G. Micawt(3), anno ab incarnacione Domini M° C° XL° V°, ipso comite ducatum Normannie in pace habente, eo scilicet anno quo idem dux Normannie Archas castrum adquisivit, quod solum ei de toto ducatu resistebat.

(1) Il est difficile de définir ce que signifie le mot *hardacium* qui n'a pas de correspondant en français. Du Cange n'en donne pas le sens et se contente de reproduire sans commentaires le passage du Cartulaire où le mot est cité. Le sens d'alluvion paraît résulter du contexte.

(2) Herberto, abbati Sancti Nicholai (Addit. de Dom Housseau).

(3) Ce dernier nom a été ajouté à la liste des témoins, probablement au XVI° siècle.

49

F° 91. — 1150, 9 septembre. — **Hubert de Chambiers se démet de la prévôté de Chambiers au profit du chapitre de Saint-Laud en échange de 4 setiers de terre, et les chanoines concèdent ladite prévôté à Geoffroy, fils d'Hubert, à la condition qu'à sa mort elle reviendra au chapitre. L'acte est passé en présence du comte Geoffroy IV.**

Et (1) im perpetuum pacciones et sanctorum patrum decreta manerent, eorumdem visionibus compertum tenemus illa thesauro memorie per observanciam scipti debere reponi. His igitur presentibus scriptis omnibus significare preponimus Hubertum de Chamberiis ejusdem ville preposituram diu tenuisse et se dixisse eam hereditario jure habere. Accidit autem die quadam quod idem Hubertus capitulum Beati Laudi ingrederetur, convocatoque decano et canonicis, sponte recognovit se de beneficiis ecclesie Beati Laudi nutritum, eruditum atque promotum, et ejusdem ecclesie esse proprium, nullumque se detrimentum ecclesie, nullam diminicionem ejus bonorum pati velle, sed in ejus augmenta desiderium plenum habere. Cunque capitulum adeo bonis, adeo dulcibus verbis alloqueretur, omnibus fere canonicis audientibus, dixit se velle depponi a prepositura de Chamberiis, quam injuste contra jus et fax hereditario jure clamaverat, multaque prece rogavit canonicos, dicens quod, si ei quatuor sextareias terre donarent, jura omnia que in prepositura predicta clamabat omnino quictaret. Cumque ad hoc canonici inviti traherentur, denique, habito consilio, ei concesserunt. Sed quia altera vice de hac eadem re pactum cum eis habuerat, quod eciam sacramento firmaverat neque tenuisset, hanc ideo paccionem fide illius et sacramento firmare statuerunt iterum, et primo in manum decani prepositurum reddidit, deinde fidem

---

(1) Pour Ut, ajouté d'ailleurs en interligne d'une écriture plus récente.

dedit se nunquam amplius in ea aliquid clamaturum, et quod idem uxor sua et filii sui facerent, pepigit quod, si nollent, adversus eos disracionaret nullum jus in prepositura illa neque se neque filios suos habuisse. Denique die posita ad quam uxorem suam et filios suos precaret ut [(*lacune, 58mm*)] firmarent quorumdam malo preci [(*lacune, 56mm*)] at ad sequi... prorsus negavit. Cunque ad ha [(*lacune, 56mm*) H]elyam, fratrem Goffridi, ducis Normannie, et [(*lacune, 55mm*)] omni primum paccione recognita p [(*lacune, 50mm*)] que proborum virorum qui ibidem intererant [(*lacune, 37mm*)] dificulter impetravit quod prepositura illa Gof frido vicario, quandiu idem Goffridus viveret, concederint, et post mortem Goffridi ad ecclesiam Beati Laudi sine reclamacione aliqua tocius eorum parentele reverteretur, et quatuor predicte sextarie terre ad heredes... venirent. Sicque factum est ut Hubertus et Goffridus, filius ejus, in capitulo Beati Laudi, in manu decani a prepositura se deposuerunt, et decanus et canonici eam Goffrido, filio ejus, juxta predictum pactum concesserunt. Sed ut hoc cercius et firmius teneretur et firmius, ad presenciam Goffridi, ducis Normannie et comes Andegavie, res hec delata est et coram eo eodem modo formata [et] eodem modo firmata, et sigillo suo et capitulo ecclesie Beati Laudi corroborata fuit, apud Andegavim, in domo Hugonis de Carnoto, canonici Beati Laudi, ano ab incarnacione Domini M° C° XL° IX°, v° idus septembris (1), luna tercia, epacta vicesima, Eugenio sedem apostolicam obtinente, Ludovico regnante in Gallias, Normanno, Andegavense episcopo. Hii affuerunt : G. comes Andegavie, ... Mala Musca, cellerarius Beati Martini Turonis, Goffridus, decanus Beati Laudi, canonici Galvanus, Goffridus Manerius, magister Isem-

---

(1) Cet acte est daté de 1149, le 5 des ides de septembre. Mais l'épacte 20 concorde avec l'année 1150. D'un autre côté, Normand de Doué ne fut évêque d'Angers qu'en 1150 (6 mars). Nous croyons donc devoir dater l'acte de cette année, et nous attribuons la date 1149 à une erreur du copiste.

bertus (?), Girardus de Daulcis, Hugo Rufus, Hugo de Carnoto, magister Andreas, Girardus de Bello Forti, qui hanc quartam scripsit, magister Petrus, Arraudus de Chimilliaco, Hugo de Soouria, canonicus Beati Martini Turonis, Ulgerus, prepositus Restiniaci, ... capellanus; laici : Pipinus de Turonis, Bargius (?), prepositus tunc temporis Andegavis, Gorronius et Fulco, camerarii, Maletus, prepositus Turonis, Isoredus de Mumbasonio, Chalo de Castellone, Goffridus foresterus, Turpinus de Super Pontem, Paganus Simia, Garinus, sacerdos de Chamberis, senescallus de Bucca Meduane, Guillelmus de Hostilliaco, garderoba. Ex parte Huberti : Gastinellus Arch . . . edus, Perrellus. Ille quatuor predicte sextarie terre sunt justa nemus p. . . . . ero . . . . fuerunt ex alia parte ch. . . . . . perficienti. . .

50

F° 92. — 1149. — **Le comte Geoffroy IV attribue une prébende de chanoine de Saint-Laud à l'évêque Ulger et à ses successeurs** (1).

De prebenda episcopi in ecclesia Sancti Laudi.

Q[uoniam humanam memoriam facile] comitatur oblivio, justis institucio[nibus est decretum ut quic]umque aliquid diu firmiterque retinere voluerit [scriptorum commendet] memorie. Quapropter ego G., Dei gracia [comes Andegavorum, Fulconis Jerosolime reg]is filius, omnibus notum facio quod, finitis contro[versiis que inter me et dominum] Ulgerium, Andegavim episcopum, [diu fuerunt agitate, inter alia que sibi pro] formanda pace dedi vel concessi in ecclesia Beati Laudi, dedi unam prebendam sibi et succes-

(1) Acte complété à l'aide d'une copie du XVIII° siècle. (Recueil de chartes appartenant à M. le chanoine Urseau.)

soribus suis episcopis im perpetuum possidendam. Ego siquidem dignitati heredum meorum et utilitati ecclesie illius previdens in futurum, sic statui quod nunquam alicui episcoporum liceret ibi canonicum vel vicarium mittere vel personam aliquam imponere, sed eam sicut aliorum canonicorum propriam possidere. In hoc eciam facto dignitas comitis Andegavis conservabitur, et dileccio episcopi erga ecclesiam illam in agendis ejus negociis prompcius et affectuosius inclinabitur. Hoc itaque factum tam prudenti et discreto consilio, ne aliquis successorum meorum niteretur impedire, sigilli mei auctoritate et testium subscripcione (1) muniri precepi. Hoc factum est in capitulo Beati Laudi et hi interfuerunt cum comite : Galvanus de Camilliaco, Goffridus de Doado, Adam de Rochaforti, Asalon Roognardi, Pipinus prepositus et plures alii. Cum episcopo autem interfuerunt : Buamundus archidiaconus, Radulfus archidiaconus, Vasletus, magister s[c]olarum et alii multi. Canonici (2) Sancti Laudi interfuerunt : Normannus decanus, Guillelmus [Manerii], Galvanus, Paganus . . Guido (?), Fulcoius fulconiarus, Galvanolus, Guarinus. . ., Gofridus Manerii. Inde sigillum habet ecclesia.

51

F° 92. — Vers 1175. — Accord entre le chapitre de Saint-Laud et Thibault de Brézé (?) au sujet de l'écluse de Prignes (?).

Cum. . .scripti presencia et assercione tam presentibus quam futuris notificare decrevimus quod ecclesias Sancti Laudi . . . . : capitulo, cum Theobaldo de Brezé super exclusa de. . . . . molendino . .composuit ut, empcione facta, prefata exclusa

---

(1) Ou *subnotacione*.
(2) Ce dernier paragraphe ne figure pas dans le recueil cité, note 1.

. . . medietatem. . . . . . et molendinorum. . . . omni
. . . . inde posset haberi et. . . . . . obtineret et
possideret. . . . . ac impedier. . .
ca. . . . .
. . . . . . Theobaud . . . concordiam facien . . . . .
. . . . cum omni . . . .
. . . . altare
quem prediximus deponente. H [(lacune, 58mm) Theo]baudus suum post obitum anniversarii [(lacune, 56mm)] um, singulis annis habeat memoratum, [(lacune, 57mm) be]neficia sibi senciant impartiri. Quod autem [(lacune, 55mm)] tet donum istud canonicos obtinere [(lacune, 49mm) car]itatem ecclesie, si ipse postulaverit, semel in anno [(lacune, 35mm)] am vini. Nec pretermitendum est quod ad pacti hujus facit firmitudinem filium Theobaudi, ipsius molendini lucro et commodo, unum canonichorum nomine Guillelmum Gallerii investisse, ipso eciam donum patris concedente et in omnibus apropriante. De monneriis autem sic constat cum canonicis, quod ipsi data fide dannum canonicorum ultra sex denarios non faciant nec fieri paciantur ; quod si aliquo modo vel ab ipsis, vel ab aliis dampnum evenerit, prolocutum est ut quod ipsi fecerint dannum restituant. Si vero ab aliis illatum fuerit, canonicis manifestent. Unde erga munnerium molendini foleratorii tali modo tenentur canonici se habere ut, ubicunque opus fuerit, ei consilio canonicorum absque rerum suarum dispendio ejus auxilio sublevetur. Ex parte Theobaldi quorum nomina subscripta sunt isti testes fuerunt : Chenu de Corzé et Herveus, frater ejus, Pelerinus de Cechia, Gaufridus de Foz, Johannes Pleedos, Gualois, Porrage. Ex parte vero canonicorum : L., decanus, Guillelmus Gallerii, Garinus, sacerdos de Capella, Ernaudus salinerius et Andreas, frater ejus, Girardus Potet, Bernardus pelliparius, Guillelmus, famulus decani et alii quamplures, quos quia longum est nominare isti sufficiant. Inde sigillum et cyrographum habet ecclesia.

52

F° 92 v°. — 1141 (n. s.) 14 février. — **Geoffroy IV, comte d'Anjou, accorde au chapitre de Saint-Laud des droits de pêche à Bouchemaine, et au monastère du Ronceray des vignes et un jardin au lieu dit Chef-de-Ville, en échange du terrain qu'il avait pris à Brissac pour faire creuser un étang** (Cf. Cart. du Ronceray, n° 92, p. 69) (1).

Quoniam ea que scripto comendantur aut vix aut nunquam oblivioni traduntur, nec aliqua vetustate fuscantur, huic carte diligenter commendare curavimus quod nos memoria dignum esse cognovimus et quod posteris et sequencibus nostris manifestari et revelari voluimus. Solent enim scripto commendata senectuti non cedere, oblivioni non subjacere, sed suo testimonio stabilia permanere. Notum sit igitur omnibus tam futuris quam presentibus quod ego, G., Andegavorum comes, Fulconis bone memorie regis Jerusalem filius, in castro quodam quod est ultra Ligerim, nomine Barchesaccum, stannum facere disponens, quoddam terram prope predictum castrum, cum vineis et loco molendini et censiva, disposicioni mee necessariam, abbatissa Beate Marie de Caritate et conventu, de cujus jure erat, precando optinui. At ne elemosina antecessorum meorum in aliquo minueretur et [predicta ecclesia pro me juris sui detrim]entum pateretur, quartum piscem quem [habebam in exclusa quadam B]ucce Meduane, que communis est ecclesie [Beate Marie et ecclesie Beati Laud]i, comcambio terre et vinearum et ceter[orum predicte ecclesie Beate Marie] disposui. Hoc autem sine consensu et volunt[ate conventus Beati Lau]di fieri non poterat, eo quod inter predictarum ec[clesiarum conventus] tanta et tam rata fraternitas et antiqua institucio societatis erat, quod in predicta exclusa alter sine altero agmentari vel crescere nequibat, et hoc uterque conventus confitebatur et reco-

(1) Cf. Dom Housseau, n°° 1635 et 1637.

gnoscebat, consilio et volumptati eorum satifacere volens, prout racio poscebat concessi, et volui atque precepi ut uterque conventus predicti comcambii particeps efficeretur, et illud ab utroque equali societate possederetur. Pro hac ergo participacione conventus Sancti Laudi in recompensacione earum rerum quas habuerat comes de ecclesia Beate Marie, dedit im perpetuum et concessit ecclesie Beate Marie quasdam vineas habendas cum horto in territorio quodam quod dicitur Capud Ville, et preterea xx solidos census qui reddentur conventui Beate Marie ab ipso conventu Sancti Laudi singulis annis, in festo sancti Albini, sicut ex assensu et volumptate utriusque conventus constitutum fuit. Facta sunt autem hec Andegavi, in presencia mea, xvi kalendas marcii, anno ab incarnacione Domini M° C° XL°, istis videntibus et audientibus : Adelardo de Castro Gunterii, Olivero filio Samuelis, Pipino preposito, Loello Fello ; isti cum multis aliis erant cum comite. De canonicis vero affuerunt isti : Normannus decanus, Fulcoius capellanus, Gualvanus, Guarinus de Chalein, Goffridus Manerii, Thomas capellanus, Theobaudus de Lavalle, magister Isembertus, Girardus de Daulcis, Hugo Ruffus ; ex parte mon[i]alium : Mainardus canonicus, Adam canonicus, Durandus canonicus, Radulfus canonicus, Turpinus vicarius, Manerius dapifer, Odo cellarius, Vendeleis pistor, Valaiaus cocus, Petronilla decana, Advenia elemosinaria, Ossanna cellaria, Angnes sacrista, Vigolendis, Oiscia. Inde sigillum et cyrographum habet ecclesia.

53

F° 93. — Entre 1162 et 1177, un 13 septembre. — **Geoffroy la Mouche, évêque d'Angers, donne au chapitre de Saint Laud l'église de Brain-sur-Longuenée.**

Ego Gaufridus, Dei gracia Andegavensis episcopus, notum facio omnibus tam futuris quam presentibus quod dedi et concessi ecclesiam de Brainio canonicis Beati Laudi.

Hoc eciam concessit Stephanus archidiaconus et Goffridus archipresbiter, in ecclesia Sancti Mauricii, die festivitatis Sancti Maurilii, istis audientibus et videntibus : Goffrido archidiacono, Hugone precentore, Philipo Cenom [annensi] decano, Girardo de Belloforti, capellano meo, ... Gualvano, G [(*trou de* 75^{mm})] illam sigilli mei auctoritate munim [ine roboravi].

54

F° 93 v°. — Vers 1160. — **Accord entre le chapitre de Saint-Laud et l'abbaye de Saint-Jouin-de-Marnes au sujet de la terre de la Chaussée** (1).

Quoniam quam plurima dig [(*lacune*, 55^{mm})] . . . . . . obnubilari peritorum [(*lacune*, 50^{mm})]. . . . viva. . . . . res gestas commendari. Est et a [(*lacune*, 37^{mm})] quod . . . . factum est et sigillo et literis recognov . . . . malignitatis nul. . . . . senciat detrimentum. Nos igitur priorum sequaces literatorie tradi . . . . quod inter canonicos Sancti Laudi Andegavis et abbatem et monachos Sancti Jovini de Marnis diutina flagravit contencio de terra quadam scilicet Chalceie. Hanc enim ubi canonici eadem. . . . sibi monach. . . . . cabant. Sed tam hii quam illi pacifice pocius . . . acan . . . prudencie quam . . . . oni. . . . . . enere concordiam qu. . . isti unum illi . . . . mediam habuerunt. . . . eciam quod monachi partem suam canonicis . . . dege. . .nt. Tali eciam pacto ita terram inter se diviserunt quod . . . . . . libere et perfecte partem suam obtinerent, quod nec eciam decimas inde habuerunt. Si quid vero questionis in terra supradicta ab aliquo emergeret, omnes

(1) Cet acte ne figure pas dans le Cartulaire de Saint-Jouin-de-Marnes, publié par M. de Grandmaison *(Mémoires de la Société de statistique des Deux-Sèvres*, t. XVII, 1854).

tam monachi quam canonici unanimes uno consilio, pari, si necesse sit, impensa ad defenden(den)dum jus suum existerent. Hanc concordiam concesserunt, ex parte canonicorum : Guillelmus Longobardus, Galganus, Gerardus de Daulcis, Girardus de Belloforti, Gofridus Manerii, magister Andreas, Er. . . ius, Petrus Brito, Helyas, Philipus Angelardi, Guillelmus filius decani, et ad eam parciendam perrexerunt : Andreas, qui obedienciam Angleus (?) et Dribo (?) habeba. . . . aldus canonici, et eciam duxerunt de hominibus suis. . . . . . qui tunc ser viens eorum erat et Aimericum Sequardi et Bertrans, fratrem ejus, et Garinus.* . . . . .isard et Garnerium F. . . tard; ex parte monachorum : Co. . . . . Mauricius . . . Bernardus. . . . . Raginaudus . . . Nicholaus . . . . evenus prepositus, R . . . . . pa. .er cum multis aliis. Inde sigillum . . . . . habet ecclesia.

55

F° 93 v°. — 1104, 8 juin. — **Foulques IV, comte d'Anjou, restitue au chapitre de Saint Laud la terre de Genneteil qu'il lui avait enlevée pour la donner à Robert l'Allobroge (1).**

De terra de Genesto[lio].

Ego Fulco, comes Andegavorum, videns aliquantulum depravatam elemosinam avunculi mei Goffridi Martelli qui me successorem honoris sui fecerat, illam emendare volui, et precipue erga ecclesiam Sancti Laudi que ceteris pre sencior et familiarior est. In dedicacione igitur ipsius eccle-

(1) Cf. Bibl. d'Angers, ms. 680, t. I, (copies du xvi° et du xvii° siècle). — La moitié de l'acte est à peu près illisible et n'a été complétée qu'à l'aide de ces copies. — Cf. *Notice de la ville d'Angers*, ms. de Thorode, publié par l'abbé Longin, p. 127 (extrait de l'acte).

sie, reddidi ei terram, cui nomen est [Genestellium, que fuerat Ursonis de] Calvono, in Angulata, quam meus [avunculus, Goffridus Martellus, predict]e dederat ecclesie ; sed ego i[llam ei injuste abstuleram et dederam] eam Roberto Allobrogi, dicenti eam esse de fevo suo, qu[od non erat, sed ego illam ei cum a]liis muneribus ideo dederam, ut adjuvaret me co[ntra fratrem meum qui mihi] honorem meum violenter auferebat. Et ille Robertus [eandem terram dederat] Gaudino de Malicorna, unde multos clamores audiveram et in justiciam meam emendare diu distuleram. Impulsus denique admonicione Raignaldi episcopi, qui predictam ecclesiam dedicavit, animatus eciam sanctitate reli quiarum quas in eadem ecclesia Fulco, avus meus, et antecessores mei cum summa devocione contulerant, in dedicacione ipsius ecclesie, ut predictum est, predictam terram ecclesie reddidi et annulo Raignaldi episcopi inde revestivi, ponens illum super altare, istudque testamentum inde fieri jussi, quod testimonio mei sigilli confirmavi et inde licet tenore ut quicumque ulterius hoc beneficium viola verit nulla rerum quarumlibet possessione gaudeat, sed divina ulcio super eum, sicuti super Dathan et Abyron, emaneat. Actum est hoc ipsa die dedicacionis, videlicet vi idus Junii, anno ab incarnacione Domini m° c° iiii°, indictione xii, concurrente iii, epacta xxii, luna xi, Pascali papa sedem apostolicam obtinente, Philipo rege in Gallia regnante. Huic rei affuerunt cum episcopo, Hubertus archidiaconus, Albericus capellanus, Eudo Blanchardus (1), Radulfus capellanus. De canonicis ipsius ecclesie affuerunt : Radulfus de Sancto Hilario, Garinus de Azeo, Odo de Sancto Florencio, Goffridus Cayphas, Mainerius nepos Gosberti, Hugo de Sancto Petro, Goffridus de Engria ; de laicis : Hubertus de Campania, Petrus Rubeus Calvus, Petrus de Campo Caprarum, Ademus nutricius, Fulcardus cementarius. Inde sigillum habet ecclesia.

(1) En marge, d'une écriture postérieure : *de Plaoncoe*.

56

F° 94. — Vers 1175. — Accord entre le chapitre de Saint-Laud et Raoul et Pierre de la Roche au sujet d'une partie du bois et de la terre de Gouis (1).

Item de Gozia et de decimis ejusdem loci.

Ego Stephanus, senescallus Andegavie, notum facio omnibus tam presentibus quam futuris quod super controversia que vertebatur inter canonicos Sancti Laudi et Radulfum de Rupe et Petrum de Rupe, de quadam parte bosci Gozie et terre, facta est pax hujusmodi per manum meam juxta barram Gozie. Predictus Radulfus et Petrus de Rupe reliquerunt canonicis duodecim arpenta terre, que sunt supra barram Gozie, libere et quiete possidenda ; reliquam vero terram et vineas et boscum que in controversia erant, prout conculcatum fuit ab me ipso et aliis multis hominibus, reliquerunt canonici Radulfo de Rupe, ita quod ipse Radulfus et [ejus heredes im perpetuum hommagium] facient canonicis super predictis pos[sessionibus, et cas de canonicis ten]ebunt, et inde reddent annuatim canonici[s, apud Andegavim, duos solidos et an]nuatim servicii, in festo sancti Laudi. Insuper [autem canonici habebunt totam] decimam illius terre, quam reliquer[unt Radulfo et P[etro, et vinearum et pasnagii et pecudum, ex[cepta decima duor]um arpentorum terre arabilis quam decimam habebat Goffridus Crispini. Testes : Fulco de Moliherna, Hamelinus de la Fegne, Herbertus de Boolez, Julianus de Villa Guerre, Teobaudus de Brienceio, Odo de Sarmasiis, Radulfus de Rupe, Matheus de Asneriis, Simon Mieta, Eliorht de Troee, Gervasius de Troee, Theobaudus de Rupe, et

---

(1) Même acte que le numéro 42, avec addition de quelques lignes au commencement et à la fin.

filius ejus, Gaufridus de Auverce, Rorgre de Sacé, Aalart de Coorné, Matheus vicarius, Paganus de Vallibus, Odo de Alencé, Goscelinus de Foz, Guarinus de Lescigné, Fromundus de Fonteneio, Hugo de Sancto Victorio, Haimericus Collun, Radulfus de Lascia, Johan de Chingeio, Girardus, decanus Sancti Laudi, Arraudus, Petrus Letardi, Girardus medicus, canonici Sancti Laudi, Guarinus capellanus, Haimo presbiter, Gaufridus de Creon, Bricius sacerdos, Paganus de Chaumont, Odo de Haiis, Robertus de Gozia, Andreas Drubalam, Garnerius de Platea (1), Gaufridus de Chamberiis, Bernardus pelliparius et Garinus, frater ejus, Guarinus Polain, et multi alii. Quod hoc ratum et firmum permaneat, sigilli mei et sigilli Sancti Laudi impressione feci muniri. Inde sigillum et cyrographum habet ecclesia.

57

F° 94 v°. — Entre 1134 et 1143. — Plainte du chapitre de Saint-Laud contre Geoffroy de Ramefort qui, lui ayant enlevé ses biens de l'Onglée et ayant été excommunié pour ce fait, refusait d'accepter le jugement ecclésiastique (2).

Omnibus manifestum fieri decrevimus quod canonici ecclesie Sancti Laudi Andegavis super Gaufrido de Raimeforti, qui res ecclesie que sunt in Angularia per violenciam eis auferre presumit, episcopo et capitulo Andegavis ecclesie sepe conquesti et querentes justiciam plenissime impetraverunt. Quia cum tirannus ille vocacionem matris ecclesie et admonicionem nollet diligenter audire, inmo combtumaciter contempneret, tandem, post longa temporis

(1) Tout ce qui vient ensuite a été omis dans le numéro 42.
(2) Cf. Baluze, vol. 276, f° 131 v°.

intervalla, sentencie anathematis apostolice sedis precepto antea sancite et postmodum ordine canonico in eum prolate, plus quam unius anni spacio subjacere non formidavit. Cum autem tunc temporis in quadam expecdicione pro comite Andegavie captus teneretur, illa de causa comes pulsatus prefatos canonicos tanquam suos, multis preci[bus apud eos vicem coactionis] obtinentibus, omnes generaliter et unu[mquemque singulariter rogavit] ut eum a nexu excommunicacio[nis tali pacto absolvi facerent], quod in curiam episcopi statuto die respun[surus canonicis veniret et ju]dicialem ejus sentenciam nullatenus subterfuger[et. Fidem hujus pacti dedit] ille Gaufridus, in manu Normanni, decani ecclesie Sancti La[udi. His ita gestis], postea, nominato die, venerunt in curiam canonici : decanus, Galvanus, Fulcoius, Gerorius, Guarinus, Gaufridus, Girardus, Hugo, cum suis adjutoribus, Gisleberto, monacho Sancti Jovini, et Pelochino de Bello Monte et aliis, et e contra cum suis similiter Gaufridus, Roberto de Sableio et Gaudino de Malicorna et aliis. Et utrique partem sue cause duxerunt in publicum. Cum autem ex collacione racionum utriusque partis episcopus assensu tocius curie, videlicet Ricardi decani, Gaufridi thesaurarii, et archidiaconorum Buamundi et Ruffi, et Radulfi Graphionis, cantoris, et aliorum sapientum et religiosorum, canonicum judicium una voce canonicis requisitum edicere non dubitaret, sed eciam, adstante comite, ferre illud in medium constanter assereret, predictus Gaufridus publice recusavit et fidem paccionis execrabiliter violavit. Quapropter ecclesia Beati Laudi tot et tantis injuriis vehementer atricta de illo continuis gemitibus conqueritur et clamat et ad sancta[m] matre[m] Ecclesia[m] justiciam ecclesiasticam requirit. Inde sigillum habet ecclesia.

58

F⁰ 95. — 1156, 21 février, Bénévent. — Lettre du pape Adrien IV, accordant aux chanoines de Saint-Laud de citer devant eux le fils de Geoffroy de Ramefort, comme possesseur de la villa du Port-Thibault, pour la leur restituer ou leur donner satisfaction, sous peine d'excommunication (1).

Adrianus, episcopus, servus servorum Dei, venerabili fratri Turonensi archiepiscopo et dilecto filio Andegavim electo, salutem et apostolicam benedictionem. Sicut ex conquestione filiorum nostrorum canonichorum, videlicet ecclesie Sancti Laudi Andegavensis, nobis nuper est indicatum G. de Rameforti quandam villam que Portus Theobaudi dicitur, ad jus eorum, sicut asserunt, specialiter pertinentem, eis auferre presumpsit et contra justiciam detinere, pro qua scilicet illicita usurpacione multociens fuit anathematis nexibus innodatus. Nunc autem quoniam eamdem villam quidam filius ejus dicitur possidere, per apostolica vobis scripta mandamus quatinus eum, infra viginti dies post harum suscepcionem, convenire diligencius studeatis, ut vel predictam villam eisdem canonicis, postposita omni occasione, restituat, vel plenam in presencia vestra justiciam eis non differat exhibere, alioquin ecclesiasticam in eum sentenciam promulgetis, ut eam usque ad condignam satisfaccionem per totas parrochias vestras faciatis inviolabiliter observari. Eorumdem quoque canonichorum transmissa relactione (2), accepimus . . . . de Clara Vallibus [et V., filium ejus, quandam terram et] quoddam nemus, que idem canonici ipsis in custodia tradiderunt, eis violenter auferre et prohibente justi[cia detinere. Unde presencium vobis significacione] injungimus ut, [si ita

(1) Cf. Baluze, vol. 276, f° 133.

(2) A partir de ce mot, le texte à peu près illisible est complété à l'aide de la copie de Baluze.

est sicut nobis asseritur], eis faciatis terram et nemus absque dilac[ione et tergiversacione] restitui. Que si predictus N. restituere forte [noluerit, eum] ecclesiastica sentencia feriatis. Datum Beneventi, x kal. marcii. Inde sigillum apostolicum habet ecclesia.

59

F° 95 v°. — 1156, 21 février, Bénévent. — Lettre du pape Adrien IV, donnant raison au chapitre de Saint-Laud contre les chanoines de Saint-Maurille et de Toussaint, qui détenaient injustement la paroisse de Saint-Jean-des-Marais (1).

Adrianus, episcopus, servus servorum Dei, venerabili fratri Turonensi archiepiscopo et dilecto filio Andegavis electo, salutem et apostolicam benediccionem. Ex parte filiorum nostrorum fratrum videlicet ecclesie Sancti Laudi Andegavensis conquestionem accepimus quod canonici Sancti Maurilii parrochianos suos de Maresiis per divina ministeria, ipsis invitis, recipere impro.... temeritate presumunt, non adtendentes hoc racioni modis omnibus esse contrarium et a sacris canonibus penitus alienum. Idem quoque canonici decimas predicte ecclesie, quas plus quam per quadraginta annos quiete dicitur possedisse, similiter auferre presumunt et per violenciam detinere. Preterea canonici Omnium Sanctorum quandam parrochiam ejusdem ecclesie simul cum decimis ausu temerario detinent occupatam. Quia vero ex injuncto nobis officio unicuique in jure suo existimus debitores, per apostolica vobis scripta mandamus quatinus vindictos (2) canonicos Sancti Maurilii convenire diligencius studeatis, ut parrochianos canonicorum Sancti Laudi ulterius neque ad sepulturam, nisi salvo jure ipsorum, neque ad divina sollempnia recipere ulla actione presumant, decimas eciam cum integritate restituant et de

(1) Cf. Baluze, vol. 276, f° 134.
(2) jamdictos (Baluze).

cetero ab earum occupacione desistant, vel plenam in presencia vestra justiciam de his omnibus eis non differant exibere. Si vero neutrum istorum facere forte voluerint, canonicam in eos sentenciam proferatis. Prefatos insuper Omnium Sanctorum canonicos, nisi, juxta commonicionem vestram, memoratam parrochiam simul cum decimis prenominatis canonicis restituerint vel eis exibuerint, justicie complementum ecclesiastica sentencia feriatis. Datum Beneventi, x kalendas marcii. Inde sigillum apostolicum habet ecclesia.

60

F° 95 v°. — Vers 1142. — **Lettre d'Imarus, évêque de Tusculum, légat du Saint-Siège, aux évêques d'Angers et du Mans, accordant au chapitre de Saint-Laud de faire valoir ses droits contre Geoffroy de Ramefort au sujet de la terre de l'Onglée** (1).

I. (Imarus), Dei gracia Tusculanus episcopus, apostolice sedis legatus, venerabilibus fratribus U., Andegavensi, et Guillermo, Cenomannensi electo, salutem. Conquesti sunt nobis canonici Sancti Laudi de G. de Ramoforti, [asserentes quod eis terram de] Angularia injuste et sine judicio auferat. Ea propter fraternitati vestre mandamus q[uatinus predictis canonicis super hec de memorato Gaufrido plenariam justi]ciam exibeatis, ita ne iteratus clamor ad nos pro defectu justicie deferatur. Valete. Inde sigillum habet ecclesia.

61

F° 96. — Entre 1142 et 1147. — **Lettre d'Albéric, évêque d'Ostie, légat du Saint-Siège, autorisant le chapitre de Saint-Laud à poursuivre ses droits sur la terre de l'Onglée contre Geoffroy de Ramefort** (2).

A. (Albericus), Dei gracia Hostiensis episcopus, sancte sedis apostolice legatus, dilectis fratribus H. (Hugoni), eadem gra-

(1) Cf. Baluze, vol. 276, f° 135.
(2) Le texte est en très mauvais état. Cf. Baluze, vol. 276, f° 135. — Voyez l'acte n° 57.

cia Turonensi archiepiscopo, item G. (Guillelmo), venerabili Cenomanensi episcopo, salutem et sincere dileccionis affectum. Dilecti filii nostri canonici videlicet Sancti Laudi nobis conquesti sunt super Gaufridum de Rameforti qui terram que est in Angularia, que de jure suo ecclesie esse dinoscitur, violenter et injuste eis aufert. Unde cum a fra tri nostro U. (Ulgerio), Andegavensi episcopo, sepe submonitus predictis canonicis satisfacere contempneret, sentencie anathematis traditus est. Quia vero, credo instinctu diaboli, predicte adhuc insistit malicie, per presencia scripta fraternitati vestre mandamus atque precipimus quatinus predictum Gaufridum super hoc canonice conveniendo canonicis satisfacere compellatis. Quod si parvi pendendo contempserit, propriam terram ejus in diocesi vestra existentem ab omni divino officio, excepto baptismate et reconciliacione penitencium, usque ad condignam satifacionem interdicatis. Inde sigillum habet ecclesia.

62

F° 96. — Vers 1150. — **Lettre de Normand de Doué, évêque d'Angers, à l'abbé du Louroux, le blâmant d'avoir accueilli Geoffroy de Ramefort dans l'abbaye malgré son excommunication** (1).

N. (Normannus), Dei permissu Andegavensis dictus episcopus, F. (Fulconi), de Oratorio abbati, salutem et dileccionem. Notificamus vestre dilectioni G. de Ramoforti anathematis sentenciam a domino papa Ignocentio et ab Hugone Turonensi, a domino eciam Ulgerio, predecessore nostro bone memorie, super illum positam diutissimo sustinuisse, nec inde illum postea absolutum fuisse. Canonicis enim Sancti Laudi multas et fere innumerabiles injurias de terra Angularia inferebat. Unde miramur vos illum in consorcio vestro et fratrum vestrorum suscepisse; sed quoniam credimus

(1) Cf. Baluze, vol. 276, f° 136. — Voyez les n°° 57 et 61.

vos magis per ignoranciam quam per negligenciam hoc fecisse, mandamus vobis et damus pro consilio ut super predicto excommunicato, erga canonicos Sancti Laudi, vos habeatis sic decet vos. Valete. Inde sigillum habet ecclesia.

63

F° 96. — Entre 1150 et 1153. — Lettre d'Engebaud, archevêque de Tours, à Normand, évêque d'Angers, au sujet de la conduite à tenir envers Geoffroy de Ramefort, excommunié (1).

En.(Engelbaudus), Dei gracia Turonensis ecclesie humilis minister, venerabili fratri et in Christo dilecto Normanno, Andegavensi episcopo, salutem et dilectionem. Quia consuluistis nos quid de G. illo de Ramoforti senciamus, ecce vestre significamus fraternitati quod nequaquam participare debet cum ecclesie filiis, dum eum auctoritate litterarum domini Pape et Alberici cardinalis et predecessoris nostri Hugonis et vestri predecessoris Ulgerii cognoscimus sententia excommunicacionis digne percussum, nec absolucionis illius ullum habemus testimonium. Tibi quoque a[bbati de Oratorio persuademus et consulimus ut] illum alienum facias ab ecclesia tua [et a conventu. Valete Inde sig]illum habet ecclesia.

64

F° 96 v°. — Entre 1150 et 1153. — Lettre d'Engebaud, archevêque de Tours, à Normand, évêque d'Angers, pour l'informer que l'excommunication prononcée contre Geoffroy de Ramefort doit être maintenue (2).

En.(Engelbaudus), Dei gracia Turonensis ecclesie humilis [minister, venerabili fratri et in Christo] dilecto Normanno, Andegavim episcopo, salutem et dilectionem. [Justiciam a

(1) Cf, Baluze, vol. 276, f° 136 v°.
(2, Cf. Baluze, vol. 276, f°° 136 v° et 137.

domino Papa et a] nobis, in eum de qua canonici Sancti Laudi diucius sunt [conquesti, precamur] fraternitatem vestram perfecte continuare, et nullatenus inmutari aut tepescere illam excommunicacionis sentenciam permulgatum (*sic*) in illum dignissime. Valete. Inde sigillum habet ecclesia.

65

F° 96 v°. — Vers 1124. — **Excommunication prononcée contre Geoffroy de Ramefort et tous les siens, par Ulger, évêque d'Angers (1).**

Ulgerus, Dei gracia Andegavensis dictus episcopus, sacer dotibus omnibus he ad quos pervenient litere, salutem. Canonici Beati Laudi nobis conquesti sunt super Gaufridum de Ramoforti de terra sua, quam eis injuste auffert. Unde mandamus vobis et per obedienciam precipimus quatinus eum et uxorem ejus et omnes homines ipsius, sicut et nos facimus, excommunicetis et omne divinum officium, excepto baptismo et confessione, interdicatis. Valete. Inde sigillum habet ecclesia.

66

F° 96 v°. — Vers 1142, 4 décembre, Rome. — **Lettre du pape Innocent II à l'archevêque de Tours et aux évêques d'Angers et du Mans, leur mandant de sévir contre Geoffroy de Ramefort (2).**

Innocencius, episcopus, servus servorum Dei, venerabilibus fratribus Hu. (Hugoni), Turonensi archiepiscopo, U. (Ulgerio), Andegavensi, et P., Cenommanensi (3) episcopis, salutem et apostolicam benedictionem. Fraternitati vestre apostolica auctoritate mandamus atque precipimus ut,

(1) Cf. Baluze, vol. 276, f° 137.
(2) Cf. Baluze, vol. 276, f° 137 v°.
(3) Il n'y a pas eu à cette époque d'évêque du Mans dont le prénom commençât par P. — Hugues Payen occupa le siège de 1135 à 1143 et eut pour successeur Guillaume de Passavant. Le scribe a dû prendre l'initiale du nom de famille.

cum a canonicis ecclesie Sancti Laudi adversus G. de Ramoforti requisiti fueritis, quem bona eorum de Angularia ipsis auferre accepimus, plenam de eo justiciam faciatis. Datum Rome, ii nonis decembris. Inde sigillum apostolicum habet ecclesia.

67

F° 96 v°. — 1156, 21 février, Bénévent. — **Lettre du pape Adrien IV à l'évêque de Poitiers, lui mandant de faire restituer au chapitre de Saint-Laud des terres qui avaient été enlevées par les moines de Saint-Jouin-de-Marnes** (1).

Adrianus, episcopus, servus servorum Dei, venerabili fratri, Pictavensi episcopo, salutem et apostolicam benediccionem. Dilecti filii nostri, canonici videlicet ecclesie Sancti Laudi Andegavensis, directa nuper ad nos conquestione, monstrarunt quod monachi Sancti Jovini quasdam terras, quas ultra xl annorum spacium im pace et quiete ipsi canonici se asserunt possedisse, eis absque judicio abtulerunt et eas contra justiciam detinere presumunt. Quocirca fraternitati tue per apostolica scripta mandamus quatinus, si eos constat fuisse absque judicio, sicut nobis dicitur, spoliatos, easdem terras eis facias, postposita omni occasione, restitui. Restitucione autem facta, si quid juris adversus ipsos canonicos predicti monachi se habere confidunt, in tua presentia. . . . cantur. Datum Beneventi, x kalendas marcii. Inde sigillum apostolicum habet ecclesia.

68

F° 97. — Vers 1124. — **Octroi d'indulgences par Ulger, évêque d'Angers, à l'occasion de l'exposition des reliques de saint Julien dans l'église de Saint-Laud** (2).

Ulgerius, dictus [Andegavensis episcopus, archipresbite-

(1) Cf. Baluze, vol. 276, f° 138.
(2) Cf. Baluze, vol. 276, f°ˢ 138 v° et 139.

ris], prioribus, presbiteris, laicis [in episcopatu Andegavensi] constitutis et manentibus, in die [judicii venite benedicti patris] mei a Domino. In solempnitate transitu[s beati Juliani que nuper celebra]ta est, gracia domini nostri Jesu Christi preeunte, de[liberaverunt fratres et amici nost]ri venerabiles canonici Sancti Laudi contemplari rel[iquias sacrosanctas b]eati Juliani confessoris, que apud eos recundite [in magna venera]cione habentur. Ad quod exequen dum placuit eis nostram admitere parvitatem, quo officio ex more expleto manifestando omnibus qui aderant sanctissi mum thesaurum et benedicendo clerum et populum cum ipsis reliquiis. Placuit nobis et archidiaconis nostris ad exaltacionem tanti gaudii aliquid misericordie illis qui aderant et qui veneraturi erant ad ecclesiam Beati Laudi, ob honorem beatissimi confessoris Juliani reliquiarum, impendere. Itaque relaxamus et relaxavimus omnibus qui venerunt et qui venturi sunt illuc propter hoc, confisi de misericordia Christi et sanctitate confessoris sui Juliani, terciam partem penitencie istius anni peccatorum que confessi fuerunt vere penitentes et fideliter. Valete. Venturi sunt, inquam, usque ad octabas festivitatis Pentecostes que prima expectatur. Inde sigillum habet ecclesia.

69

F° 97. — S. d. — **Concession par le chapitre de Saint-Laud au monastère de Saint-Gilles du Verger, à charge d'un cens annuel, d'un arpent de vignes sis au fief de Verrières.**

U., Dei gracia decanus, totumque Beati Laudi Andegavis capitulum, universis in Christo fidelibus, perpetuam in domino salutem. Noverit fraternitas vestra unum arpentum vinee in feodo nostro de Verreriis prope grangiam nostram situm, quod magister I. monasterio Sancti Egidii in elemosinam dederat, nos conmuni assensu eidem monasterio im perpetuum possidendum concessisse, ad iiii solidorum et iiii denariorum annui census, in festo sancti Laudi, a monachis supradicti monasterii ecclesie nostre annuatim reddendos et ad unam summam vini pro decima, tempore vindemiarum persolvendam. Ut autem hoc ratum et firmum in posterum habeatur, scripto commendavimus et sigilli nostri auctoritate confirmavimus. Ad majorem eciam confirmacionem, Majoris Monasterii sigillum est superadditum. Inde sigillum habet ecclesia et cirographum.

70

F° 97. — Vers 1124. — **Lettre d'Ulger, évêque d'Angers, à Renaud, archidiacre de Saint-Maurice d'Angers, et à Hugues, archiprêtre.**

Ulgerius, Dei gracia indigne dictus episcopus, Ra.., venerabili Beati Mauricii archidiachono, et Hu... archipresbitero dilectissimo [   ] veram dilectionem. De . . . est et fraternum (1) . . . .

71

F° 97 v°. — **Acte en grande partie illisible, mais qui semble être le même que celui du numéro 35.**

72

F° 98. — 1108. — **Le comte Foulques IV (?) concède au chapitre de Saint-Laud et au monastère du Ronceray l'écluse de Rusebouc.**

La première partie de cet acte, au recto du folio 98, est illisible, tant l'acte est mutilé. On distingue à la troisième ligne les mots : « Fulconis nepotis magni Gaufridi Andegavensis. » *La seconde partie, f° 98 v°, en très mauvais état, semble reproduire à peu près les termes d'une portion de l'acte numéro 18,*

(1) La fin du texte, qui comprend encore une douzaine de lignes, est absolument illisible.

sauf qu'il est en outre question ici des religieuses du Ronceray :

. . . . . beati Laudi et sancti[monialibus (?). . . . . .] solutam et quietam perpetuo concessit habendam. Ut aut[em hujus rei plenius appareat racio quibus] est sciendum hanc [exclu]sam fuisse dictarum [. . . . .] his prorsus [ad eam perti]nentibus. Sed postquam [consilio donni Hugonis, canonici Sancti] Laudi, dutille [hoc remo] tum est factumque [et edificatum in Ligeri, in ea aqua que] propria est Sancti Laudi, [sola rema]nsit exclusa [. . . .] Gaufridus. . . . . [ducti]le quod in Ligeri permiseram [. . . . . .dest]rui precepi, apponens eciam . . . . [sancti]moniales sic convenisse (?) . . . . anno . . . . de quolibet ge . . . . [. . . . . . .] in dicta exclusa . . . . dicta opcione piscium (?) cotidie ; et pro hoc quod in aqua Sancti Laudi dutille [judi]catum est. . . . . .inter dictas ecclesias permaneat. Actum est [. . . . . . .] sigillo meo confirmatum, in capitulo Sancti Laudi, anno gracie M° C° octavo.

73

F° 98 v°. — **Acte paraissant se rapporter à un statut du chapitre de Saint-Laud** (1).

. . . . fideliter. . . . .
. . . . vide . . . . .ecclesie supradicte
. . . . . . capitulum. . . . .
. . . . suum. . . . .
5 . . .dicte ecclesie percipien . . . . . nisi prius . . . .
. . . . . .neque. . . . .nisi. . . . .

(1) Texte d'une écriture postérieure au reste du Cartulaire et dont l'état de délabrement ne permet pas de saisir le sens. L'acte est rédigé à la première personne. Les lignes les plus lisibles sont rayées. Nous avons conservé ici la disposition des mots dans l'original, ainsi que la longueur des lignes.

. .porcionem me contingentem de quindecim librarum. .
. . . ca in qua est sigillum capituli dicte ecclesie ad expensas
[et alia facienda que (1) . .
. derit expedire, et quod non faciem nec impediem per
[me vel per alium . . . .
10. dicta ecclesia habeat et percipiat ad fabricam omnes
[fructus. . . . .
. . . anni post decessum vel resignacionem cujuslibet
[canonici. . . .
. .tempore quo clericus defunctus vel ille qui resignaverit .
. . .nisi contingat me habere de rebus ecclesie supradicte .
. . . . . diebus statutis . . . .
15. . . . . . mee quamdiu ero in . . . .
. . . . capitulo unam marcham . . . .
. . . . . . solvendi dictam . . . .
. . . .

(La fin de l'acte manque, soit environ dix lignes.)

74

F° 12 v° (2). — S. d. (entre 1096 et 1101). — **Acte de confraternité entre le chapitre de Saint-Laud et l'abbaye de Saint-Nicolas. Le comte Foulques IV, qui préside à cet accord avec Geoffroy de Mayenne, évêque d'Angers, décide que les dîmes de Saint-Jean-des-Marais, de Linières et de Vilnières seront désormais partagées par moitié entre les deux églises, de même que le droit de panage dans le bois du Fouilloux.** — (Publié dans le *Breviculum* p. 33 et dans l'*Epitome fundationis S. Nicolai*, p. 34)(3).

Confraternitas ecclesiarum S. Nicolai et Laudi.

Caritas siquidem in preceptis Dei principatum probatur obtinere sine cujus perfeccione, ut apostolus Paulus testa-

(1) Cette ligne et les quatre suivantes sont rayées.
(2) Cette pièce et les trois suivantes ont été copiées, faute de place, comme il a été dit dans l'Introduction, sur les feuillets restés blancs, entre le poème français et le début des *Gesta Consulum*.
(3) Cf. Baluze, vol. 276, f° 117.

tatur, nichil Deo potest placere. Nichil enim, martirium sive secli contemptum, sine elemosinarium largicione, sine caritatis officio proficere posse ostendit, in epistola ad Corintios dicens : « Si distribuero in cibos pauperum omnes facultates meas et si tradidero corpus meum ita ut ardeam, caritatem autem non habeam, nichil michi prodest ». Item ipse alibi : « Plenitudo legis est dileccio, unde ipsa veritas. » Ad discipulos loquens ait : « In hoc cognoscent omnes quia mei estis discipuli si dilectionem adhibueritis ad invicem. » Et beatus Johannes evangelista hoc inquit : « Mandatum habemus a Deo ut quis diligit Deum diligat et fratrem suum. » Quod monachi Beati Nicholai Andegavensis pariterque canonici Sancti Laudi diligenter attendentes, cujusdam mutue dilectionis fedus, Spiritu sancto intimante, una[ni]miter inierunt, et ne ullatenus cassari sive anullari posset, litterali memorie illud, ut in sequentibus apparet. veraciter tradiderunt et communis cyrographi testimonio hujus in perpetuum confirmaverunt ; proinde ab utraque parte stabilitum est ut in hyemali festo beati Nicolai, sive in estivali, ad ejus ecclesiam totus conventus Sancti Laudi cum ordinata processione servicio sollempniter non moretur, idemque honor vice versa a conventu Beati Nicolai ecclesie Sancti Laudi, ejus festo sive festo sancti Juliani ac sancte Crucis, unoquoque anno affectuose compensetur. Abbas vero sive prior aut alius de ecclesia monachus in ecclesia Sancti Laudi, decanus vero aut alius canonicus in ecclesia missam celebrare aut officium aliquod facere tenebitur, non solum hiis diebus sed in aliis quibuscumque alter conventus ab altero fuerit requisitus. Nec reticendum est quod si quilibet canonicus vel monachus predictarum ecclesiarum aliqua occasione justa sive injusta a sui conventus communione depulsus fuerit, aut eciam injuriatus in aliquo, ad alterum conventum refugium petiturus venerit, fraterno affectu ab ipsis statim recipietur, victum ibi canonicum ac vestitum communionemque capituli et ecclesie indeficienter habiturus, donec eorum interventu benigne reconcilietur.

Stabilitum est preterea quod si quilibet eorum, ingruentibus alicujus contumeliis, sive calumpniis et gravaminibus, eciam rerum suarum inquietatus fuerit, fraternam ei consilii et auxilii compassionem invicem compendent, juxta preceptum apostoli, alter alterius honera ferentes propiciique Salvatoris et Redemptoris nostri legem misericorditer adimplentes. Quod eciam defensionem rerum proventuum ac possessionum aut libertatum dictorum conventuum observabitur cum patrocinio consilio et presentia abbatis Sancti Nicolai, prioris, celerarii aut obedienciarii. In negociis conventus Sancti Laudi observabitur eciam quod ecclesie Beati Nicholai a decano, priore ac preposito Sancti Laudi recompensabitur, et in hoc alter conventus alteri tenebitur, eciam propriis suis sumptibus si evidens urget necessitas, in toto Andegavorum consulatu. Defunctis insuper monachis aut canonicis, idem per omnia nocte et die supremi muneris scilicet exequiarum, et processionum honor quibus consueverant et elemosinarum suffragia trigintaque continuis diebus ab utroque conventu persolvantur, et eorum anniversaria in martirologiis suarum ecclesiarum et capitulorum memoriter annotata, in utraque ecclesia eodem affectu parique devocione singulis annis recolentur. Statutum est nichilominus inter eos quod si forte igitur cuilibet eorum duorum conventuum canonico, vel decano vel abbate aut monacho, ab aliquo sive a pluribus cumcanonicis suis aut monachis aliqua contumelia aut injuria illata fuerit, nullus inde clamor ad aliquod perferetur, sed ab altero conventu quid sibi super hoc agendum sit prius inquiretur, ut, eorum interventu et consilio si fieri potest, quicquid male in eum sive in eos actum fuerit digna satisfaccione celeriter emendetur. Dignum eciam memoratum est quod, si qui ecclesie canonici Sancti Laudi, ante sui obitus diem, nutu divino ad religionis assilum confugerint, quecumque, si canonici morerentur, elemosinarum oracionumque et anniversariorum suffragia habituri erant, ab utriusque predicti conventus fraternitate inter religiosos mortui nichilominus recipiant.

Nec silendum est quod quicumque tam absentes quam presentes die prefate confederacionis supramemoratarum ecclesiarum monachi aut canonici erant, pretaxata mutue dileccionis beneficia quolibet occasione sive eciam prebendarum suarum dimissione dimiserint facta post obitum nequaquam admittant. Si vero alter conventus contra hanc concordiam quoquomodo perenne presumserit, nomine pene ccc solidos alteri conventui persolvet; nichilominus vero ad confederacionem redire compelletur. Si vero sit canonicus qui contra hec venire presumat, a prebenda sua ac fraternitatis beneficio spoliatur. Si vero sit monachus, pena jejuniorum in pane et aqua mulctabitur, et hec quousque canonicus vel monachus ab utroque conventu reconcilietur. Humiliter tamen petenti veniam non denegabitur. Scient autem omnes quod. F., Andegavorum comes, presentem confederacionem feliciter commendavit et propter hanc multa privilegia predictis ecclesiis ac libertates concessit. G. vero Meduanensis, Andegavorum episcopus, hanc confraternitatem feliciter confirmavit. Nos vero, abbas Sancti Nicholai totusque ejusdem loci conventus, in ejusdem festo et capitulo unanimi voluntate istam fraternitatem fecimus, in capitulo generali, presente jamdicto patrono nostro, bono Fulcone Andegavorum consule, cum. G. predicto, Andegavorum episcopo. Nos vero Guido, decanus Sancti Laudi, totumque ejusdem capitulum, in nostro generali capitulo, in festo beati Laudi, huic fraternitati consensimus et utrique conventus ecclesiarum nostrarum predictarum ad hanc observandam sub fide sancte religionis nos et successores nostros astringere in perpetuum volumus. Ego vero Fulco, Andegavorum comes, ob istam sanctam confederationem, canoniam ecclesie nostre Beati Laudi Lamberto abbati ejusque successoribus concessi, et de cetero abbates et monachi Beati Nicholai ecclesie Sancti Laudi canonici vocabuntur, ita tamen quod, nisi in articulis suprascriptis, abbas aut monachi racione prebende ecclesie Sancti Laudi

aliquid temporale exigere non valebunt. Canonici vero
Beati Laudi fratres ac participes bonorum ecclesie Sancti
Nicholai et eciam oracionum, prout supra scriptum est, per-
petue vocabuntur. Nec silendum est quamdam discordiam
inter dictos conventus ante ea per multa tempora agitatam
super decimis de Mares et de Lineriis, et super pasnagio
illius bochi qui Communalis seu Fulliosus nuncupatur, a
me Fulcone comite eo modo disfinisse, videlicet quod monachi medietatem earum, canonici vero alteram medietatem
in perpetuum possiderent, ita tamen quod, quando ecclesie
ibidem construentur, presbiteri in decimis tertiam partem
habebunt. Ecclesie vero una vice a conventu Beati Nicholai
conferri poterunt et alia vice similiter a conventu Beati
Laudi. De pasnagio vero supradicto, cum dicti conventus
in dicto nemore quartam partem habebant et nemoris et
pasnagii, medietatem ipsorum quilibet conventus possidebit.
De decima vero Ville Lanerie de qua erat contencio similiter inter ipsos, prout in aliis ordinavimus et in ipsa. Nos
vero Bolo, beatorum Cosmi et Damiani (1) diaconus cardinalis, tunc apostolice Sedis legatus, ad rogatum dilecti filii
Fulconis, Andegavorum comitis, ac dilectorum filiorum
abbatis et conventus Beati Nicholai, ac eciam decani et
capituli Beati Laudi, istam fraternitatem ac concordiam
auctorizavimus et eciam confirmavimus, eo videlicet tenore
ut quicumque in futurum hoc beneficium violaverit, moni-
cione tamen trina premissa, canonice excommunicacionis
ac anathematis vinculo se noscat innodatum.

(1) Les mots *beatorum Cosmi et Damiani* ont été récrits au-
dessus des mots *Romane ecclesie* qui ont été rayés.

75

F° 13 v°. — Entre 1060 et 1070. — Le comte Foulques IV (?) met fin à une contestation entre Garin, son cellerier, et le chapitre de Saint-Laud, au sujet des droits du chapitre sur les bateaux passant à Bouchemaine (1).

Quoniam humanam memoriam facile committatur oblivio, justis institucionibus est decretum ut quicumque aliquid diu firmiterque retinere voluerit scriptorum commendat memorie. Ea propter ego Fulco, rex Jerusalem et Andegavie comes, volo notum fieri tam presentibus quam futuris quod cum dilecti concanonici mei videlicet ecclesie Beati Laudi Andegavis diutinam querimoniam agitassent contra Varinum, celerarium meum, quia bone memorie Gaufridus comes, pater meus, eisdem canonicis dederat terram de Bucca Meduane, cum aquis et vilicaria et omnibus consuetudinibus terre et fluminis, a ruppe Colubraria usque ad ductum et a ducto usque ad vallem illius rupe que dicitur Becherella, videlicet unam minam salis de navibus tam majoribus quam minoribus, cum nummis duobus de eisdem et de omnibus doliis vini per flumen transeuntibus, similiter duos nummos et dimidiam partem commendacionis omnium navium, et de omnibus piscatoribus omnimodam commendacionem, et hec omnia pater meus eisdem dederat cum omni profectu et omni dominio. Sed dictus Varinus

(1) Cf. *Notice de la ville d'Angers*, ms. de Thorode, publié par l'abbé Longin, p. 128 (premières lignes de l'acte). — En réalité, cet acte ne peut être attribué à Foulques IV, qui n'a jamais porté le titre de roi de Jérusalem. L'expression « pater meus » dans la bouche de ce comte ne saurait s'appliquer à Geoffroy Martel, dont il était le neveu. Les noms des témoins se retrouvent, les uns dans des actes du milieu du xii° siècle, tels « Gorronius et Fulco, camerarii », les autres dans des actes du xi° siècle, et notamment dans la charte dite de fondation du chapitre de Saint-Laud (v. n° 25). L'acte ne peut donc pas davantage émaner de Foulques V. De ces incohérences nous pouvons conclure à la fausseté de l'acte.

unum de nummis predictis salis et vini a mercatoribus violenter auferebat infra fines canonicorum, pro quo in justitiam meam emendare diu distulerem (?). Tandem vero post multas consultationes dictam convencionem sic diffinivi, videlicet quod dictus nummus Varino et suis heredibus remaneret, ad redditum annuum (?) a Varino canonicis reddendum. Et dedit canonicis decimam quam habebat in parrochia de Saconneriis, tali pacto insuper posito quod Varinus seu heredes ejus dictum nummum non possint donare nec vendere, neque in vita neque in morte, nisi canonicis nominatis, et si aliquo casu contra facerent sine canonicorum licencia, ad me seu heredes meos Andegavie comites dictus nummus redibit, pro quo dedi canonicis ccc solidos, ita similiter quod ego seu heredes mei non poterimus dictum nummum donare nec vendere, sive in vita sive in morte, nisi canonicis supradictis, et si contra fecero seu heredes mei, ad canonicos dictus nummus redibit, et eum possidebunt in perpetuum libere et quiete. Actum est hoc Andegavi, in thalamo meo, eo tenore videlicet ut quicumque contraierit anathema maranata sit. Testes, Normannus decanus, Girardus de Maliconia, Arraudus abbas, Raginaldus Rufus, Giradus cantor, Gorronius et Fulco camerarii, Robertus Burgundio, Harbertus Ragot, Garinus, Giraldus cellerarii, cum pluribus aliis et militibus et canonicis.

76

F° 14. — Entre 1047 et 1060. — **Thibault d'Orléans, en présence du comte Geoffroy Martel, confirme au chapitre de Saint-Laud les dons qu'il lui avait faits des revenus de la terre de Genneteil et qui étaient contestés par son frère cadet Renaud le Bourguignon** (1).

Ego Gaufridus, Andegavie comes, volo notum fieri omnibus quod cum dilectus consanguineus meus Theobaldus Aure-

(1) Cf. Dom Housseau, n° 458 ; et Bibl. d'Angers, ms. 680, I, n° 4, f°° 1, 2, 4 (copies du xviii° siècle). — *Notice de la ville d'An-*

lianis ad meam venisset presenciam et dedisset concanonicis meis ecclesie videlicet beate Genovefe virginis, ubi sacrum corpus beati Laudi requiescit, videlicet terram suam de Ungularia supra ripam Ligeris, in qua idem Theobaldus homines censuales ibidem hospitaverat, ut ipsum Theobaldum ultra Ligerim ad mansionem suam cui nomen est Calvonum transmearent et ita portum suum nuncupavit et alii ipsum Portum Theobaldi vocabant, et antea Genetellum vocabatur, sed idem Theobaldus antea dederat fratri suo Raginaldo Burgundio, minori natu, medietatem quorumdam reddituum ab ipso Theobaldo percipiendorum, quos redditus « communales » vocaverat. Dictus vero Raginaldus processu temporis movit controversiam contra canonicos, dicens se habere dominium in dictos communes redditus, canonici vero e contrario dicentes quod Theobaldus eisdem dederat tanquam primogenitus totam terram Genetellii cum aquis et pertinenciis suis, a rupe Acuta usque ad Insulam Regis. Tandem vero Theobaldus, magnum et pessimum malum habens, ad dictam ecclesiam cui donum predictum fecerat cum Raginaldo Burgundione venit et donacionem quam fecerat canonicis, me presente, recognovit prout asserebant canonici, dicens insuper quod nunquam Raginaldo aliquam justiciam in dictos redditus dederat preter quam fructus ipsorum reddituum per medium in dictis redditibus communalibus. Dictus Theobaldus elemosinam suam ita renovans non solum dictos redditus communes, sed et omnes alios redditus, a dicta rupe Acuta usque ad Insulam Regis, dicte ecclesie dedit et quitavit libere et quiete super altare, cum textu et cultello, et incontinenti pristinam rehabuit sanitatem, alias ut dicebant ibi fuerat liberatus. Ego vero, Gaufridus comes, firmitatem facti hujus sancte crucis ✠ impressione roboravi, eo videlicet tenore ut quicumque ulterius hoc beneficium violaverit nulla unquam

gers, ms. de Thorode, publié par l'abbé Longin, p. 127 (extraits).
— Voy. l'acte n° 6.

rerum possessione quarumlibet gaudeat, sed super eum et semen ejus divina ulcio, veluti super Chaim, Dathan et Abiron, ipso actu remaneat. Testes mecum : Fulco de Candeio, Varinus de Trevis, Pipinus et Hardoinus de Doé et plures alii.

77

F° 14 v°. — Sans date (vers 1080). — **Lettre de Foulques le Réchin à Lambert, doyen de Saint-Laud, lui annonçant l'envoi des reliques de saint Julien et de saint Guingalois.** (Publié par M. Delisle, Bibl. de l'École des Chartes, 1898, p. 548. — Un fragment en a été publié dans la *Gallia Christiana* (XIV, p. 544, en note) jusqu'à *unde volo et jubeo*.) (1)

Ego Fulco, Dei gracia Andegavorum comes, dilecto fratri suo Lamberto, Dei gracia decano ecclesie Beati Laudi, ac omnibus dicte ecclesie fratribus, ejus abas, salutem et inefabile gaudium in eo qui rex est sine fine. Quamvis ego bellorum turbinibus semper fuerim inquietatus et multimodis mondialium currarum impedimentis inexus, ad ultimum Dominus noster Jesus Christus contra Cenomanenses palmam victorie michi dedit. Nam cum Castrum Lidi, die veneris in festo beati Laudi, obsedisem, ipsa ora qua Christus pasus fuit castrum fuit captum, quamvis tesaurarius ille Cenomen[ensis] in castro cum multis existeret, et cum omnes suos quarellos munitos projecisent arbalistrarii contra gentem meam, quosdem quarellos qui remanxerent immuniti fecit dictus tesaurarius muniri menbranis sue biblie, nichilominus tamen, cum per Dei graciam intrarem, obviavi dicto tesaurario, qui quosdem cofrellos cum magno tremore a quibusdem capellanis extra castrum faciebat portare. Et ego dictos cofrellos cepi ab eis, ipsis multum lacrimentibus, dicente tesaurario quod que habebat michi daret dum tamen redderem ei cofrellos, et inconti-

---

(1) Cf. Bibl. d'Angers, ms. 680, I, n° 7, f°° 1 et 2 (copies du xviii° siècle). — M. Delisle déclare cette lettre suspecte.

nenti pecii claves, sed noluit michi dare, consilio Rotoldi de Monte Forti, fratris sui. Et incontinenti fregi saraturas et ibi inveni preciosisimum tesaurum, videlicet mentum beati Juliani, Cenomanorum episcopi, una cum ossibus beati Vuingaloii, que vobis mito ut in mea ecclesia in perpetuum honorabiliter requesquant. Sed pretermitandum non est illud signum quod in dicto facto Dominus noster michi obstendit, nam quando tenui preciosisimum mentum et osculatus essem illum cum magno gaudio, mentum meum evertit se de suo loco in partem sinistram et maximum dolorem habui. Omnes vero mei rogabant me ut redderem dictum tesaurum et transiret a me dolor ille, et confisus in Deo, incontinenti vovi, prout fari potui, quod neque pro morte neque pro vita dictum tesaurum de cetero redderem sed in ecclesia mea honorabiliter illum custodirem. Et hoc facto, per Dei graciam transiit dolor ille, sed mentum meum in locum pristinum non rediit. Unde volo et jubeo ut ecclesia mea corporis tanti sancti particeps in posterum ab omnibus vedeatur, quatinus, ad instar clericorum ecclesie Beati Juliani, clerici ecclesie mee perliciis et superliciis amodo utentur. Volo eciam quod juretis Remondo Sancti.... (la suite manque).

78

F° 71 v°. — **Juramentum decani et canonicorum ecclesie Sancti Laudi.** — (Publié dans le *Spicilegium* de d'Achery, t. III, p. 266, à la fin des *Gesta Consulum.*)

Ego, N., juro et fideliter promitto honorem, utilitatem, jura et libertates et consuetudines ecclesie Sancti Laudi, et honorem et utilitatem et jura [et] consilium domini comitis Andegavie, comitisse ac liberorum eorumdem, pro posse meo fideliter observare. Sic me Deus adjuvet et omnes sancti. Juro insuper statuta antiqua a capitulo facta et etiam facienda consensu omnium canonicorum in capitulo generali.

FIN DU CARTULAIRE

SUPPLÉMENT

Actes antérieurs au XIIIe siècle ne figurant pas dans le Cartulaire

79

1009 (?), 10 juillet. — *Acte faux*. — Geoffroy Grisegonelle, comte d'Anjou, après avoir rappelé des donations faites par son cousin, Thibault d'Orléans, à la chapelle Sainte-Geneviève, est censé attribuer divers biens à cette chapelle (1).

(Universis presentes litteras inspecturis, Officialis Andegavensis, salutem in Domino. Noveritis quod litteras illustrissimi comitis Gauffridi Grisa Tunica non cancellatas nec abolendas, nec aliqua parte seu viciatas, vidisse et diligenter inspexisse in his verbis :)

Ego Gaufridus Grisa tunica, Dei gratia Andeg[avie] comes, universis tam presentibus quam futuris salutem in Christo. Cum transacto non modico temporis spacio, ad meam venissent presentiam dilecti consanguinei nostri Theobaldus Aurelianensis et Reginaudus Burgundio, fra-

---

(1) Cf. Bibl. d'Angers, ms. 680, tome I, n° 2, f° 2. Copie du xvie siècle d'un vidimus de l'Official d'Angers daté de 1208. — Cette charte, dont la fausseté ne peut, dès à la première inspection, faire de doute pour personne, a été fabriquée à l'aide des actes n°^s 25, 55 et 76 du Cartulaire, et vraisemblablement à l'aide d'un acte qui ne nous est pas parvenu et auquel fait allusion le n° 76. La première partie, jusqu'à *Ego vero, Gaufridus comes, hec videns*, a été composée avec le n° 76. Le reste, jusqu'à *Ego, Goffridus comes, firmi-*

ter suus, et voluisset Theobaldus quod, in redditibus terre sue de Angularia et de Portu ab ipso percipiendis, R. Burgundio, minore natu, medietatem haberet, secundum consuetudines approbatas Andegavie et antiquas, salvo tamen du[c]tili et terra de Plano (?) et de Paltu et de Genetellio que ad suam proprietatem retinuerat, tandem vero dictus Theobaldus, magnum et pessimum malum habens, ad ecclesiam nostram Beate Genovefe, ubi corpus beatissimi Laudi confessoris requiescit, cum R. Burgundio venit, et in honorem sancte et individue Trinitatis et beatissime Virginis et sanctissimi Laudi, dictam terram suam ecclesie dedit im perpetuum possidendam, cum vicaria et omni consuetudine, et prout melius et liberius illam habuerat. Dictus vero Theobaldus, ibidem Christo concedente, nobis astantibus, pristinam reabuit sanitatem. Ego vero, Gaufridus comes, hec videns, quamvis bellorum turbinibus semper inquietus et multimodis mundialium curarum impeditus, non tamen omnino ecclesie Dei cultum aut honestatem negligens, factu dignum et honorificum judicavi capellam Beate Genovefe virginis, intra muros civitatis Andegavie, ante fores videlicet comitalis aule positam, ubi sacrum corpus sancti Laudi confessoris et alie reliquie plurime sanctorum posite sunt, aliquo emelioracionis studio provehere et collegio clericorum ibidem constituto ad servicium apcius ordinare. Ibidem igitur de rebus possessionis mee donaciones feci quarum summam per nomina sua computavi (sic) in cartula ista, ob perpetuam commemorationem et

tatem facti hujus, est empruntée au n° 25, dont les phrases sont littéralement reproduites. Les éléments du protocole final sont incohérents et proviennent surtout du n° 55 (partie de la date altérée, et noms des témoins), ainsi que les clauses finales. La formule : *Ego, Goffridus comes, firmitatem facti hujus* est celle du n° 76. Les actes n°° 55 et 76 concernent la terre de Genneteil, et c'est probablement pour soutenir quelque contestation relative à sa possession que le faux a dû être fabriqué, dans les premières années du xiii° siècle.

firmitudinem, subnotari rogavi. Dedi itaque hec omnia cum omnibus consuetudinibus, etiam fodrium pasnaticum quod dominicum habeo in foreste Vitraria, et boscum ad coquinam et pistrinum et vineas, vinearum arpenta octo in allodio Peluchardi et novem in Angularia, in terra Sancte Gemme, et consuetudines ceterarum vinearum, si quas clerici comparaverint vel ad usum ecclesie vel ad suum, tali tamen condicione si (pour *ut*) vineas illas quas proprias tenuerant post decessum suum ecclesie dimiserint; item in flumine Ligeris, juxta dictam terram, ductum unum cum piscatoria et omni consuetudine terre et fluminis, et vicaria et molendinis duobus de [presenti, et quatuor] aliis post obitum R. Burgundi[onis], et [simul vinee] vii carteriis qui sunt juxta Spaltum; in [loco qui dicitur] Lupellus pratorum [arpen]ta vii et totidem in villa quam nomin[ant Fossas] et iii in Insula Longua. Ego, Goffridus comes, firmitatem facti hujus ✠ Sancte Crucis impressione roboravi et an[nulo] Renardi episcopi, qui eam ecclesiam [dedicavit], revestivi, ponens illum super altare, illudque testamentum michi fieri jussi quod testimonio mei sigilli adfirmavi, eo videlicet tenore ubi (lisez : *ut*) quicumque ulterius hoc beneficium violaverit nulla unquam rerum quarumlibet possessione peraudeat (lisez : *gaudeat*), sed divina ultio, veluti super Datan et Abiron, super eum eminea(n)t. Actum hoc Andeg[avi] in ecclesia(m), sex idus Julii, anno ab incarnacione Domini M⁰ IX⁰, indictione xii, concurrente v, epacta xx, et luna undecima, Pascali papa sedem obtinente, Carolo rege minore (?) in Gallia regnante. Huic affuerunt cum episcopo : Hubertus archidiaconus, Albericus capellanus, Eudo Blancardus et Radulphus capellanus (?), et de canonicis ipsius ecclesie cum militibus nostris et aliis multis affuerunt.

(Datum a nobis anno Domini Mᵉ CCᵉ octavo, mense et diebus.)

80

Entre 1069 et 1096. — **Accord entre l'abbaye de Saint-Nicolas et le chapitre de Saint-Laud au sujet des bois du Fouilloux et des essarts de Vilnière. A la prière d'Hugues, chanoine de Saint-Laud et ami des moines, les chanoines renoncent à leurs prétentions en échange de 500 deniers donnés par les moines.** — (Cf. Cartulaire de Saint-Nicolas, *Epitome fundationis*, p. 69.)

Concordia de Bosco Communali, et de exemplis Villæ Lanariæ, cum canonicis Sancti Laudi.

Notum sit omnibus fidelibus quod canonici Sancti Laudi nobiscum quandam querelam habebant, scilicet de bosco Communali, et de exemplis Villæ Lanariæ. Querela ita finita est : Erat quidem eorum canonicus, nomine Hugo, noster familiarissimus amicus, qui eo tempore ecclesiam Sancti Laudi renovabat. Hic sepius ad nos veniebat et ut cum suis fratribus canonicis concordiam faceremus sepius admonebat et obsecrabat, sed et Fulco comes ad ipsum sedule exorabat. Quorum precibus et monitis abbas Natalis et nos auditis, tandem concordiam cum eis fecimus, et propter pacis charitatisque custodiam, quingentos eis denariorum solidos dedimus. Ipsi autem calumniam, quam in exemplis et in pasnagio porcorum nostrorum dominicorum faciebant, quittam in perpetuum clamaverunt et querelas omnes dimiserunt, et amicos nostros perenniter se futuros esse fideliter promiserunt. Hujus concordiæ testes sunt : abbas Natalis, Fulcoius monachus, Robertus monachus, Harduinus Cecus, monachus, Goffridus Banerius, monachus, Thomas monachus ; de canonicis : Hugo, Fraaldus, Eudo, et alii ; de laicis : Fulco comes, Goffridus Fulcardi, Clarenbaudus de Rochiaforti, Durandus de Fossis, Erchenbaldus equicerius, Guillelmus famulus.

81

Après 1082. — **Échange de prières entre les moines de Saint-Aubin et les chanoines de Saint-Laud** (Extrait d'un acte publié par M. Bertrand de Broussillon, *Cartulaire de Saint-Aubin*, t. II, p. 13).

De canonicis Sancti Mauricii Andecavensis, cum de presenti vita decesserint faciemus hec : primitus signa sonabimus et septem vigilias, quarum primam plenam, ceteras cum tribus lectionibus et missis in conventu, cantabimus. Ad sepulturam vero illorum libenter ibimus . . . .
. . . .
De canonicis Sancti Petri et Sancti Maurilii et Sancti Magnobodi et Sancti Laudi facimus sicut de canonicis Sancti Mauricii. Similiter illi de nobis.
. . . .

82

S. d. (Vers 1115). — **Procès entre les moines de Saint-Aubin, d'une part, le Ronceray et Saint-Laud, de l'autre, au sujet des dîmes du Hérisson** (Cf. *Cartulaire du Ronceray*, R. 2, C. 14, publ. par Marchegay, n° 106).

Placitum contra monachos Sancti Albini de decima Heritii.

Manifestum est tam presentibus quam futuris moniales Sancte Marie Caritatis et canonicos Sancti Laudi cum monachis Sancti Albini, propter decimam loci illius qui nuncupatur Heritius, dissensionen habuisse. Moniales etenim decimam predictam per xxx annorum sive xl curricula possessionem sibi vendicabant ; monachi vero [per] Berengarium de Moleriis qui terram loci illius predicti, emptione non jure hereditario, possidebat, requirebant. Que dissensio, eodem anno quo Berengarius terram mercatus est, inter eos exorta est. Secundo autem [anno], ubi ad tempus messis perventum est, cum moniales et canonici decimam suam obnixe peterent, monachis injuste resistentibus, famuli tam monialium quam canonicorum, vi illata, eam acceperunt. Unde Berengarius et monachi ira permoti, ad hujus rei discussionem, cum monialibus et canonicis in presentiam domni Raginaldi, Andegavensis episcopi, convenerunt. Cujus judicio decretum est moniales et canonicos cum testibus suis debere ad terram perculcandam pergere et approbare illas xxx vel xl annis jugiter tenuisse sine calumpnia legaliter illis facta, sicut causidici decernerent. Peracta igitur perculcatione, Haimericus, Faciens Malum cognominatus, cum aliis testibus dedit advocaturam suam famulis Sancte Marie ut, si ipse ante hujus rei diffinitionem ab hac vita discederet, illi testificarentur ita se habere rei veritatem uti ipse asserebat. Quo facto, posuerunt cum Berengario terminum faciendi probationem. Die autem constituto, cum moniales et canonici in presentiam domni Raginaldi episcopi iterum convenissent, monachis per negligentiam absentibus, probationem suam Berengario obtulerunt. Quam cum ille non recepturum se diceret, judicio domni Raginaldi episcopi aliorumque presentium causidicorum, diffinitum est Berengarium et monachos a causa sua omnino cecidisse ; testibus istis : Raginaldo episcopo, Ulgerio archidiacono, Guillermo Musca, Guillermo de Salmurio, archidiacono, Goffredo de Engria, archipresbitero, Mainerio de Sancto Laudo, Goffrido Caiphas, magistro Guiberto ; de laicis vero : Maino Bachelot, Marquerio, filio Amauguini, Eudone sacrista, Gaurino Lodunensi, Roberto de Joviniaco, Barboto vicario, Engelbaudo villano, Goffrido Bello, Berengario de Moleriis, Pagano, fratre Maini, Halenodo, Babino et Richardo, famulis Sancte Marie.

83

Vers 1150. — **Geoffroy, duc de Normandie, comte d'Anjou, donne à Foulques, son camérier, en faveur de son mariage avec la fille du camérier Bigot, les cens de Précigné** (1).

Ego Goffridus, dux Normanorum et comes Andegavorum, omnibus tam futuris quam presentibus notum et certum fieri volo quod Fulconi, camerario meo, Loysim (?), filiam Bigoti camerarii, in uxorem dedi, eisque et heredibus suis census de Priciniaco et quicquid ibi habebam hereditario jure possidendos quiete et libere, et omnes acquisitiones suas dedi et concessi. Et ut firmius et liberius teneatur, sigillo ducatus mei muniri feci, et ante sigillo comitatus mei sigillari preceperam et feceram. Hoc autem viderunt et audierunt : Goffridus de Clerii[s], Goffridus de Ramefort, Isoradus de Montebasonis, Lupellus Ferli, Pepinus Turonensis, Simon canonicus, Gorrannus canonicus, Thomas capellanus, Robinus, predicte domine avunculus.

(1) Arch. de Maine-et-Loire, G. 1003. — Cette pièce et les n°˙ 85 et 86 sont extraits d'un cahier de papier intitulé : « *Papier concernant les droictz de la chapelle de la Noue, 1610.* » En tête figure la mention suivante : « Tout ce qui est contenu en ses onze feuillets qui sont icy au dessous ont esté par moy fidellement copiez sur les originaux, lesquels m'ont esté baillez par le Chapitre, comme appert sur leur registres du 1ᵉʳ juing 1609. . . . . lesquels originaux j'ay rendus à Monsieur Venelle, chanoine de ladicte église de Saint-Laud, commins desdits de Chapitre pour representer les dits titres pour en faire extraictz comme il a esté faict, en tesmoing de vérité, j'ay signé le presant acte le premier avril mil six cens dix. P. Marclais. »

84

Vers 1175. — Henri, roi d'Angleterre, comte d'Anjou, confirme au chapitre de Saint-Laud tous les dons faits par Geoffroy Martel (1).

H., Dei gratia rex Anglie et dux Normannie et Acquitanie, comes Andegavie, archiepiscopis, episcopis, abbatibus, comitibus, baronibus, justiciis, vicecomitibus, ministris et omnibus fidelibus suis salutem. Sciatis me concessisse et presenti carta mea confirmasse cappelle Beate Genovefe Virginis et Beati Laudi confessoris, intra muros civitatis Andegavie, ante fores comitalis aule posite, et clericis ibidem Deo servientibus, pro salute anime mee et predecessorum et successorum meorum, foragium et decimam vinearum et terre arabilis quam modo habent pro dimidia parte panagii quam habebunt in foresta Vitrearia, de dominio comitis, et boscum ad coquinam et vineas et pistrinum, et vIII arpenta vinearum in allodio Peluchardi, qui fuerunt [Theobaldi Aur]elianensis, et nonum in Angularia, in terra Sancte Gemme, et consuetudines ceterarum vinearum, si quas clerici comparaverint, vel ad usum ecclesie vel ad suum, tali [tamen] conditione ut vineas illas quas proprias tenuerint post decessum suum ecclesie [dimiserint]. Con cedo etiam eis et confirmo v quarterios vinee supra flumen Meduane, juxta prata Aquarie, qui fuerunt Galterii Gurmari; ad Buccam Meduane, terram que fuit Gosberti de Mariaco (*sic*), cum aquis et pratis et molendinis, absque ulla consuetudine, et de bosco ipsius Gosberti dimidiam partem, hoc est totius boschi qui dicitur Communalis octavam; et in aqua Sancti Albini, subtus Pontem Sigei, unum locum molendini, et alium locum inter arcas predicti pontis; et decimum denarium de moneta andegavensi; in castello Losdunensi,

---

(1) Cf. Bibl. d'Angers, ms. 680, t. I, n° 10, f° 1, copie du xvIe siècle. — L'original, dans le même carton, est en poussière.

ad villam que dicitur Vinrai (*sic*), octo arpenta terre arabilis
ad censum solvendum, et pratorum arpenta duo et dimidium, et vinee arpenta tria alodialia, et ibidem operam unam
ad censum ; in suburbio ipsius castelli unam mansionem ;
item, in eadem castellaria, terrulas quas per concambium
commutate fuerunt ab [Huberto] milite de Campania, quarum hec sunt nomina : Angularis, Trio et Valleia ; item in
aliis locis quatuor mediatorias ; in villa que dicitur Bucca
Meduane, in pago Andegavo, ecclesiam in honore sancti
Symphoriani martiris, cum villa et terris et pratis ad eam
pertinentibus, [et cum vicaria] et foragio et omnibus consuetudinibus terre et fluminis, a rupe Colubraria usque ad
ductum, a ducto vero usque ad vallem que terminat predicta
terra, a rupe illa que dicitur Becherella. Concedo eis similiter omnes consuetudines terre et fluminis et vicariam de
illis fossatis que in ripa contigua terre illi facta erunt ; et
de navibus tam majoribus quam minoribus unam minam
salis et dimidiam partem commendationis ; in loco qui dicitur Gozia, ipsum boscum et terram ; et iterum terram que
dicitur Anframacus, simul cum pratis ad eam pertinentibus ;
in foresta mea, cui nomen est Camberiis, exsarta que
dicuntur Ad illum bragum, et simul decimas de tota terra
forestarii Goffridi cognomento Boschiti, et prope ipsum
locum exemplationem quam comes Goffridus, predecessor
meus, permisit facere Johanni clerico suo in eadem foresta
absque ulla consuetudine. In parochia que dicitur Branus,
concedo eis vicariam et alias consuetudines meas de terris
quas comparaverant vel deinceps comparabunt, ibi vel aliis
locis, predicte ecclesie clerici. Concedo etiam eis [modium
ordei] quam de liberandis cellibertis habebat predictus
comes Goffridus, ubicunque liberaretur, si quidam ex clericis ecclesie adesset ; in Angularia, juxta civitatem Andegavam, loco Genestulio, terram que fuit Ursonis militis, de
Carvono, cum vicaria et vinagio et [censu] vinearum et
forragio, pro quo Johannes magnum ciphum vini bibit quem
Varinus cellararius prefato comiti pretulerat. In flumine

Ligeris, ductum unum cum piscaria et omni consuetudine, et molendinis duobus de presenti, et quatuor aliis, post obitum Theobaldi Aurelianensis, eis concessi, simul cum septem quarteriis vinee que sunt juxta Spaltum; in loco qui dicitur Lupellus, pratorum arpenta septem et totidem in villa quam nominant Fossas et quatuor in Insula Longua. Quare volo et firmiter precipio quod ipsa capella Sancte Genovefe Virginis et Sancti Laudi et clerici in ea Deo servientes omnia supradicta [habean]t in pace, libere et quiete, integre et plenarie, honorifice, in terris et vineis et redditibus, in bosco et plano, in pratis et pascuis, in consuetudinibus et libertatibus, in aquis et molendinis, in viis et semitis et in omnibus aliis locis et aliis rebus ad ea pertinentibus, cum omnibus libertatibus et liberis consuetudinibus suis, sicut predictus comes Goffridus concessit eis et dedit et carta mea testatur. S. Gaufridi, Andegavensi, Roberto, Nannetensi, Stephano, Redonensi, episcopis, Ricardo et Gaufrido filiis meis comes (?), Guillermo de Maner. . . . . senes chalo Pictavie, Mauricio de Croun, Paganus de Vegg . . ., Stephanus Vron. . . . senescallus Andegavie, Guido de Lavalle, Gauffridus Pertic. . . . , Hugo Gallerii, Guillelmo de Ostilli, Gilleberto garderobba, apud Andegav[um].

85

Vers 1180. — **Henri, roi d'Angleterre, comte d'Anjou, confirme la fondation faite par Foulques, son camérier, d'une chapellenie dans l'église de Saint-Laud, et la donation par le même au chapelain de divers biens, entre autres de la terre de Précigné (1).**

Henricus, rex Anglorum et dux Normanorum et Aquitanorum, et comes Andegavorum, episcopo Andegavis, et propositis et ballivis et omnibus fidelibus suis totius Ande-

(1) Cf. Bibl. d'Angers, ms. 680, t. I, n° 11, f° 1. Copies des xiii° et xvii° siècles. — Arch. de Maine-et-Loire, G. 1003, copie de 1610. Voy. la note du n° 83. — Les copies du ms. 680 sont incomplètes.

gavis, clericis et laicis, salutem. Sciatis me concessisse et presenti carta mea confirmasse Fulconi, camerario meo de Andegavi, capellaniam quam ipse constituit in ecclesia Sancti Laudi, pro anima sua et pro anima patris mei et antecessorum meorum, et pro animabus omnium fidelium defunctorum. Quare volo et firmiter precipio quod capellanus, qui predicte capellanie deservit, libere et quiete teneat et possideat omnia illa que predictus Fulco ad eandem capellaniam dedit et concesit. Concedo itaque capellano terram de Preciniaco et census, cum omnibus consuetudinibus predicte terre ad me pertinentibus, etiam in camino et extra caminum, preter consuetudinem exercitus de quo capellanus poterit retinere unum si voluerit. Item concedo ei septem quartas vinearum, que sunt de feodo Sancti Albini, et etiam alias quas capellanus poterit acquirere, imunes ab omnibus consuetudinibus ad me pertinentibus, ut de vinagio et aliis, ita etiam quod de vino de predictis vineis collecto non reddat capellanus venagium neque aliam consuetudinem. Preterea concedo ei domum quandam que est in feodo Sancti Johannis. Et insuper prohibeo ne quis capellano de rebus predicte capellanie injuriam vel contumeliam inferat nec eandem capellaniam in aliquo minuere presumat. Teste Stephano sinicallo, et Raginardo de Vo, teste etiam Radulpho, filio Stephani, et Gilberto guardcrobe, et Willermo de Ostilleio, et Durando pincerna, et Emerico pi[n]cerna, teste etiam Johanne, filio regis minori, et pluribus aliiis, apud Andegavum.

86

Même acte que le précédent avec quelques divergences dans le texte et des témoins différents (1)

Henricus, rex Anglorum et dux Normanorum et Aquita-

(1) Cf. Arch. de Maine-et-Loire, G. 1003. Copie de 1610. Voyez la note du n° 83. — M. Port, dans son *Inventaire des Archives*,

norum, et comes Andegavorum, episcopo Andegavis et prepositis, ballivis, et omnibus fidelibus suis totius Andegavis, clericis et laicis, salutem. Sciatis me concessisse et iterum presenti carta mea confirmasse Fulconi, camerario meo de Andegavi, capellaniam quam ipse constituit in ecclesia Sancti Laudi. Quare volo et firmiter precipio quod capellanus, qui predicte capellanie deservit, libere et quiete teneat et possideat omnia illa que predictus Fulco ad eandem capellaniam dedit et concessit. Preterea concedo terram de Preciniaco, feodum et census, cum omnibus consuetudinibus predicte terre ad me pertinentibus. Item per presentes do predicto capellano juridictionem in omnes subjectos, etiam rebelles, ejusdem terre et feodi, jus pariter bennarii torcularis venationisque. Concedo similiter ei decimas totius predicti feodi, scilicet vini, blati, canabis, ligni et leguminis, primitias quoque agnorum et porcorum. Et si que fiant novalia in dicto feodo, inde percipiat decimas. Concedo etiam capellano septem quartas vinearum, que sunt de feodo Sancti Albini, et etiam alias quas capellanus poterit acquirere, imunes ab omnibus consuetudinibus ad me pertinentibus, ut de vinagio et aliis, ita etiam quod de vino de predictis vineis colecto non reddat capellanus vennagium neque aliam consuetudinem. Insuper prohibeo ne quis capellano de rebus predicte capellanie injuriam vel contumeliam inferat, nec eandem capellaniam in aliquo minuere presumat. Et ut hec firmius et liberius teneantur, sigillo regni mei nec non comitatus mei muniri et sigilari feci et precepi. Hoc autem viderunt et audierunt : Richardus et Goffridus, filii regis, Johannes de Salisberio, Alanus de Tenkesberio, Gilebertus (?), Guillermus de Cantorbia et plurimis aliis, apud Andegavum.

G. 1003, considère cette pièce comme la confirmation de la précédente.

87

1178, 8 juillet, Latran. — **Bulle du pape Alexandre III confirmant aux chanoines de Saint-Laud la possession de tous leurs biens** (1)

Alexander, episcopus, servus servorum Dei, dilectis filiis Girardo, decano ecclesie Sancti Laudi Andegavensis, ejusque fratribus tam presentibus quam futuris canonice instituendis in perpetuum. Prepostulatio voluntatis effectu debet prosequente compleri, et ut devotius sinceritas laudabiliter enitescat et utilitas postulata vires indubitanter affirmat. Ea propter, dilecti in domino filii, vestris justis postulationibus clementer annuimus, et prefatam ecclesiam, in qua divino mancipati estis obsequio, sub beati Petri et nostra protectione suscepimus et presentis scripti privilegio communimus, statuentes ut quascumque possessiones, quecumque bona eadem ecclesia inpresentiarum juste et canonice possidet, aut in futurum concessione pontificum, largitione regum vel principum, oblatione fidelium, seu aliis justis modis, prestante domino, poterit adipisci, firma vobis vestrisque successoribus et illibata permaneant. In quibus hec propriis duximus exprimenda vocabulis : ecclesiam Sancte Marie de Chamberiis, cum burgo in quo sita est, capellam Sancti Egidii cum burgonovo Albucineriis, masura (?) de Coet, hominibus, terris, pratis, vineis et omnibus pertinentis suis ; feudum quod habetis in foresta de Chamberiis, brancam videlicet ad calfagium ; in domo canonicorum grossam arborem ad predicte domus edificia reparanda ; exclusam de Perignis, cum molendinis et decimis piscium et decimam in molendino de Brivo ; terram de Gozia, cum hominibus, baiis, silvis et omnibus pertinentiis suis ; ecclesiam Sancti Jacobi de Foldenio, cum decimis, feudis et omnibus pertinentiis suis ; ecclesiam Sancti

(1) Cf. Bibl. d'Angers, ms. 680, t. I, n° 12, f° 1, copie du XVI° siècle.

Bartholomei de Verreria, cum decimis, hominibus, terris, vineis, feudis et omnibus pertinentiis suis; in Andegavensi civitate, stallos, domos, monetam, de donatione comitis Andegavensis, possessiones et vineas quas habetis in suburbio ejusdem civitatis, prope Andegavim; supra ripam Ligeri, medietatem ville que dicitur Portus Theobaldi, cum hominibus, decimis, forragio, pratis, vineis, terris, aquis, molendinis et omnibus pertinentiis suis; in Losdunensi territorio, homines, terras, cum omni jure suo; unam domum in castro Losdunensi, quietam a banagio et ab omni consuetudine; ultra Meduane fluvium, ecclesiam Sancti Simphoriani et villam in qua sita est, que dicitur Bucca Meduane, cum hominibus, decimis, terris, vineis, pratis, aquis, censu, forragio et omnibus pertinentiis suis; villam que dicitur Ruseboc, cum forragio, hominibus, terris, cultis et incultis, decimis, pratis, vineis, exclusis, aquis molendinis, feudis et omnibus pertinentiis suis; terram quoque de Alodio, cum omnibus pertinentiis suis; ecclesiam de Pozia, cum omni parrochie integritate et omnibus pertinentiis suis, et decimam quam habetis in eadem parrochia apud villam que dicitur Brain, homines, terras, decimas, census, nemora, et alias possessiones quas habetis infra metas illius parrochie; ecclesiam de Mareis, cum omnibus pertinentiis suis; ecclesiam de Lineriis, cum omnibus pertinentiis suis; et octavam partem in nemore quod dicitur Follios. Decernimus ergo ut nulli omnino hominum liceat jamdictam ecclesiam temere perturbare aut ejus possessiones aufferre vel ablatas retinere, minuere aut aliquibus vexationibus fatigare, sed omnia integra conserventur eorum pro quorum gubernatione et sustentatione concessa sunt omnibus usibus omnimodis profectura, salva apostolice sedis auctoritate et diocesani episcopi canonica justicia. Si qua igitur in futurum ecclesiastica secularisve persona hanc nostre constitutionis paginam, sciens contra eam venire, temptaverit, secundo terciove canonica si non satisfactione congrua emendaverit, potestatis honorisque sui careat dignitate. . . . . . se divino judicio existere de per petrata iniquitate cognoscat et a sacratissimo corpore Dei et domini redemptoris nostri Jesu Christi aliena fiat atque, in extremo examine, divine ultioni subjaceat. Cunctis autem eidem loco sua jura servantibus sit pax domini nostri Jesus Christi quatinus et hic fructum bone actionis percipiant et apud districtum judicem premia eterne pacis inveniant. Amen.

Ainsi signé : Demonstra michi vestras Domine. Sanctus Petrus, Sanctus Paulus. Alexander papa III.

Ego Johannes, pbr. card. Sanctorum Jo. et Pauli, tituli Pammachii.

Ego Bap. (lisez : *Boso*), pbr. card. Sancte Pudencie, tituli Pastoris.

Ego Petrus, pbr. card. tituli Sancte Susanne.

Ego Jacobus, dia^s. card. Sancte Marie in Cosmedin.

Ego Ardice, dia^s. card. Sancti Theodori.

Ego Cinthius, dia^s. card. Sancti Adriani.

Ego Hugo, dia^s. card. Sancti Georgii ad Velum aureum.

Datum Laterano, per manum Alberti, Sancte Romane ecclesie presbiteri cardinalis et cancellarii, viii idus Julii, indictione xi, incarnacione dominice anno Domini M^o C^o LXXVIII°, pontifficatus vero domini Alexandri pape III anno XVIII°.

Et scellé en plon sur laz de soye, ouquel plon sont inscriptz S. Pau., S. Pe. et en l'autre cousté : Alexander pp. III.

En marge : *Coppie des bulles contenant privillège, constitution et statuz des églises estans en patronnaige de Monsieur Sainct Lau lez Angiers avecques les autres dommaines, fiefz, seigneuries et dixmes appartenant à ladite église.*

TABLE ALPHABÉTIQUE

DES NOMS DE PERSONNE ET DE LIEU (1)

A

A[melina]. V. Hamelina.
Aalart. V. Alart.
Abiron, Abyron, 75, 97, 101.
Achardus de Sanctonis, de Santonis, 13, 56.
— de Scarabeo, 22.
Acuta rupes. V. Rupes Acuta.

Adam (Terra), 22.
— canonicus, 72.
— de Rochaforti, 69.
Addobatus (Rainaudus), 63.
Adelardus, 63, 64.
— de Carrione, 63.
— de Castro Gunterii, 72.

(1) Les règles suivantes ont été adoptées dans la rédaction de cette table : 1º Les formes différentes d'un même nom ont été, en principe, groupées en un seul article, avec renvoi des formes divergentes à la forme choisie comme tête d'article. Cependant, lorsqu'il s'agit de formes très différentes, exemple : *Locllus Fellus* et *Lupellus Ferli*, la pagination sera indiquée séparément pour chacune de ces formes, avec renvoi de l'une à l'autre ; 2º Les noms de lieu anciens ont été identifiés avec les noms modernes, sauf dans le cas où ces noms sont employés comme élément constitutif d'un nom de personne ; 3º Les noms de lieu modernes ont été insérés dans la table à leur ordre alphabétique, avec renvoi aux noms anciens, toutes les fois que leur forme s'éloignait notablement de la forme ancienne. Le caractère italique a été employé pour ces renvois ; 4º Les noms suivis de qualificatifs ont été indiqués, autant que possible, sous la forme même employée dans le texte. Les additions faites pour la clarté ont été placées entre crochets carrés. Exemple : *Ademus, nutricius* [*Fulconis Junioris, comitis Andegavie*] ; 5º Les noms dont le commencement manque, par suite du mauvais état du texte, figurent dans cette table à la lettre initiale qui subsiste, en suivant l'ordre alphabétique.

Adelena, uxor Hugonis de Matefelono, 7.
Adelina, 63.
Ademius, Ademus, nutricius [Fulconis Junioris, comitis Andegavie], 13, 23, 75.
Ad illum bragum (Exarta que dicuntur), 34, 107. — *Lieu dit de la forêt de Chambiers (Maine-et-Loire).*
Adisolatus (Guillelmus), 63.
Adraldus, Adrandus, abbas [Sancti Nicholai Andegavensis ?], 32, 35. — V. Arraudus.
Adrianus [IV], papa, 79, 80, 85.
Advenia, elemosinaria [Beate Marie Caritatis], 72.
Agnes, comitissa Andegavie, uxor Goffridi Martelli, 8.
— sacrista, 72.
Aimericus. V. Haimericus.
Alanus de Tenkesberio, 110.
Alart, Aalart de Coorné, de Coornez, 47, 57, 77.
Albericus Borrullus, 10.
— capellanus, 75, 101.
— cardinalis, episcopus Hostiensis, legatus Sancte Sedis apostolice, 81, 83.
— de...., 25.
— decanus [Sancti Mauricii Andegavensis], 62.
— filius Raginaudi de Yreo, 60.
— pedagogus Petri, filii Pagani, et pueri Sancti Laudi, 19.
Albertus Biliricus, 63.
— cardinalis presbiter et cancellarius Romane ecclesie, 113.
— de Esterio, 63.
— de Merallo, 18.
Albinus (Sanctus); festum, festa, festivitas Sancti Albini, 27, 72.

Albinus de Monsterolo, 61.
Albucineriis, 111. — *Localité inconnue, près de Chambiers.*
Alburgis, 63.
— uxor Raginaldi Ruffi, 50.
Alcherii (Filius), 10
Aldebertus, archiepiscopus Bituricensium, 20.
— de Mapho, 59.
.......aldus, 74.
Alelmus de Virleta, 43.
Alencé (Odo de), 57, 77.
Aleu (L'). V. Alodium.
Alexander [III (?)], papa, 1, 2, 111, 113.
— [IV (?)], papa, 1.
Algardis, 63.
— (Herveus), 49.
Algerus, 12.
Allobrogus. V. Robertus Allobrogus.
Alloyau (Les prés d'). V. Lupellus.
Almenardi (Goffridus), 60.
Alneto (Burellus de), 60.
Alnulfi (Uxor), 63.
Alnulfus. V. Arnulfus.
Alodium, terra, medietaria de Alodio, 51, 52, 112. — *L'Aleu, commune de Bouchemaine (Maine-et-Loire).*
Altardus, 35.
Alveriis (..... de), 30.
— (Hernaudus de), 30.
Amauguinus, 104.
Amelina. V. Hamelina.
An....., 64.
Andefredi (Girardus), 24.
Andefredus Diabolus, 25.
Andegava, Andegava civitas, Andegavis, Andegavum, Andegavensis civitas, 2, 7, 13, 18, 22, 24, 27, 28, 33,

34, 43, 56, 58, 60, 61, 62, 67, 72, 73, 76, 77, 94, 95, 100, 101, 107, 108, 109, 110, 112. — *Angers*.
— comes, consulatum : Andegavie comes, 94, 95, 106 ; Andegavorum comes, comites, 4, 5, 6, 9, 11, 12, 13, 14, 18, 19, 23, 26, 51, 52, 54, 55, 67, 68 69, 71, 74, 78, 92, 93, 95, 97, 105, 108, 110, 112 ; comites [qui sunt] abbates Sancti Laudi, 3, 5 ; Andegavorum consul, 92 ; Andegavensium, Andegavorum consulatus, 2, 3, 18, 91 ; Andegavensium comitatus, 25 ; principatus Andegavensis comitatus, 20. V. Fulco, Gaufridus, Helyas, Henricus.
— ecclesia, capitulum : Andegavensis ecclesia, 3, 13, 18, 42, 77 ; capitulum Andegavis ecclesie, 77.
— episcopatus, episcopus : episcopus Andegavensis, 14, 51, 61, 67, 68, 72, 77, 82, 83 ; episcopus Andegavim, 83 ; episcopus Andegavim electus, 79, 80, 81 ; Andegavensis dictus episcopus, 82, 84, 85 ; Andegavorum presul, episcopus, 51, 92 ; episcopus episcopatum urbis Andegavie gubernans, 22 ; Andegavensis ecclesie culmen pontificale feliciter gubernans, 25 ; Andegavensis episcopatus, 86. — V. Gaufridus, Hugo, Normannus, Raginaldus, Eusebius, Ulgerius.

— ecclesiae. V. Sanctus Anianus, Sanctus Johannes (?), Sanctus Laudus, Sanctus Magnobodus, Sanctus Martinus, Sanctus Mauricius, Sanctus Maurilius, Sanctus Petrus.
— abbatiae. V. Omnes Sancti, Sancta Maria Caritatis, Sanctus Albinus, Sanctus Nicholaus, Sanctus Sergius.
— prioratus. V. Sanctus Egidius de Viridario, Sancta Trinitas (?).
— capellae. V. Beata Genovepha.
— archidiaconus, 42, 78.
— prefectus, 60.
— prepositus, 68.
— pretor, 58.
— homines de Andegavim, 51.
Andegavensis callis, 6.
— moneta, 27, 33, 58, 106.
Andegavia, 2, 3 ; Andegavorum fines, 19 ; Andegavus pagus, 34, 107. — *L'Anjou*.
— senescallus : Andegavie senescallus, 31, 46, 76.
Andegavinus, monachus Sancti Albini [Andegavensis], 42.
Andreas (Sanctus) : festa, festivitas sancti Andree, 22.
Andreas, 30, 43, 63, 74.
— Cadaver, canonicus Sancti Laudi, 3, 54.
— (Magister), canonicus Sancti Laudi, 27, 28, 30, 42, 46, 51, 65, 68, 74.
— Dubalam, Durbalam, Drubalam, 47, 57, 77.
— [frater Ernaudi salnerii], 70.
— Laharde, 50.

— Papalore, 64.
Angelus (Guibertus), 64.
Anframacus (Terra que dicitur), 34, 107. — *Localité inconnue, dans le voisinage de Gouis (Maine-et-Loire).*
Angelardi (Philipus), 74.
Angerius, 22.
Angleus, 74.
Anglie rex, Anglorum rex (Henricus II), 27, 52, 106, 108, 109.
Angnes, sacrista [Beate Marie Caritatis], 72.
Angularia, terra, terra de Angularia, Angulata, 8, 26, 34, 75, 77, 81, 82, 85, 96, 100, 101, 106, 107. — *L'Onglée, commune de Sainte-Gemmes-sur-Loire (Maine-et-Loire).*
Angularis, 34, 107. — *Angliers, canton de Moncontour (Vienne).*
Angulata. V. Angularia.
Ansaldus, Ansaudus, Ansardus, canonicus Sancti Laudi, 49, 50.
Ansgerius, 63.
Anstarius, spaltarius, 60.
Aquaria (Odo de), 24.
Aquarie (Prata), 33, 106. — *Les prés de l'Éoière, commune d'Angers.*
Aquitanie, Aquitanorum dux (Henricus, comes Andegavie), 52, 106, 108, 109.
Arch... (Gastinellus), 68.
Archas castrum, 65. — *Arques (Seine-Inférieure).*
Archenbaldus, canonicus Sancti Laudi, 30.
Archerius, 64.

Ardice, diaconus cardinalis Sancti Theodori, 113.
Aremberti (Sigebrannus), 60.
Aremburgis, monetaria, [monialis Beate Marie Caritatis], 65.
Arnulfus de Culturellis, miles, 28.
Arques. V. Archas castrum.
Arrardus, Arraudus, canonicus Sancti Laudi, 47, 51, 57, 77.
— abbas, 95. — V. Adraldus.
— de Chimilliaco, 68.
— Graslap....., 25.
— prior Sancti Nicholai [Andegavensis], 49.
Asalon Roognardi, 69.
-Ascelinus, homo Guillelmi de Passavanto, 61.
Asneriis (Matheus de), 47, 57, 76.
Atheuis (Guido de), decanus Sancti Laudi, 5.
Atreus, frater Primaldi, 60.
Aubert Pelafutu, 63.
Aubertus Balotus, 13, 56.
Auduinus Sancti Laudi, 49.
Augardis, [mater Raheri Hervei], 45.
Aurelianensis (Theobaldus), 8, 33, 35, 95, 96, 99, 106, 108.
Aurricus de Insula, 63.
Auverce (Gaufridus de), 47, 57, 77.
Aver (Haimericus d'), 30.
Avesgaudus, episcopus Cenomannensis, 35.
Avicia, uxor Huberti de Campania, 25.
Azeo (Garinus, Guarinus, Warinus de), 7, 8, 26, 60, 61, 75.

B

Ba..... (Hamelin), 30.
Babilonie (Sodannus), 5.
Babinus, 60.
— famulus Sancte Marie [Caritatis], 104.
Bachelot, Bacheloti (Laurencius), 57.
— (Maino), laicus, 104.
— (Raginaudus), 58.
Balbus Maria, 64.
Baldricus, abbas Burguliensis, 20.
Balduinus (Gauterius), 10.
Balneio (Obertus de), 18.
Balotus (Aubertus), 13, 56.
Bap.... V. Boso.
Baracé (Bruno de), 28, 30.
Barbatus (Gaufridus). V. Gaufridus [III].
Barbilon (Guibertus), 63.
Barbotinus, filius Rainsendis, 60.
Barbotus, 49.
— de Corroceo, 60.
— de Serenis, 16.
— vicarius, 104.
Barchesaccum, castrum, 71. — *Brissac (Maine-et-Loire)*.
Bardonius, 64.
Bargiaco (Willelmus de), 50.
Bargius (?), prepositus Andegavis, 68.
Bartholomeus Rollandi, pretor Andegavis, 58.
Bassacunta (Odolinus), 63.
Bastardus (Rainaudus), 60, 61.
Baudoinus de Verno, 61, 62.
Baugiacum, Baugiaci castrum, 26. — *Baugé, chef-lieu d'arrondissement(Maine-et Loire)*.
Beata Genovepha, capella, ecclesia beate Genovefe virginis, 33, 96, 100, 106, 108. — *La chapelle de Sainte-Geneviève, à Angers*.
Beata Maria, Beata Maria Caritatis, de Caritate, ecclesia Caritatis, monasterium. V. Sancta Maria.
Beatus Julianus. V. Sanctus Julianus.
Beatus Laudus. V. Sanctus Laudus.
Beatus Martinus [Andegavensis]. V. Sanctus Martinus.
Beatus Martinus Turonis, [capitulum], 68. — V. *aussi* Majus Monasterium.
Beatus Mauricius. V. Sanctus Mauricius.
Beatus Nicholaus [Andegavensis]. V. Sanctus Nicholaus.
Becchemia (Gaurarinus), 44.
Becherela, Becherella rupes. V. Rupes.
Bécon. V. Besconeium.
Belloforti (Girardus de), 3, 30, 42, 51, 65, 68, 73, 74.
Bello Monte (Pelochinus de), 78.
Bellus (Goffridus), 104.
Belmoeu (Gaufridus), capellanus Taventi, 63.
Benea Tuscardus, 63.
Benedictus Bona Archa, 64.
— Gulasoche, 64.
— servus, 12, 13.
Beneventum, 80, 81, 85. — *Bénévent (Italie)*.
Berardus, presbiter, 61.
Berengarius, Beringarius, 63.
— de Moleriis, 103, 104.
— pincerna, 18.

Beringardis, uxor Josleni de Turonis, 28.
Berlan, Berlandi(Frogerius), 51, 52.
— (Robertus), 52.
Berlaus, 60.
Bernardis (Harduinus, filius), 64.
Bernardus, 74.
— abbas Majoris Monasterii, 20.
— abbas [Sanctorum Sergii et Bachi], 20.
— de Savonariis, 22.
— de Virgulto, 63.
— filius Angerii, 22.
— pelliparius, 47, 70, 77.
— Rex, 64.
— Sancada, 43.
Bernerius, 64.
— sororius Guillelmi de Passavanto, canonicus [Sancti Mauricii Andegavensis(?)], 44.
Bernin (?) (Durandus), 58.
Berta, uxor Berengarii, 63.
Berteloth de Folgere, 30
Bertrandus Girorii, 44.
Bertrans, [frater Aimerici Sequardi], 74.
Besconeium, 31. — *Bécon, Maine-et-Loire.*
Bigotus, camerarius, 105.
Bilirici (Uxor Alberti), 63.
Bisaio (Robertus de), 49.
Bituricensis archiepiscopus (Aldebertus), 20.
Blanchardus (Eudo), 75, 101.
Blanquardus, 50.
Blazone, Blazono (Guillelmus de), 27, 28.
— (Joffridus de), 23.
Blocus (Engelgerius), 63.
Blouo (Robertus de), 22.
Boleto (Bruno de), 50.

Bolo, diaconus cardinalis BB. Cosmi et Damiani, apostolice sedis legatus, 93.
Bona Archa (Benedictus), 64.
Bonellus, cambitor, 43.
Bonus Homo, capellanus Sancte Trinitatis (?), 61.
Boolez (Herbertus, Hubertus de), 47, 57, 76
Borellus, Borrellus, Burellus de Alneto, 60.
— de Salmurio, miles, 12.
— (Martinus), 9, 10.
Borgulio (Aimericus de), 30.
Borrullus (Albericus), 10.
Boscheto (Aimericus de), 30.
Boschitus (Goffridus), 107.
Boscus Communalis. V. Communalis.
Boso, presbiter cardinalis Sancte Pudencie, tituli Pastoris, 113.
Bosolinus, 63.
Boterus, [filius Ingelbaudi], 53.
Bouchemaine. V. Bucca Meduane.
Bourgneuf. V. Burgus novus.
Bourgueil. V. Burgulium.
Brainius, Branus, Brain, parrochia, ecclesia de Brainio, 34, 72, 107, 112. — *Brain-sur-Longuenée (Maine-et-Loire).*
Brézé (Theobaldus de), 69, 70
Bricius, capellanus, sacerdos, presbiter, 47, 55, 57, 58, 77.
Brienceio, Briencio (Theobert, Theobaudus de), 47, 57, 76.
Briencius de Martigneio, 65.
Brissac. V. Barchesaccum.
Britannus, 50.
— de Capella, 49, 50.
Brito (Petrus), 3, 28, 51, 74.
— (Theobaudus), 30.
Brivo (Molendinum de), 111.
Bruno de Baracé, 28, 30.

— de Boleto, 50.
Buamundus, archidiaconus [Andegavensis], 69, 78.
Bubulus (Paganus), 61.
Bucca Meduane, Buca Meduane, Bucha Meduane, terra, villa, 5, 33, 34, 41, 94, 106, 107, 112.
— *Bouchemaine (Maine-et-Loire)*.
— (ductile sub), 9.
— (exclusa de), 23, 71.
— (homines de), 51.
— (senescallus de), 68.
— (territorium de), 63.
Bucengrinus (Mauricius), 61.
Buchardus de Grado, prefectus [Andegavis], 60.
Bugnonibus (Fulconius de), 63.
Bugnonio (Garsilius de), miles, 52

Bulgericus, magister scolarum Beati Juliani [Cenomannensis], 53.
Burellus. V. Borellus.
Burgulium, Burguliensis monasterium, 58. — *L'abbaye de Bourgueil (Maine-et-Loire)*.
— abbas, 20, 57, 58.
Burgundio (Raginaldus, Rainaldus), 8, 96, 99, 100, 101.
— (Robertus), 26, 32, 35, 95.
— de Calumpna, 13.
Burgus Novus, 27. — *Bourgneuf, nom qui désigne la principale agglomération de la Chapelle-Saint-Laud (Maine-et-Loire.)*
Burzelius, 43.
Bussum, 50.

C

Ca.... (Hubertus de), 50.
Cadaver (Andreas), 3, 54.
Caiphas, Caifas, Carfax, Chaiphas, Cayfas, Cayphas (Gaufridus), 8, 13, 18, 23, 24, 25, 55, 60, 61, 62, 75, 104.
Callis Andegavensis, 6.
— qui de Sancto Leodegario ducit ad Sanctum Lambertum, 49. — *Le chemin de Saint-Léger-des-Bois à Saint-Lambert-la-Potherie (Maine-et-Loire)*.
— V. Via.
Calopinus, 45, 46.
Calumpna (Burgundio de), 13.
Calvellus Merlatus, 61.
Calvo Monte (Fulquerius de), 58.
— (Matheus de), 58.
Calvono, Calvano, Carvono (Urso de), 34, 75, 107.

Calvonum, 96. — *Chauvon, villa. Localité disparue, située selon toute vraisemblance dans la vallée de Fosse, commune de Saint-Jean-de-la-Croix (Maine-et-Loire)*.
Calvus (Petrus Rubeus), 75.
Camberis. V. Chamberiacum.
Camilliaco (Galvanus de), 69.
— (Gaufridus de), monachus Sancti Nicholai [Andegavensis], 50.
Campania (Hubertus de), 25, 34, 46, 47, 75, 107.
Campellis (Gauterius de), 63.
Campo Caprario (Joscelinus de), 12.
Campo Caprarum (Petrus de), 75.
Candatum, 60, 61. — *Candes (Indre-et-Loire)*.

Candeio (Fulco de), 97.
Cantellus (Herveus), 23.
Cantorbia (Guillermus de), 110.
Capella, Capella Sancti Laudi, 6. — *La Chapelle-Saint-Laud (Maine-et-Loire)*.
— (Domus de), 27.
— (Sacerdos de), 70.
Capella (Britannus de), 49, 50.
Capero (Rainaldus), 63.
Capud Ville (Territorium quod dicitur), 72. — *Chef-de-Ville, quartier d'Angers, dont le nom est encore celui d'une des rues de la ville.*
Carfax. V. Caiphas.
Caritatis (Ecclesia). V. Sancta Maria.
Cariullus, sanctus Cariullus, 15.
Carnoto (Huo, Hugo de), 3, 67, 68.
Carolus[?], rex Francorum, 101.
Carrione (Adelardus de), 63.
Carum Tempus (Paganus), 22.
Carus (Guillelmus), 43.
Castellone (Chalo de). 68.
Castillione (Simon de), 65.
Castro Gunterii (Adelardus de), 72.
— (Rainaldus de), 2.
Castrum. V. Archas, Barchesaccum.
— Baugiaci. V. Baugiacum.
— Lidi, 97. — *Château du-Loir (Sarthe).*
— Secreti, 59. — *Segré (Maine-et-Loire).*
Cayfas, Cayphas. V. Caiphas.
Cechia (Pelerinus de), 70.
Cecus (Harduinus), monachus Sancti Nicholai [Andegavensis], 102.
Celestinus [III], papa, 57.

Cenomannenses, 53, 97.
Cenomannia, 52. — *Le Mans (Sarthe).*
— comes, 51.
— episcopus : Cenomannensis episcopus, Cenomannorum episcopus, 20, 81, 82, 84, 98.
— decanus : Cenomannensis decanus (Philippus), 73.
— thesaurarius : Cenomannorum thesaurarius, 97.
Cersonas, 37.
Chaïm, 97.
Chalceia, terra, 73. — *La Chaussée, canton de Moncontour (Vienne).*
Chalein, Chalen (Guarinus de), 43, 72.
Chalo de Castellone, 68.
Chalopinus. V. Calopinus.
Chalvinus, canonicus Sancti Laudi, 50.
Chamberiacum (Silva que dicitur), boscus de Chamberis, Chamberis foresta, terra de Chamberis, 6, 7, 24, 34, 107, 111. — *La forêt de Chambiers, cantons de Durtal et de Seiches (Maine-et-Loire).*
— prepositura de Chamberiis, 66.
— sacerdos de Chamberis, 68.
— (Sancta Maria de), 111.
Chamberiis (Garnerius de), 55.
— (Gaufridus de), 77.
— (Hubertus de), 66.
Changeio, Chingeio (Johannes de), 47, 57, 77.
Chapelle-Saint-Laud (La). V. Capella.
Château-du-Loir. V. Castrum Lidi.

Chaumont (Paganus de), 47, 57, 77.
Chauvon. V. Calvonum.
Chaussée (La). V. Chalceia.
Chef de-Ville. V. Capud Ville.
Chenu de Corzé, 70.
Chimilliaco (Arraudus de), 68.
Chingeio (Johannes de). V. Changeio.
Chocus (Goffridus), 18.
Chorintha, uxor Raginaudi de Yreo, 60.
Christianus, 63.
— de Mapho, 59.
Cinthius, diaconus cardinalis Sancti Adriani, 113.
Clara Valle (Gaufridus de), dapifer [comitis Fulconis V], 12, 26.
Clara Vallibus (*sic*), lisez : *Claris Vallibus*, (....de), 79.
Clare (Mortarium de), 31. — *Lieu dit inconnu, dans le voisinage de la Pouèze (Maine-et-Loire).*
Clarembaudus de Rochiaforti, 102.
Clavardus (Guillelmus), 64.
Clemens (Beatus, Sanctus), 36, 37.
Cleriis (Goffridus de), 52, 105.
Co..., monachus Sancti Jovini de Marnis, 74.
Co.... (Goslenus de), 50.
Coé. V. Coué.
Coet (Masura de), 111.
Collun, de Coorlum (Haimericus), 30, 47, 57, 77.
Colubraria rupes, 34, 94, 107. — *Pierre - Couleureuse, autrement la Pierre-Serpente, commune de Bouchemaine (Maine-et-Loire). Grosse et haute pierre qui s'avançait dans la Maine, au Petit-Port, vis-à-vis les prairies de Frémas. Elle formait la première limite, en amont, des garennes et pêcheries du chapitre de Saint-Laud.*
Comestabula, Comestabuli (Sigebrannus, Siebrannius), 13, 56.
Communalis foresta, silva, boscus, 5, 14, 33, 48, 93, 102, 106. V. Foliosus. — *Les bois du Fouilloux, qui couvraient autrefois les communes de Saint-Martin-du-Fouilloux, Beaucouzé, Bouchemaine et Savennières (Maine-et-Loire).*
Constantinus, exclusator, 10.
Constantinus pagus, 15. — *Le Cotentin (Manche).*
Continiaco (Stephanus de), 7.
Coorlum (Haimericus de). V. Collun.
Coorné, Coornez (Alart, Aalart de), 47, 57, 77.
Cornillius, 60.
Coronarius (Sanctus), 15.
Corroceo (Barbotus de), 60.
Corzé (Chenu de), 70.
Cosin (Raginaudus), 50.
Cosmedin. V. Sancta Maria in Cosmedin.
Cosmus et Damianus (Beati). V. Sancti Cosmus et Damianus.
Cotentin (Le). V. Constantinus pagus.
Coué (Nemus de), nemus de Coé, juxta Burgum Novum, 27. — *Le bois de Coué, commune de Seiches (Maine-et-Loire).*

Cratonus (Petrus), 18.
Creon, Croun (Gaufridus de). 47, 57, 77.
— (Mauricius de), 108.
Crispini (Goffridus), 57, 76.
Croun. V. Creon.

Crux (Sancta), festum Sancte Crucis, 90.
Cufardus (Girardus), 64.
Culturellis (Arnulfus de), miles, 28.

D

Da...... 64.
Daociis (Girardus de). V. Daulciis.
Daniel, 43.
Dathan, 75, 97, 101.
Daulciis, Daulcis, Daociis (Girardus de), 3, 42, 43, 46, 51, 54, 65, 68, 72, 74.
David, filius Gauterii de Meso David, 10.
— Rufus, 64.
Decius, consul, 36, 37.
Depiestatus (Guibertus), 63.
Diabolus (Andefredus), 25.
Dionisius (Beatus), 36
Dionisius, serviens [Josleni de Turonis], 28.

.....do, canonicus, 50.
Doado (Goffridus de), 69.
Doé (Hardoinus de), 97.
Dossé (Goscelinus de), 57.
Drachonis (Raginaudus), 58.
Dribo (?), 74.
Dubalam, Durbalam, Drubalam (Andreas), 47, 57, 77.
Durandus Bernin (?), 58.
— canonicus, 72.
— de Fossis, 102.
— pincerna, 109.
— Tortus, 63.
— vicarius, 63.
Durico (?) (Fulco de), 3.

E

Ebrardus, frater Haie, 36.
— Grenullia, 61.
Ebruinus, 63.
.....edus, 68.
Eliort, Eliorht. V. Heliort.
.....elupus, 25.
Emericus, pi[n]cerna, 109. — V. Haimericus.
Emsaudi (Simon), 12.
Engelbaldus, Engelbaudus, archiepiscopus Turonensis, 83.
— Robin, 54, 55.
— villanus, 104.
Engelgerius Blocus, 63.

Engraala, de Engrala, Engraalus (Gaufridus), monachus Sancti Nicholai [Andegavensis], 49.
Engreia, Engria (Goffridus de), capellanus Sancti Mauricii [Andegavensis], archipreshiter, 61, 104.
— (Goffridus de), canonicus Sancti Laudi, 75.
— monachus Sancti Albini [Andegavensis], 42.
Epluchard. V. Peluchardi (Alodium).
Erchenbaldus, equicerius, 102.

Ernaudus. V. Hernaudus.
Er.....ius, canonicus Sancti Laudi, 74.
Erraudus, canonicus Sancti Laudi, 30.
Escharboth (Odo d'), 60
Espalterii (Rainaldus), 13, 55.
Esterio (Albertus de), 63. — V. Hesterio.
Eudo, avunculus Goffridi Chaiphe, 55.
— Blanchardus, 75, 101.

— canonicus Sancti Laudi, sacerdos, 23, 24, 49, 50, 51, 61, 102.
— sacrista, 104.
Eugenius [III], papa, 67.
Eusebia, filia Raginaudi de Yreo, 60.
Eusebius Cesariensis, 37.
— [Bruno], episcopus Andegavensis, 59.
. ...evenus, prepositus, 74.
Evière (L'). V. Aquaria.

F

F..... (Garnerius), 74.
Faber (Johannes), 63.
Fabiarius (Hodo), 64.
Faciens Malum (Haimericus), 104.
Fegne, Fesne (Hamelin, Hamelinus de la), 47, 57, 76.
Fellus (Loellus), 53, 72.
Ferli (Lupellus), 105. (*Le même que le précédent.*)
Filgerio (Robertus de), 25.
Filipus. V. Philippus.
Foldenio (Sanctus Jacobus de), 111. — *L'Eglise de Saint-Jacques de Foudon (Maine-et-Loire).*
Folgere (Berteloth de), 30.
Foliosus, Foilliosus, Fuliosus, Follios (Foresta, nemus, boscus), 5, 14, 93, 112. — *Les bois du Fouilloux*. — V. Communalis foresta.
Fons Ebraudi, monasterium, ecclesia, 21, 22. — *L'Abbaye de Fontevraud (Maine-et-Loire).*
— moniales, sanctimoniales, 21, 22.

Fonteneio (Fromundus, Fronidus de), 47, 57, 77.
Fossas (Villa quam nominant), 35, 101, 108. — *Villa située dans la vallée de Fosse, commune de Saint-Jean-de-la-Croix (Maine-et-Loire).*
— homines de Fossis, 64.
Fossenses colliberti, 9.
Fossis (Durandus de), laicus, 102.
Foz (Gaufridus de), 70.
— (Goscelinus de), 77.
Fouilloux (Les bois du). V. Communalis, Foliosus.
Fraaldus, canonicus Sancti Laudi, 102.
Francorum rex (Ludovicus [VI]), 51 ; Ludovicus [VII], 52.
Freslo, Frislo, Frillo, canonicus Sancti Laudi, 23, 49.
— (Pascarius), 50.
— (Rainaldus), 18.
Frigida Bucca (Hubertus), 60.
Frigida Bucha, 23.
Frogerius Berlan, Borlandi, 51, 52.
— filius Petri, 10.

— frater Ingelbaudi de Saiaco, 9.
— Michaelis, 24.
Fromundus, Fronidus de Fonteneio, 47, 57, 77.
— de Ogis, 61.
— nepos Hamelini, filii Guischerii, 60.
Fulberti (Petrus) canonicus Sancti Martini [Andegavensis], 53.
Fulbertus Garnerii, 61.
— (Paganus), 18, 19.
Fulcardi, Fulcredi, Fulcredus (Gaufridus, Goffridus), senescalus [Andegavie], 13, 56, 102.
Fulcardus, 64.
— cementarius, 75.
Fulco [III], Nerra, Andegavorum comes, 6, 14, 32, 75.
Fulco [IV], comes, Andegavorum comes, Andecavensium comes, Andegavorum comes illustris, consul Andegavorum, nepos magni Gaufridi, 5, 6, 9, 11, 12, 13, 14, 23, 24, 25, 26, 55, 59, 60, 74, 87, 92, 93, 94, 97, 102.
Fulco [V], rex Jerusalem, Andegavorum comes; Fulconis filius, Andegavensium comes; adolescens, consulatum Andegavensem regens; adolescens, consulatum Andegavorum obtinens; Junior; Junior, Andegavensium comitatum obtinens; comes Andegavorum, Turonorum atque Cenomannorum, Jerosolime rex; rex Jerusalem et Andegavie comes, 2, 4, 5, 11, 12, 13, 18, 19, 20, 22, 25, 48, 51, 52, 68, 71, 94.
Fulco, abbas Oratorii, 82.
— camerarius, camerarius [Henrici, regis Anglie], 3, 65, 68, 94, 95, 105, 109, 110.
— de Candeio, 97.
— de Durico, 3.
— de Matefelono, 7.
— de Moliherna, 47, 57, 76.
Fulcoius, magister Fulcoius, capellanus Sancti Laudi et canonicus, 53, 54, 65, 72, 78.
— cellarius, cellerarius, 13, 24.
— fulconiarius, 69.
— monachus Sancti Nicholai [Andegavensis], 102.
Fulconius de Bugnonibus, 63.
Fulcredi. V. Fulcardi.
Fulgeius, canonicus Sancti Laudi, 46.
Fulgerus, 50.
Fulliosus. V. Foliosus.
Fulquerius de Calvomonte, 58.
Furseus (Sanctus), confessor, 36.

G

G....., 54, 57, 73.
— decanus Sancti Laudi, 26, 27, 54, 55, 57.
— (Magister), 27.
— Marcoisi, 25.
— Micawt, canonicus Sancti Laudi, 65.
— sacrista [Sancti Laudi], 55.
— thesaurarius [Sancti Mauricii Andegavensis], 51. V. Gaufridus.
Gabardus, famulus, 43.
Galganus, canonicus Sancti Laudi, 74. — V. Galvanus.
Gallerius, Gallerii (Guillelmus), 27, 31, 70. — V. Gauler.

— (Hugo), 108.
Gallia, 13, 18, 22, 25, 36, 39, 60, 67, 75, 101. — *La France*.
Galterius, Guaterius, 61.
— Gurmarus, 33, 106.
Galvanolus, canonicus Sancti Laudi, 69.
Galvanus, Galvenus, Gualvanus, canonicus Sancti Laudi, capellanus, 18, 23, 42, 43, 46, 50, 51, 65, 67, 69, 72, 73, 78. — V. Galganus.
— de Camilliaco, 69.
Ganguenon, 3.
Garinus, Guarinus, Varinus, Warinus, 69, 74. — V. Guerinus.
— capellanus, 47, 57, 77, 78.
— cellerarius [comitis Fulconis IV], 34, 35, 94, 95, 107.
— de Azeo, canonicus Sancti Laudi, 7, 8, 26, 60, 61, 75.
— de Chalein, de Chalen, canonicus Sancti Laudi, 43, 72.
— de Lescigné, 77.
— de Trevis, 97.
— frater Bernardi pelliparii, 47, 77.
— Loripes, 64.
— [pater Gaufridi monachi], 43.
— Polain, Polen, 47, 77.
— sacerdos, 30.
— sacerdos, sacerdos de Capella, 70.
— sacerdos de Chamberis, 68.
Garnerii (Fulbertus), 61.
Garnerius, archidiaconus, 61, 62.
— butellarius, 63.
— camerarius, 35.
— de Chamberiis, 55.
— de Platea, 47, 57, 77.
— F...., 74.
— (Raginaldus), camerarius, 6.

— Ras....., 63.
Garsilius de Bugnonio, miles, 52.
Gastellus (Gauterius), 64.
Gastinellus Arch...., 68.
Gau...., 30.
Gaudinus de Malicorna, 26, 75, 78.
Gaufridus, Gaufredus, Gofridus, Goffridus, 3, 43. — V. Godefredus.
— [I] Grisa Tunica, Andegavie comes, 99, 100, 101.
— [II] Martellus, Martellus magnus, comes, nobilissimus comes, comes inclitus Andegavorum, 6, 8, 9, 18, 20, 23, 24, 32, 35, 59, 74, 75. 87, 88, 94, 95, 96, 107, 108.
— [III] Barbatus, comes, consul Andegavorum, frater Fulconis comitis, 19, 59.
— [IV] *(seu Martellus secundus)*, 59, 60.
— [IV *vel* V] comes, comes Andegavorum, dux Normandie et comes Andegavie, dux Normannorum et comes Andegavorum, filius Fulconis bone memorie regis Jerusalem, 2, 30, 52, 67, 68, 71, 105.
— abbas Vindocinensis, 20.
— Almenardi, 60.
— archidiaconus, 51, 73.
— archipresbiter, 73.
— Bellus, 104.
— Belmoeu, capellanus Taventi, 58.
— Boschitus cognomento, forestarius [comitis Gaufridi Martelli], 34, 107.
— Caifas, Caiphas, Carfax, Chaiphas, Cayfas, Cayphas,

canonicus Sancti Laudi, clericus et capellanus comitis Fulconis [IV], 8, 13, 18, 23, 24, 55, 60, 61, 62, 75, 104.
— canonicus Sancti Laudi, 78.
— Chocus, 18.
— clericus, [frater Bertrandi Girorii], 44.
— Crispini, 57, 76.
— de...., 50.
— de Auverce, 47, 57, 77.
— de Camiliaco, monachus [Sancti Nicholai Andegavensis] 50.
— decanus Beati Laudi, 67.
— de Chamberiis, 77.
— de Clara Valle, dapifer [comitis Fulconis V], 12, 26.
— de Cloeriis, de Cleriis, miles, 52, 105.
— de Creon, 47, 57, 77.
— de Doado, 69.
— de Engrala, monachus Sancti Nicholai, 49. — V. Gaufridus Engraala.
— de Engreia, de Engria, capellanus Sancti Mauricii [Andegavensis], archipresbiter, 61, 104
— de Engria, canonicus Sancti Laudi, 75.
— de Engria, monachus Sancti Albini, 42.
— de Foz, 70.
— de [Intramis], 8.
— de Pochooneria, 53, 54.
— de Ramefort, de Rameforti, de Raimeforti, de Ramoforti, 42, 53, 77, 78, 79, 81, 82, 83, 84, 85, 105.
— de Ramoforti, [filius ejusdem], 79.

— de Restiniaco, canonicus Sancti Laudi, 8, 12.
— de Sancto Albino, 61.
— de Sancto Saturnino, archidiaconus Andegavensis, 42.
— Engraala, Engraalus, monachus Sancti Nicholai, 65. V. Gaufridus de Engrala.
— filius Garini, Gaurini, 18, 43.
— [filius Henrici, regis Anglie], 108, 110.
— filius Huberti de Chamberiis, 67.
— [filius Josleni de Turone], 23.
— filius Raginaudi de Yreo, 60, 61.
— foresterus, 68.
— Fulcardi, Fulcredi, Fulcredus, senescallus Andegavie, 13, 56, 102.
— Manerii, Manerius, canonicus Sancti Laudi, archipresbiter, 3, 28, 42, 43, 46, 51, 53, 54, 61, 65, 67, 69, 72, 74.
— Meduanensis, episcopus Andegavensis, 14, 26, 59, 92.
— [Musca], episcopus Andegavensis, 51, 72, 108.
— nepos defuncti Eudonis, canonici Sancti Laudi, 51, 52.
— nepos Goffridi Cayphe, nepos Cayfe, 18, 25, 61.
— nepos Goffridi Manerii, 61.
— Pertic...., 108.
— Pictavus, 64.
— sacrista, sacrista Sancti Laudi, 23, 60, 61.
— thesaurarius, 61.
— thesaurarius [Sancti Mauricii Andegavensis], 16, 51, 78.
— Turonensis, episcopus Andegavensis, 59.

— Valiardus, 64.
— vicarius, 67.
Gauler (Guillelmus), 30. V. Gallerius.
— (Hugo), 30.
Gaurarinus Becchemia, 44.
Gaurinus, 18.
— Lodunensis, 104.
Gausbertus. V. Gobertus, Josbertus.
Gauterius Balduinus (?), 10.
— de Campellis, 63.
— de Mesodavid, de Mansionibus David, 9, 10, 25.
— forestarius, 25.
— Gastellus, 64.
— Glacialis, 9, 10.
— Petelosus, 64.
— Viviani, 30.
Gena. V. Genna.
Genestellium, Genestolium, Genestulium, Genetellum, 34, 74, 75, 96, 100, 107. — *Genneteil, ancien nom du Port-Thibault et nom actuel d'une partie de cette localité, commune de Sainte-Gemmes-sur-Loire (Maine-et-Loire).*
Genna, Gena (Theobaldus de), 24, 61, 62.
Gerardus. V. Girardus.
Gerorius, canonicus Sancti Laudi, 78.
Gervasius, precentor Sancti Petri [Andegavensis (?)], 53.
— de Troee, 47, 57, 76.
Gilbergis de Te...., 64.
Gilbertus, Gillebertus, garde-robba, 108, 109, 110. V. Gislebertus.
Girardus, Giraldus, Giradus, 24.

— abbas Sancti Albini [Andegavensis], 20.
— Andefredi, 24.
— canonicus Sancti Laudi, 30, 78.
— cantor, 35, 95.
— cellerarius, 6, 35, 95.
— clericus, 63.
— Cufardus, 64.
— de Belloforti, canonicus Sancti Laudi, capellanus episcopi [Gaufridi Musce], 3, 30, 42, 51, 65, 68, 73, 74.
— decanus Sancti Laudi, 44, 57, 77, 111.
— de Daulcis, de Daulciis, de Daociis, canonicus Sancti Laudi, 3, 42, 43, 46, 51, 54, 65, 68, 72, 74.
— de Maliconia, 95.
— de Monteforti, canonicus Sancti Laudi, 53.
— (Magister), medicus, canonicus Sancti Laudi, 47, 57, 58, 77.
— notarius Josleni de Turonis, 28.
— Paganus, 24.
— Potet, 70.
— villicus, 60.
Girmundus, colonus terre de Chamberis, 7.
Girorii (Bertrandus), 44.
Gislebertus, monachus Sancti Jovini [de Marnis (?)], 78. V. Gilbertus.
Glacialis (Gauterius), 0, 10.
Gobertus, Gausbertus de Malliaco, dominus de Trevis, Gosbertus de Mariaco, 5, 106. V. Josbertus.
Godefredus, Goffredus, 64. V. Gaufridus.

— Ruffus, 63.
— sororius Raginaldi Ruffi, 49, 50.
— Tosé, 46.
Goffarius, 26.
Goffredus. V. Godefredus.
Goffridus. V. Gaufridus.
Gohardus, [homo Raginaudi Ruffi], 49, 50.
Golmadus, Gomaldus (Guillelmus), 18, 25.
Gondoinus, de hominibus Sancti Laudi, 30.
Gorhandus, corvisarius, 61.
Gorrannus, 65.
— canonicus, 105.
Gorron (Johannes de), 58.
Gorronis (Exartum, terra), 48.
— *Lieu dit (?) inconnu, situé aux environs de Saint-Léger-des-Bois (Maine-et-Loire).*
Gorronius, camerarius, 3, 68, 94, 95.
Gosbelinus, 64.
Gosberti (Mainerius, nepos), 75.
Gosbertus. V. Gobertus.
Goscelinus, Goslenus. V. Joscelinus.
— de Co...., 50.
— de Dossé, 57.
— de Foz, 77.
Gothia, Gozia, 7, 34, 76, 107, 111.
— *Gouis, section de la commune de Durtal (Maine-et-Loire).*
— barra Gozie, 46, 56, 76.
— boscus Gozie, 56, 76.
— terra Gozie, 56, 76.
— haie de Gozie, 46.
Gozia (Robertus de), 47, 57, 77.
Gracus, consul, 36.
Grado (Buchardus de), 60.
Gradulfi (.....), 50.

Gram (Johannes), 58.
— (Matheus), 58.
Graphionis (Radulfus), cantor [ecclesie Andegavensis], 78.
Graslap.... (Arraudus), 25.
Gregorius Turonensis, 36.
Greio (Radulphus de), 53.
Grenullia (Ebrardus), 61.
Grimellus, 64.
Griphanus, filius Galterii, 61.
Gualois, 70.
Gualvanus. V. Galvanus.
Guarinus. V. Garinus.
Guaterius Gurmarus. V. Galterius Gurmarus.
Guerinus, Guerrinus, 52, 53. V. Garinus.
— de Lescigné, 57.
Gueufredus, 60.
Guibertus Angelus, 64.
— Barbilon, 63.
— Depiestatus, 63.
— (Magister), 104.
— Portarius, 61.
Guido, Wido, canonicus Sancti Laudi, 69. V. Gurdo.
— de Atheuis, decanus Sancti Laudi, 5. — *V. le suivant.*
— decanus Sancti Laudi (*probablement le même que le précédent*), 92.
— de Lavalle, 108.
— filius Hugonis, 52.
— monachus Sancti Nicholai, 49.
Guillelmus, Guillermus, Willelmus, 50.
— abbas Sancti Florencii, 20.
— Adisolatus, 63.
— canonicus Sancti Laudi, 23, 49, 50.
- Carus, 43.
— Clavardus, 64.
— de Bargiaco, 50.

— de Blazone, 27, 28.
— de Cantorbia, 110.
— de Hostilliaco, garderoba, 68.
— de Maner....., senescallus Pictavie, 108.
— de Molinis, 22.
— de Ostille. de Ostilli. de Ostilleio, 30, 108, 109.
— de Passavanto, 43, 44, 61.
— [de Passavanto(?)] episcopus Cenomannensis, 84. V. *plus loin :* Guillelmus, episcopus Cenomannensis.
— de Rupe, 60.
— de Salmuro, de Salmurio, archidiaconus, 7, 104.
— de Serenis, [homo Raginaudi Ruffi], 49, 50.
— de Verneia, 44.
— episcopus Cenomannensis, episcopus Cenomannensis electus, 81, 82, 84.
— famulus, 102.
— famulus decani, 70.
— filius decani, canonicus Sancti Laudi, 30, 74.
— filius Haie, 63.
— [frater Mainardi], 25.
— frater Menerii, 60.
— Gallerius, Gauler, obedienciacus, canonicus Sancti Laudi, 27, 30, 31, 70.

— Golmaldus, Gomaldus, 18, 25,
— Longobardus, canonicus Sancti Laudi, 74.
— Lumbardus, decanus Sancti Laudi, 51.
— magister episcopi, 62.
— Manerii, canonicus Sancti Laudi, 50, 69.
— monachus, precentor Burgulii, 58.
— Musca, Muscha, 8, 104.
— nepos Mainerii, canonicus Sancti Laudi, 18.
— Potardus, canonicus [Sancti Mauricii Andegavensis(?)], 44.
— Restius, 64.
— sacrista [Sancti Laudi(?)], 50.
Guillissendi, 63.
Guilo, cementarius, 43.
Guischardi (Hamo), 59.
Guischardus, filius Hamonis Guischardi, 59.
Guischerius, 60.
Gulasoche (Benedictus), 64.
Gundraudus (Morinus), 63.
Gurdo (Magister), canonicus Sancti Laudi, 50. V. Guido.
Gurmarus (Galterius, Guaterius), 33, 106.

H

H....., abbas Sancti Nicholai [Andegavensis]. V. Herbertus.
Haia, 63.
Haiis (Odo de), 47, 57, 77.
Haimericus, Aimericus....., 30, 64. — V. Emericus.
— canonicus Sancti Laudi, 27.

— Collun, de Coorlum, 30, 47, 57, 77.
— d'Aver, 30.
— de Borgulio, canonicus Sancti Laudi, 30.
— de Boscheto, 30.
— de L....., canonicus Sancti Laudi, 55.

— de Rameforti, canonicus Sancti Mauricii [Andegavensis], 18.
— Faciens Malum cognominatus, 104.
— sacrista [Sancti Egidii de Viridario (?)], 43.
— Sequardi, 74.
Haimo, Hamo, presbiter, sacerdos, 27, 47, 57, 77.
— de Ruilliaco, 8.
— Guischardi, 59.
Halenodo, 104.
Haligon, piscator, 64.
Hamelin Ba ...., 30.
Hamelina, Amelina, abbatissa Beate Marie Caritatis, 64, 65.
Hamelinus, Hamelin, de la Fegne, de la Fesne, 47, 57, 76.
— de Troada, 25.
— filius Guischerii, 60.
Harbertus. V. Herbertus.
Hardoinus, Harduinus,
— Cecus, monachus Sancti Nicholai [Andegavensis], 102.
— de Doé, 97.
— de Monte Soriau, 63.
— de Sancto Medardo, miles [comitis Fulconis V], 12.
— filius Bernardis, 64.
— filius Hervei, 61.
— filius Theheldis de Trevis, nepos Gosberti de Malliaco, 5, 6.
Helias, Helyas, 43.
— canonicus Sancti Laudi, 51, 74.
— frater Goffridi, ducis Normannie, 67.
Heliort, Heliorth, Helihort, Elihort, Eliort, Eliorht, 25.
— de Troee, 30, 47, 57, 76.

Henricus [II], Anglie rex, tunc temporis Andegavim regens; rex Anglie et dux Normannice et Aquitanie et Andegavorum comes, 27, 30, 52, 106, 108, 109.
Herbertus, Harbertus, abbas Sancti Nicholai [Andegavensis], 64, 65.
— cellerarius, monachus Sancti Nicholai [Andegavensis], 49.
— de Boolez, 76. — V. Hubertus.
— de Vieriis, 13. — V. Hubertus.
— Ragot, 95. — V. Hubertus Ragotus.
Heritius, 103. — Le Hérisson, commune de Bouchemaine (Maine-et-Loire).
Hermengardis, comitissa soror comitis [Fulconis V], 12, 18.
Hernaudus, Ernaudus, de Alveriis, 30.
— salinerius, salnerius, 30, 70.
Hervei (Raherus), 45, 46.
Herveus, 61.
— Algardis, 49.
— calandarius, 63.
— Cantellus, 23.
— filius Viani, 61.
— frater [Chenu de Corzé], 70.
— frater Gaufridi de Ramoforti, 42.
— prior Beati Albini [Andegavensis], 42.
— Rocundellus, prepositus, 24.
Hesterio (Petrus de), 64. — V. Esterio.
Hieronimus, 37.
Hodo. V. Odo.
Hostiensis episcopus (Albericus), 81.
Hostilliaco, (Guillelmus de), 68. V. Ostille.

Hubertus, archidiaconus, 7, 75, 101.
— [avunculus Gaufridi de Clara Valle], 26.
— cantor [Sancti Mauricii Andegavensis], 62.
— de Boolez, 47, 57, 76. — V. Herbertus.
— de Ca....., 50.
— de Campania, miles, 25, 34, 46, 47, 75, 107.
— de Chamberiis, 66, 68.
— de Porta, 63.
— de Vieriis, 56. — V. Herbertus.
— filius Rainaldi Merlati, 60.
— Frigida Bucca, 60.
— Ragotus, 35. — V. Herbertus Ragot.
— [Vindocinensis], episcopus Andegavensis, 14.
Hugo,
— archiepiscopus Lugdunensis, legatus Sancte Sedis, 19.
— archiepiscopus Turonensis, 79, 80, 81, 82, 83, 84.
— archipresbiter, 87.
— canonicus Sancti Laudi, 10, 23, 24, 50, 63, 78, 88, 102.
— cardinalis diaconus Sancti Georgii ad Velum Aureum, 113.
— de Carnoto, Huo de Carnoto, canonicus Sancti Laudi, 3, 67, 68.

— de Matefelono, de Matafullone, filius Fulconis [de Matefelono], 7, 8, 60.
— de Poceio, de Pocheio, 13, 56, 65.
— de Sancto Albino, 43.
— de Sancto Petro, canonicus Sancti Laudi, 18, 23, 62, 75.
— de Sancto Victorio, 47, 57, 77.
— de Semblenzai, precentor [Sancti Mauricii Andegavensis], 51.
— de Soouria, canonicus Beati Martini Turonis, 68.
— Gauler, Gallerii, 30, 108.
— [Paganus], episcopus Cenomannensis, 84.
— [pater Guidonis], 53.
— Peluardus, 61.
— precentor [Sancti Mauricii Andegavensis], 73.
— Rigauldi, prepositus [comitis Fulconis V], 12.
— Ruffus, Rufus, canonicus Sancti Laudi, 54, 65, 68, 72.
— saginator, 64.
Huo, 3,
— de Carnoto, 3. — V. Hugo.
Hylaria, [uxor Gaufridi, filii Josleni de Turonis], 28.
Hylarius, abbas Burgullii, 58.
— sacerdos, canonicus Sancti Laudi, 50.

I

I..... (Magister), 86.
Imarus, episcopus Tusculanus, legatus Sancte Sedis, 81.
Ingelbaudus, [pater Boteri], 53.

— de Saiaco, 9.
Innocencius [II], papa, 82, 84.
Insula longa, 35, 101, 108. — *L'Ile-Longue ou l'Ile-aux-*

Chevaux, commune de S¹⁰-Gemmes-sur-Loire (Maine-et-Loire).
— Regis, 96. — *L'Ile-du-Roi ou l'Ile-Saint-Martin, accroissement réuni dans la suite à l'Ile-Longue.*
Insula (Aurricus de), 63.
— (Stephanus de), 46.
Intramis (Goffridus de), 8.
..... isard, 74.
Isembardus, 64.
— de Ulliaco, 30.
— (Magister), canonicus Sancti Laudi, 53. — V. Isembertus.
— senescallus, 51, 52.
Isembertus (Magister), canonicus Sancti Laudi, 42, 43, 54, 65, 67, 72. — V. Isembardus.
Isoradus, Isoredus de˙ Mumbasonio, de Montebasonis, 68, 105.
Israël, 35.

J

Jacobus, diaconus cardinalis Sancte Marie in Cosmedin, 113.
Jaguz. V. Pertusum Jaguz.
Jerusalem, 2, 5, 7.
— Jerusalem rex, Jerosolime rex, 2, 4, 52. 68, 71, 94. — V. Fulco [V].
Joelinus, 61.
Joffridus de Blazono, 23.
— de Vitreio, 22.
Johannes Baptista, beatus Johannes Baptista, sanctus Johannes Baptista ; festum, festa Nativitatis beati Johannis Baptiste, 20, 44, 52.
Johannes evangelista (Sanctus), 40.
Johannes, 107.
— abbas Oratorii, 58.
— abbas Sancti Nicholai [Andegavensis], 49, 50.
— cardinalis presbiter SS. Jo. et Pauli, tituli Pammachii, 113.
— clericus [Goffridi Martelli], 34, 107.
— de Changeio, de Chingeio, Johan de Chingeio, 47, 57, 77.
— de Gorron, 58.
— de Salisberio, 110.
— Faber, 63.
— filius Adeline, 63.
— filius Henrici regis Anglie, 109.
— Gram, 58.
— Peluart, Peloart, Piluardi, subsacrista ecclesie Sancti Laudi, 54, 55.
— Pigneon, Pignieon, Pignon, 16, 21.
— Pleedos, 70.
— Richeldis, 52.
— Rotunnardus, canonicus Sancti Laudi, 18.
Joius, subprior Sancti Nicholai [Andegavensis], 49.
Josbertus, 12. — V. Gobertus,
— capellanus, 35.
— de Malliaco, 33. — V. Gobertus.
— sacerdos et canonicus, prior ecclesie [de Chamberiis (?)], 24.
— Tenens Mentulam, 61.
Joscelinus. V. Goscelinus.

— de Campo Caprario, miles [comitis Fulconis V], 12.
— [filius Mauricii Roognardi], 12.
Joslenus de Turone, de Turonis, Turonensis, senescallus [Henrici, regis Anglie], 3, 27, 28. 45, 65.
Joviniaco (Robertus de), 104.
Jugellus, capellanus, 61.

Juliana, soror Johannis Piluardi, 55.
Julianus, beatus Julianus, sanctus Julianus, episcopus Cenomannensis, 35, 37.
— festum, 90.
— reliquie, mentum, 86, 98.
— solemnitas Transitus, 86.
Julianus de Villaguer, de Villa Guerre, 47, 57, 76.

K

Karadocus, frater Johannis, Piluardi, 55.

L

L...., decanus Sancti Laudi. V. Lambertus.
L.... (Haimericus de), 55.
Lacia, Lascia, Laszia (..... de), 30.
— (Radulfus de), 28, 47, 57, 77.
Laharde (Andreas), 50.
Lambertus, Landebertus, 61, 63.
— abbas Sancti Nicholai, 14, 92.
— canonicus Sancti Laudi, consanguineus Manerii et Guillelmi, nepotis Manerii, 18, 23.
— decanus Sancti Laudi, 70, 97.
— Fullo, 63.
— furnarius, 63.
— Radevinus, 10.
Landa (Mainardus de), 63.
Landricus, 63.
Lantauldis, uxor Andree, 63.
Laneria. V. Villa Lanaria.
Laszia. V. Lacia.
Lateranum, 113. — *Saint-Jean-de-Latran, à Rome.*

Laudus, beatus Laudus, sanctus Laudus, sanctus Lauthon, confessor, episcopus Abricatensis,
— corpus, 15, 33, 96, 100.
— festum, festa, solemnitas, 9, 43, 57, 76, 87, 92, 97.
Laurencius, archidiaconus, 36.
— Bachelot, 57, 58.
— de Valle, 63.
Lauthon. V. Laudus.
Lavalle (Guido de), 108.
— (Theobaudus de), 72.
Legardis de Loges, 28, 30.
Leonardus, decanus Sancti Laudi, 28, 30.
Leothbertus de Super Pontem, 22.
Lescigné (Guarinus, Guerinus de), 57, 77.
Letaldus, 35.
Letardi (Petrus), 47, 55, 57, 77.
Letardus Ruffus, 64.
Lethaudus, piscator, 64.

Lidi. V. Castrum Lidi.
Liger, Ligeris flumen, 23, 34, 62, 71, 88, 96, 101, 108, 112. — *La Loire*.
— molendina Ligeris, 62.
Lineriis (ecclesia de), 93, 112.
Lodunensis (Gaurinus), 104.
Loellus Fellus, 53, 72. V. Lupellus Ferli.
Logerius, molnarius, 64.
Loges (Legardis de), 28, 30.
Loherius, 43.
Longobardus, Lumbardus (Guillelmus', decanus Sancti Laudi, 51, 74.
Longum Boel (Boscus qui dicitur), 53. — *Bois dont la situation est inconnue*.
Loripes (Guarinus), 64.
— (Serviens), 18.
Losdunensis castellaria, castellum, territorium, 33, 106, 112. — *Loudun (Vienne)*.
Louroux (Le). V. Oratorium.

Loysis, filia Bigoti camerarii, 105.
Lucas, abbas Turpiniaci, 58.
— hospiciarius Sancti Albini [Andegavensis], 42.
— sacrista Sancti Albini [Andegavensis], 42.
— sacrista [Burgulii (?)], 58.
Ludovicus, Lodovicus [VI], rex Francorum, 13, 18, 22, 25, 51, 52.
— [VII], rex Francorum, 52, 67.
Lugdunensis archiepiscopus (Hugo), 19.
Lumbardus V. Longobardus.
Lupellus Ferli, 105. V. Loellus Fellus.
Lupellus (Locus qui dicitur), 35, 101, 108. — *Alloyau, prairie, commune d'Angers, en aval, sur la rive droite de la Maine*.
Luscus (Nicholaus), 43, 54, 65.

M

Maenerius. V. Mainerius.
Magister scolarum Sancti Mauricii [Andegavensis], (Vaslotus), 53, 69.
— Sancti Juliani [Cenomannensis] (Bulgericus), 53.
Mainardus, canonicus, 72.
— de Landa, 63.
— frater Guillelmi, 25.
Mainerius, Maenerius, Manerius, Menerius, canonicus Sancti Laudi, 7, 8, 18, 24, 43, 44, 60, 61.
— dapifer, 72.

— [frater Guillelmi], 60.
— nepos Gosberti, nepos domni Josberti, canonicus Sancti Laudi, 12, 75.
— de Sancto Laudo, canonicus [Sancti Mauricii Andegavensis], 44, 104.
— Odo, canonicus Sancti Laudi, 23.
Maini (Paganus frater), 104.
Maino Bachelot, 104.
Majus Monasterium, Sanctus Martinus Majoris Monasterii, Beatus Martinus Turonis,

19, 20, 43, 67, 68, 87. — *L'abbaye de Marmoutiers (Indre-et-Loire)*.
Mal.... (Paganus de), 25.
Mala Musca, cellerarius Beati Martini Turonis, 67.
Maletus, prepositus Turonis, 68.
Maliconia (Girardus de), 95.
Malicorna (Gaudinus de), 26, 75, 78.
Malliaço, Mariaco (Gobertus, Josbertus de), 5, 33, 106.
Maner ... (Guillermus de), senescallus Pictavie, 108.
Manerii, Manerius (Gaufridus), canonicus Sancti Laudi, 3, 28, 42, 43, 46, 51, 53, 54, 61, 65, 67, 69, 72, 74.
— (Guillelmus), 50, 69.
Manerius. V. Mainerius.
Mansionibus David, Mesodavid (Gauterius de), 9, 10, 25
— (David), filius ejus, 10.
Mapho (Aldebertus de), 59.
— (Christianus de), 59.
Marceium, 47. — *Marcé, canton de Seiches (Maine-et-Loire)*.
Marciaco (Stephanus de), senescallus [Andegavie], 30, 31, 46, 76, 109.
Marcoisi (G.....), 25.
Marculfus (Sanctus), 15.
Mares, Maresiis, Mareis (Parrochia, ecclesia de), 80, 93, 112. — *Saint-Jean-des-Marais (Maine-et-Loire)*.
Maria (Balbus), 64.
Maria (Sancta), Sancte Marie festivitas, 53.
Mariaco (Gosbertus de). V. Malliaco.

Marmoutiers. V. Majus Monasterium.
Marnardus, hortolanus, 63.
Marnis. V. Sanctus Jovinus de Marnis.
Marquerii (Haie), 48, 49. — *Lieu dit (?), dans le voisinage de Saint Léger - des - Bois (Maine-et Loire)*.
Marquerius, laicus, 104.
Martellus. V. Gaufridus [II] Martellus.
Martigneio (Briencius de), 65.
Martiniacensis, de Martiniaco (Raginaudus). V. Raginaldus.
Martinus (Beatus), hyemalis festum beati Martini, 40
Martinus (Magister), capellanus, 58.
— Borrellus, 9, 10.
— de...., 63
— [gener Rainaldi], 26.
— Rex, 64.
— serviens [Josleni de Turonis], 28.
— Zusca, 63.
Matefelono, Matafullone (Fulco de), 7.
— (Hugo de), 7, 8, 60.
Matheus de Asneriis, 47, 57, 76.
— de Calvomonte, canonicus Sancti Laudi, 58.
— frater Johannis Gram, 58.
— vicarius, 47, 57, 77.
Matilda, imperatrix, [uxor comitis Gaufridi IV], 30.
Mauricius (Sanctus), festa sancti Mauricii, 58.
Mauricius, 74.
— Bucengrinus, 61.
— de Croun, 108.
— monachus Sancti Nicholai, 49, 50.

— Roognardus, [miles comitis Fulconis V], 12.
Maurilius (Sanctus), festa sancti Maurilii, 73.
Meduana, flumen Meduane, 33, 106, 112. *La Maine.*
Meduanensis (Gaufridus), episcopus Andegavensis, 14, 26, 59, 92.
Meingui, miles, 54.
Menerius. V. Mainerius.
Merallo (Albertus de), 18.
Merlatus (Calvellus), 61.
— (Rainaldus), 60.
Mesodavid. V. Mansionibus David.
Micawt (G....), 65.
Michael (Sanctus), festa sancti Michaelis, 54.
Michaelis (Frogerius), 24.
Mieta, Miete (Simon), 47, 57, 76.
Milo, pelliparius, 19.
Moleriis (Berengarius de), 103, 104.
Moliherna (Fulco de), 47, 57, 76.
Molinis (Guillelmus de), 22.
Mons Daocelli (Pars silve Chamberiaci que dicitur), Mons Daoucelli, 24. — *Mondoucieux, commune de la Chapelle-Saint-Laud (Maine-et-Loire).*
Monsterolo (Albinus de), 61.
Montebasonis, Mumbasonio (Isoradus, Isoredus de), 68, 105.
Monteforti (Girardus de), 53.
— (Rotoldus de), 98.
Monte Rebelli (Normannus de), 59, 61.
Monte Sieberti (Petrus de), 21.
Monte Sorello (Stephanus de), 51.
Monte Soriau (Harduinus de), 63.
Morinus (Gundraudus), 63.
Mumbasonio (Isoredus de). V. Montebasonis (Isoradus de).
Murai (Villa que dicitur), 33, 107. — *Les Meurs (?) (Vienne).*
Musca, Muscha (Guillelmus, Guillermus), 8, 104. V. Mala Musca *et* Gaufridus.
Mussus (Odolinus), 64.

N

N....., filius Salomonis de Sablodio, 8.
— servus, 17.
Nannetensis episcopus (Robertus), 108.
Natalis, abbas Sancti Nicholai, 20, 102.
Nicholaus (Sanctus) : festum sancti Nicholai, beati Nicholai estivalis festum, hiemalis festum, 52, 90.
Nicholaus, 74.
— Luscus, 43, 54, 65.
Niellus, filius Babini, 60.
Normannia : ducatum Normannie, 65 ; dux Normannie, Normannorum, 2, 52, 65, 67, 105, 106, 108, 109.
Normannus, archidiaconus, 43.
— [Normagnus, Normanus], decanus Sancti Laudi, 3, 46, 53, 54, 69, 72, 78, 95.
— de Monte Rebelli, 59, 60, 61.

— [de Doué], episcopus Andegavensis, 67, 82, 83.
Noue *(Chapelle de la)*, 105.

Novavilla (Oliverus de), 53.
Novum Burgum. V. Burgum Novum.

O

Obertus de Balneio, canonicus Sancti Mauricii [Andegavensis], 18.
Odo, 50.
— cellarius, 72.
— de Alencé, 57, 77.
— de Aquaria, canonicus Sancti Laudi, 24.
— de Haiis, 47, 57, 77.
— de Sancto Florencio, canonicus Sancti Laudi, 18, 61, 75.
— de Sarmasiis, 47, 57, 76.
— d'Escharboth, 60.
— Fabiarius, 64.
— (Mainerius), 23.
— Pictavensis, 61.
Odolinus Bassacunta, 63.
— Mussus, 64.
..... ogerius, [testis Gaufridi de Pochooneria], 54.
Ogis (Fromundus de), 61.

Oiscia, 72.
Oliverus de Novavilla, 53.
— filius Samuelis, nepos Raginaudi de Yreo, 53, 60, 61, 72.
Omnes Sancti, abbatia, 80, 81.
— *L'abbaye de Toussaint, à Angers.*
Onglée *(L')*. V. Angularia.
Oratorium, 57, 58, 82, 83. — *L'abbaye du Louroux (Maine-et-Loire).*
Ossanna, cellaria [Beate Marie Caritatis], 72.
Ostille, Ostilli, Ostilleio (Guillelmus de), 30, 108, 109.
— (Robertus de), 30. — V. Hostilliaco.
Otbertus, canonicus [Sancti Mauricii (?)], 44.
Ouveldus, episcopus Cenomannensis, 20.

P

P. (?), episcopus Cenomannensis, 84.
Paganus, canonicus Sancti Laudi, 69.
— Bubulus, 61.
— Carum Tempus, 22.
— de Chaumont, 47, 57, 77.
— de Mal....., 25.
— de Vallibus, 47, 57, 77.
— de Vegg...., 103.
— filius Frigide Buche, canonicus Sancti Laudi, 23.

— [frater Barboti], 49.
— frater Maini, 104.
— Fulbertus, 18, 19.
— (Girardus), 24.
— Simia, 68.
Pagonus, refectorarius, 49.
Paltu (Terra de). V. Spaltum.
Palude (Stephanus de), 58.
Pammachii (Titulus), 113.
Papalore (Andreas), 64.
Pascalis, Pascasius [II]. papa, 13, 18, 22, 25, 60, 75, 101.

Pascalis, canonicus Sancti Laudi, 49.
Pascarius Freslo, canonicus Sancti Laudi, 50.
Pascasius. V. Pascalis.
Passavanto (Guillelmus de), 43, 44, 61.
— (Guillelmus de), episcopus Cenomannensis, 84.
Paulini. V. Turris Paulini.
Paulus (Sanctus, Beatus), 2, 22, 40, 89, 113.
Pelafutu (Aubert), 63.
Pelefutu, 63.
Pelerinus de Cochia, 70.
Peloart. V. Peluardus.
Pelochinus de Bello Monte, 78.
Peluardus, Peluart, Piluard, Piluardi, Peloart (Hugo), 61.
— (Johannes), 54, 55.
Peluchardi (Alodium), 33, 101, 106. — *Épluchard, commune d'Angers.*
Pepinus. V. Pipinus.
Perignes (Molendina et exclusa de), 28, 111. — *Prignes, moulins sur le Loir, dépendant des communes de Baracé et de Seiches (Maine-et-Loire).*
Perrellus, 68.
Pertic.... (Gauffridus), 108.
Pertusum Jaguz, 48, 49. — *Le Pertus-Chailloux, hameau, commune de Saint-Léger-des-Bois (Maine-et-Loire).*
Petelosus (Gauterius), 64.
Petronilla, abbatissa Fontis Ebraudi, 23.
— decana [Beate Marie Caritatis], 72.
Petrus (Sanctus, Beatus), 2, 22, 111, 113.

Petrus Brito, canonicus Sancti Laudi, 3, 28, 51, 74.
— ...., canonicus Sancti Laudi *(peut-être le même que le précédent)*, 30.
— cardinalis presbiter tituli Sancte Susanne, 113.
— Cratonus, canonicus Sancti Martini [Andegavensis], 18.
— de Campo Caprarum, 75.
— de Hesterio, 64.
— de Monte Sieberti, 21.
— de Rupe, 56, 57, 76.
— [filius Mauricii Roognardi], 12.
— filius Pagani Fulberti, puer Sancti Laudi, 18.
— Fulberti, canonicus Sancti Martini [Andegavensis], 53.
— Letardi, canonicus Sancti Laudi, 47, 55, 57, 77.
— (Magister), 68.
— monachus Sancti Nicholai [Andegavensis], 49.
— [pater Frogerii], 10.
— Pichon, 63.
— Rubeus Calvus, 75.
Philipus [I], rex Francorum, 25, 60, 75.
Philipus Angelardi, 74.
— decanus Beati Martini [Andegavensis], et canonicus Sancti Laudi, 58.
— decanus Cenomannensis, 73.
— de Pozia, miles, 31.
— de Turre, 58.
Pichon (Petrus), 63.
Picoisus (Rainaldus), 18, 61.
Pictavensis episcopus, 85.
— Odo, 61.
Pictavie senescallus (Guillermus de Maner....), 108.
Pictavus (Gaufridus), 64.

Pierre-Aigue. V. Rupes Acuta.
Pierre-Couleoreuse (La). V. Colubraria rupes.
Pierre-Bécherelle (La). V. Rupes Becherella.
Pignon, Pigneon (Johannes), 16, 21.
Pignonaria, Pignonneria, terra, 21. — *La Pignonnière, commune de Saint-Barthélemy (Maine-et-Loire).*
Piluardi, Piluart. V. Peluardus.
Pipinus, Pepinus, 50, 63, 97.
— de Turonis, de Turone, Turonensis, 3, 68, 105.
— prefectus, 45.
— prepositus, 52. 65, 69, 72.
Piscis de Super Pontem, 25.
Plano (?) (Terra de), 100.
Plaoncoe, 75.
Platea (Garnerius de), 47, 57, 77.
Plaxicium Grammatici, 16. — *Le Plessis-Grammoire (Maine-et-Loire).*
Pleedos (Johannes), 70.
Plessiaci (Dominus), 48, 49.
Plessiacum, 50. — *Le Plessis....*(?) *(Maine-et-Loire).*
Plessis-Grammoire (Le). V. Plaxicium Grammatici.

Poceio, Pocheio (Hugo de), 13, 56, 65.
Pochooneria (Gaufridus de), dominus Pochoonerie, 53, 54.
Polain, Polen (Guarinus), 47. 77.
Pons Andegavensis, 45.
— Sigei, 33, 106. — *Les Ponts-de-Cé (Maine-et-Loire).*
Porrage, 70
Porta (Hubertus de), 63.
Portarius (Guibertus), 61.
Portus Theobaldi, Portus Theobaudi, villa, 8. 41, 42, 79, 96, 112. — *Le Port-Thibault, village, commune de Sainte-Gemmes-sur-Loire (Maine-et-Loire).*
Potardus (Guillelmus), 44.
Potet (Girardus), 70.
Pozie, 30, 31, 112. — *La Pouèze (Maine-et-Loire).*
Pozia (Philipus de), 31.
Précigné. V. Priciniacus.
Priciniacus, 105, 109, 110 — *Précigné (Maine-et-Loire).*
Prignes. V. Perignes.
Primaldus, frater Atrei, 60.
Primoldus, abbas Sancti Albini [Andegavensis], 15.

Q

Qualis hora est (Rainaldus), 23.
Quarterius, 43.

Queus, frater Berlai, 60.

R

R. ..., 25, 74.
Ra....., archidiaconus Beati Mauricii [Andegavensis]. V. Raginaldus.

— [fidelis R. Burgundionis], 8.
Radevinus (Lambertus), 10.
Radulfus, Radulphus, archidiaconus [Andegavensis], 69.

- canonicus Sancti Laudi, sacerdos, 18, 24, 50, 61, 72
- capellanus, 75, 101.
- de Greio, 53.
- de Lacia, de Lascia, de Laszia, 28, 30, 47, 57, 77.
- de Rupe, 46, 47, 56, 57, 76.
- de Sancto Hilario, canonicus Sancti Laudi, 23, 75.
- filius Stephani, 109.
- frater Gauterii Glacialis, subvicarius ejusdem, 9, 10.
- Graphionis, cantor [Andegavensis ecclesie], 78.
- servus, 18.
- vicecomes, 42.

Raginaldus, Raginaudus, Ragnaldus, Raignaldus, Rainaldus, Rainaudus, Regnaldus, 74.
- [Rainaudus] Addobatus, 63.
- [Rainaldus], archidiaconus Sancti Mauricii [Andegavensis], 87.
- [Raginaudus] Bachelot, Bacheloti, 58.
- [Rainaudus] Bastardus, 60.
- [Raginaldus, Rainaldus] Burgundio, 8, 96, 99, 100, 101.
- [Raginaldus], camerarius, 35.
- [Rainaldus] Capero, 63.
- [Raginaudus], clericus, 27.
- [Rainaudus], cliens canonicorum [Sancti Laudi], 26.
- [Raginaudus] Cosin, famulus [Sancti Laudi], 50.
- [Rainaldus] de Castrogonterii, 2.
- [Raginaldus, Raginaudus, Raignaldus, Rainaldus, Regnaldus], de Martiniaco, Martiniacensis, episcopus, Andegavorum episcopus, Andegavorum presul, qui postea factus est Remorum archiepiscopus, 7, 13, 15, 18, 22, 25, 43, 44, 48, 51, 59, 62, 75, 101, 104.
- [Raginaldus] de Sartrino, laicus, 49, 50.
- [Raginaldus] de Vo, 109.
- [Raignaldus, Rainaldus] de Yreo, 59, 60, 61.
- [Raginaudus] Drachonis, 58.
- episcopus Andegavensis. V. Raginaldus de Martiniaco.
- [Rainaldus] Espalterii, 13, 55
- [Ragnaldus], famulus Gaufridi de Sancto Saturnino, archidiaconi, 43.
- [Rainaldus] Frislo, canonicus Sancti Laudi, 18.
- [Raginaldus] Garnerius, camerarius, 6.
- [Raginaldus] (Magister), 36.
- [Rainaldus] Merlatus, 60.
- [Raignaldus], pater Roberti, 16, 44.
- [Rainaldus] Picoisus, 18, 61.
- [Rainaldus], psalterarius, [monachus Sancti Nicholai Andegavensis], 65.
- [Rainaldus] Qualis hora est, 23.
- [Raginaldus, Raginaudus, Rainaldus], Rufus, Ruffus, Plessiaci dominus, 3, 48, 49, 50, 95.

Ragot, Ragotus (Hubertus, Harbertus), 35, 95.
- (Robertus), 50.
Raherus Hervei, Augardis filius, 45, 46.
Raignaldus, Rainaldus, Rainaudus. V. Raginaldus.

Rainsendis, 60.
Ramefort, Ramoforti (Gaufridus de), 42, 53, 77, 79, 81, 82, 83, 84, 85, 105.
— (Gaufridus), filius ejusdem, 79.
— (Haimericus de), 18.
Rannulfus, 63.
Ras.... (Garnerius), 63.
Redonensis episcopus (Stephanus), 108.
Regnaldus. V. Raginaldus.
Rembertus, pistor, 64.
Remondus Sancti ....., 98.
Remorum archiepiscopus (Raginaldus de Martiniaco), 48.
Renardus. V. Raginaldus.
Restas...., 63.
Restiniaci (Ulgerus, prepositus), 68.
Restiniaco (Gaufridus de), 8, 12.
Restius (Guillelmus), 64.
Rex (Bernardus), 64.
— (Martinus), 64.
Ricardus, Richardus, decanus [Sancti Mauricii Andegavensis], 78.
— de Valle, 7.
— de Sancto Quintino, 60.
— famulus Sancte Marie [Caritatis], 104.
— filius [Henrici, regis Anglie], 108, 110.
— frater episcopi [Raignaldi Martiniacensis], 60.
Richeldis (Johannes), 52.
Rigauldi [Hugo], prepositus, 12.
Ro...., [fidelis Raginaldi Burgundionis], 8.
Robertus, 60.
— Allobrogus, Burgundio, 26, 32, 35, 75, 95.
— Berlandi, 52.
— canonicus Sancti Laudi, 18, 23.
— de Bisaio, monachus Sancti Nicholai [Andegavensis], 49.
— de Blouo, 22.
— de Filgerio, 25.
— de Gozia, 47, 57, 77.
— de Joviniaco, 104.
— de Ostille, 30.
— de Sableio, 78.
— de Vallibus, 51, 52.
— episcopus Nannetensis, 108.
— filius Raignaldi, 16, 44.
— frater Raginaldi de Sartrino, 50.
— monachus Sancti Nicholai [Andegavensis], 102.
— prepositus, 32, 35.
— Ragot, testis [Raginaldi Ruffi], 50.
— Romarius, 9, 10.
— Ronni, 63.
Robetus, 43.
Robin (Engelbaudus), 54, 55.
Robinus, avunculus Loysis, filie Bigoti camerarii, 105.
— filius Milonis, pelliparii, 19.
— gener Turpini, 43.
Roche-Aigue. V. Rupes Acuta.
Rochaforti (Adam de), 69.
Rochiaforti (Clarenbaudus de), 102.
Rocundellus (Herveus), 24.
Rollandi (Batholomeus), pretor Andegavis, 58.
Roma, 2, 85.
— ecclesia Romana, 113.
Romarius (Robertus), 9, 10.
Ronceray (Le). V. Sancta Maria Caritatis.

Ronni (Robertus), 63.
Roognardi (Asalon), 69.
Roognardus (Mauricius), 12.
— filii ejus: Joscelinus et Petrus, 12.
Rorgré de Sacé, 47, 57, 77.
Rorguinus, 9, 10.
Rotaldus canonicus Sancti Laudi, sacerdos, 18, 61.
— de Vitreio, canonicus [Sancti Mauricii Andegavensis(?)], 44.
Rotoldus de Monte Forti, [frater thesaurarii Cenomannensis], 98.
Rotunnardus (Johannes), 18.
Rubeus Calvus (Petrus), 75.
Rufus, Ruffus, archidiaconus [Andegavensis], 78.
— (David), 64.
— (Godefredus), 63.
— (Hugo), 54, 65, 68, 72.
— (Letardus), 64.
— (Raginaldus, Raginaudus, Rainaldus), 3, 48, 49, 50, 95.
Ruilliaco (Hamo de), 8.
Rumpharius (Sanctus), 15.
Rupe (Guillelmus de), 60.
— (Petrus de), 56, 57, 76.
— (Radulfus de), 46, 47, 56, 57, 76.
— (Theobaudus de), 47, 57, 76.

Rupes Acuta, 96. — *Roche-Aiguë ou Pierre-Aiguë, hameau, commune de Sainte-Gemmes-sur-Loire (Maine-et-Loire). Une pierre y indiquait la limite des droits du chapitre de Saint-Laud, en amont, dans les eaux de la Loire.*
— Becherella, Becherela, 34, 94, 107. — *La Pierre-Bécherelle, rocher, commune de Savennières (Maine-et-Loire), sur le bord de la Loire, à 500 mètres en aval de La Pointe. Elle servait de limite au fief du chapitre de Saint-Laud.*
— Colubraria, 34, 94, 107. — *Pierre-Couleuvreuse, autrement la Pierre-Serpente, commune de Bouchemaine (Maine-et-Loire). Elle formait la limite des garennes et pêcheries du Chapitre.*
Rusebouc, Ruseboc, 23, 113. — *Rusebouc, ancien nom du village de La Pointe, commune de Bouchemaine (Maine-et-Loire).*
— exclusa de Rusebouc, 9.

S

Sableio (Robertus de), 78.
Sablodio (Salomon de), 8.
Sacé (Rorgre de), 47, 57, 77.
Saconneriis (Parrochia de), 95.
— *Lisez :* Saponneriis, Savennières *(Maine-et-Loire).*
Saiaco (Ingelbaudus de), 9.

Saint-Jean-des-Marais. V. Mares.
Salisberio (Johannes de), 110.
Salmurio, Salmuro (Borrellus de), 12.
— (Guillelmus, Guillermus de), archidiaconus, 7, 104.

Salomon de Sablodio, 8.
Samuel [pater Oliveri], 53, 60, 72.
— patruus Hugonis de Matefelono, 7.
Sancada (Bernardus), 43.
Sancta Gemma, terra, 33, 101, 106. — *Sainte-Gemmes-sur-Loire (Maine-et-Loire)*.
Sancta Genovepha. V. Beata Genovepha.
Sancta Maria, Beata Maria, Beata Maria Caritatis, de Caritate, 10, 24. — *L'abbaye du Ronceray, à Angers*.
— abbatissa, 71.
— burgus, 11.
— ecclesia, 64, 65, 71, 72.
— famuli, 104.
— homines, 11.
— molendina, 11.
— moniales, sanctimoniales, 9, 11, 88, 103.
Sancta Maria de Chamberiis, 111. — *L'église Notre-Dame de Chambiers*.
Sancta Maria in Cosmedin, 113. — *L'église de Sainte-Marie in Cosmedin, à Rome*.
Sancta Maria Nova, 2. — *L'église de Sainte-Marie-Nouvelle, à Rome*.
Sancta Pudencia, 113. — *L'église de Sainte-Pudentienne, à Rome*.
Sancta Susanna, 113. — *L'église Sainte-Suzanne, à Rome*.
Sancta Trinitas, 61.
Sancti Cosmus et Damianus, 93. — *L'église de Saint-Côme et de Saint-Damien, à Rome*.
Sancti.... (Raimondus), 98.

Sancti Laudi (Capella). V. Capella Sancti Laudi.
Sancti Laudi (Auduinus), 49.
Sancto Albino (Goffridus de), 61.
— (Hugo de), 43.
Sancto Florencio (Odo de), 18, 61, 75.
Sancto Hilario (Radulfus de), 23, 75.
Sancto Laudo (Mainerius de), 44, 104.
Sancto Medardo (Hardoinus de), miles [comitis Fulconis V], 12.
Sancto Petro (Hugo de), 18, 23, 62, 75.
Sancto Quintino (Richardus de), 60.
Sancto Saturnino (Gaufridus de), 42.
Sancto Victorio (Hugo de), 47, 57, 77.
Sanctus Adrianus, 113. — *L'église de Saint-Adrien, à Rome*.
Sanctus Anianus, 13, 55, 56. — *L'église de Saint-Aignan, à Angers*.
Sanctus Albinus, 43, 103, 109, 110. — *L'abbaye de Saint-Aubin, à Angers*.
— abbas Sancti Albini : Primoldus, 15 ; Girardus, 20.
— aqua Sancti Albini [in Ligeri], 33, 106.
— monachi, 103.
Sanctus Bartholomeus, Sanctus Bartholomeus de Verreria, 15, 112. — *Saint-Barthélemy (Maine-et-Loire)*.
Sanctus Clemens, parrochia, 31. — *Saint-Clément de-la-Place (Maine-et-Loire)*.
Sanctus Egidius, capella, 111. — *Chapelle de Saint-Gilles, si-*

tuée dans la commune de Durtal ou, peut-être, dans celle de Baracé (Maine-et-Loire).
Sanctus Egidius de Viridario, 43, 86. — *Saint-Gilles-du-Verger, plus tard Saint-Éloi, à Angers. Prieuré et chapelle dépendant de Marmoutiers.*
Sanctus Florencius, abbatia, cenobium, 20. — *L'abbaye de Saint-Florent-le-Vieil (Maine-et-Loire).*
Sanctus Georgius ad Velum Aureum, 113. — *L'église de Saint-Georges-au-Vélabre, à Rome.*
Sanctus Jacobus de Foldenio, 111. — *L'église Saint-Jacques de Foudon (Maine-et-Loire).*
Sanctus Johannes, 109.
Sanctus Jovinus, Sanctus Jovinus de Marnis, 73, 78. — *L'abbaye de Saint-Jouin-de-Marnes (Deux-Sèvres).*
— abbas, 73.
— monachi, 73, 85.
Sanctus Julianus Cenomannensis, 98. — *L'église de Saint-Julien, au Mans.*
Sanctus Lambertus, 49. — *Saint-Lambert-la-Potherie (Maine-et-Loire).*
Sanctus Laudus, Beatus Laudus Andegavensis, 5, 10, 34, 51, 57, 61, 77, 88, 98, 113. — *Saint-Laud, à Angers.*
— altare [Beati Laudi], 55.
— altare Beate Marie in cripta, 65.
— aqua Sancti Laudi, 68.
— armarium, 61.
— burgus, 11.

— canonici, capitulum, conventus, 1, 4, 5, et *passim*.
— claustrum, 12, 18, 43, 46.
— clerici, 3, 30.
— decanus, 1, 26, 27, 28, 30, 44, 46, 51, 54, 57, 67, 69, 77, 78, 86, 92, 95, 97, 98, 111.
— ecclesia, capella Beati Laudi confessoris, 3, 6, 8, et *passim*.
— homines Sancti Laudi, cultores terre Sancti Laudi, 7, 11, 30, 45.
— molendina, 11.
Sanctus Leodegarius, 49. — *Saint-Léger-des-Bois (Maine-et-Loire).*
Sanctus Magnobodus : canonici, 103. — *Saint-Maimbeuf, à Angers.*
Sanctus Martinus [Andegavensis] : capitulum, canonici, ecclesia, 18, 39, 40, 41, 53, 58. — *L'église et le chapitre de Saint-Martin, à Angers.*
Sanctus Martinus Majoris Monasterii, Sanctus Martinus Turonis. V. Beatus Martinus Turonis *et* Majus Monasterium.
Sanctus Mauricius, 61. — *L'église de Saint-Maurice, cathédrale d'Angers.*
— archidiaconus, 87.
— canonici, 16, 18, 103.
— claustrum, 42.
— curia, 44.
— decanus (Ricardus), 78.
— ecclesia, 13, 73.
— magister scolarum (Vaslotus), 53.
— thesaurarius (Goffridus), 15, 16 ; (G.), 51.
Sanctus Maurilius : canonici, 80,

103. — *L'église de Saint-Maurille, à Angers.*
Sanctus Nicholaus. — *L'abbaye de Saint-Nicolas, à Angers.*
— abbas, 91, 92 ; (Lambertus), 14 ; (Natalis), 20 ; (Herbertus), 65.
— capitulum, conventus, 49, 50, 51, 90, 91, 92, 93.
— ecclesia, 48, 64, 89, 91, 93.
— monachi, 5, 14, 49, 90, 92.
Sanctus Petrus, 20. — *Le Saint-Siège.*
Sanctus Petrus, 2. — *Saint-Pierre de Rome.*
Sanctus Petrus : canonici, 103.
— *L'église de Saint-Pierre, à Angers.*
Sanctus Salvator, 59. — *Saint-Sauveur (?) (Maine-et-Loire).*
Sanctus Sergius, Sancti Sergius et Bachus. — *L'abbaye de Saint-Serge, à Angers.*
— abbas, 20.
— monachi, 16.
— servientes, 16.
Sanctus Silvinus, ecclesia, 15.
— *Saint-Silvain (Maine-et-Loire).*
Sanctus Simphorianus, ecclesia, 34, 107, 112. — *L'église de Saint-Symphorien de Bouchemaine (Maine-et-Loire).*
Sanctus Theodorus, 113. — *L'église de Saint-Théodore, à Rome.*
Sanctonis, Santonis (Achardus de), 13, 56.
Sarmasiis (Odo de), 47, 57, 76.
Sartrino (Raginaldus de), laicus, 49, 50.
Savonariis (Bernardus de), 22.
Scarabeo (Achardus de), 22.

Scolarum magister. V. Bulgericus, Vaslotus.
Se...., 63.
Segré. V. Castrum Secreti.
Semblenzai (Hugo de), precentor [Sancti Mauricii Andegavensis], 51.
Sequardi (Aimericus), 74.
Serenis (Barbotus de), 16
— (Guillelmus de), 49, 58.
Serviens Loripes, 18.
Siebrannius, Sigebrannus Comestabula, Comestabuli, 13, 56.
Sigebrannus Aremberti, 60.
Sigei (Pons). V. Pons Sigei.
Simia (Paganus), 68.
Simon, canonicus, 105.
— de Castillione, 65.
— Emsaudi, miles comitis [Fulconis V], 12.
— frater Girardi, 24.
— Mieta, Miete, 47, 57, 76.
Sixtus [II], papa, 36.
Sodannus Babilonie, 5.
Soouria (Hugo de), 68.
Spaltum, Paltum, 100, 101, 108.
— *L'Espau, commune de Ste-Gemmes-sur-Loire (Maine-et-Loire).*
Stabuli (Uxor), 63.
Stephanus, 109.
— archidiaconus, 73.
— cantor [Sancti Mauricii Andegavensis], 22.
— cardinalis, legatus Romane Sedis, 19.
— de Continniaco, 7.
— de Insula, 46.
— de Marciaco, senescallus Andegavie, 30, 31, 46, 76, 109.
— de Monte Sorello, archidiaconus, 51.

— de Palude (Magister), advocatus Sancti Laudi, 58.
— episcopus Redonensis, 108.
— filius Alburgis, 63.
— [filius Radulfi de Lacia], 28.
— senescallus. V. Stephanus de Marciaco.
— Vron.... (?), senescallus Andegavie, 108.

Super Pontem (Leothbertus de), 22.
— (Piscis de), 25.
— (Turpinus de), 68.
Supplicia, 64.
Symphorianus (Sanctus), martyr, 107.

T

....tard, 74.
Taventum, 58. — *Tavant (Indre-et-Loire)*.
Te.... (Gilbergis de), 64.
Tebertus, prepositus Sancte Marie [Caritatis], 24.
Tenens Mentulam (Josbertus), 61.
Tenkesberio (Alanus de), 110.
THAU EBOREUM, 4, 5.
Thehelda de Trevis, soror Gosberti de Malliaco, 5, 6.
Theobaldus, Theobaudus, Thebaldus Aurelianensis, Aurelianis, consanguineus [Goffridi Martelli], 8, 33, 35, 95, 96, 100, 106, 108.
— Brito, de hominibus Sancti Laudi, 30.
— de Brezé, 69, 70.
— de Briencio, 57, 76.
— de Gena, de Genna, sacerdos, canonicus Sancti Laudi, 24, 61, 62.
— de Lavalle, canonicus Sancti Laudi, 72.
— de Rupe, de Ruppe, 47, 57, 76.
— filius Hugonis de Matefelono et Adelene, 7.
— [Thebaldus] (Magister), canonicus Sancti Laudi, 53.

— molnarius, 63.
Theobert de Briencio, 47.
Thomas, capellanus Sancti Laudi, 53, 72, 105.
Ti....ono, 50.
Torti (Uxor Durandi), 63.
Tosé (Goffredus), 46.
Tours. V. Turonis.
Trajanus, 37.
Trevis (Dominus de), 5, 6.
— (Thehelda de), 5, 6.
— (Varinus de), 97.
Trio, 34, 107. — *Triou, commune d'Angliers (Vienne)*.
Troada, Troée (Hamelinus de), 25.
— (Gervasius de), 47, 57, 76.
— (Eliorth, Heliorth de), 30, 47, 57, 76.
Turonensis archiepiscopus (Hugo), 79, 80, 81, 82, 84; (Engelbaudus), 83.
— ecclesia, 19.
Turonensis, de Turone, de Turonis (Joslenus), 3, 27, 28, 45, 65.
— (Goffridus), episcopus Andegavensis, 59.
— (Pipinus), 3, 68, 105.
Turonis. — *Tours (Indre-et-Loire)*.
— Turonorum comes, 51.

— prepositus, 68.
Turpiniacum, 57, 58. — *L'abbaye de Turpenay (Indre-et-Loire)*.
Turpinus, 43, 65.
— de Super Pontem, 68.
— vicarius, 72.

Turre (Philipus de), 58.
Turris Paulini (Piscatura), 44. — *Localité inconnue*.
Tusculanus episcopus (Imarus), 81.
Tusculum, 2. — *Tusculum, évêché d'Italie*.

U

U...., decanus Sancti Laudi, 86.
Ulliaco (Isembardus de), 30.
Ungularia. V. Angularia.
Urbanus [II], papa, 19.
Ulgerius, Ulgerus, archidiaconus [Andegavensis], 104.
— episcopus Andegavensis, Andegavensis dictus episcopus, 68, 81, 82, 83, 84, 85, 87.
— piscator, 63.
— prepositus Restiniaci, 68.
Urso de Calvono, de Carvono, miles, 34, 75, 107.

V

V., filius.. de Clara Vallibus, 79.
Valaius, cocus, 72.
Valerianus, consul, 36.
Valiardus (Gaufridus), 64.
Valle (Laurencius de), 63.
— (Ricardus de), 7.
Valleia, 34, 107. — *La Vallée, commune de Sammarçolles (?) (Vienne)*.
Vallibus (Paganus de), 47, 57, 77.
— (Robertus de), 51, 52.
— (Clara). V. Clara Vallibus.
Varinus. V. Garinus.
Vasletus, Vaslotus, magister scolarum Sancti Mauricii [Andegavensis], 53, 69.
— quem Goffridus [III], filius comitis, posuerat custodem Castri Secreti, 59.
Vaslinus, 63.
Vegg... (Paganus de), 108.
Vendeleis, pistor, 72.

Verneia (Guillelmus de), 44.
Verno (Baudoinus de), 62.
Verreria. V. Vitraria.
Via. V. Callis.
— que tendit ab urbe [Andegavi] ad Plaxitium Grammatici, 16. — *Le chemin d'Angers au Plessis-Grammoire*.
— que separat parrochiam de Pozia, a mortario de Clare usque ad parrochiam Sancti Clementis, 31.
Vianus, 61.
Vieriis (Hubertus, Herbertus de), 13, 56.
Vigolendis, 72.
Villaguer, Villa Guerre (Julianus de), 47, 57, 76.
Villa Lanaria, Villa Laneria, 93, 102. — *Villenière, commune de Beaucouzé (Maine-et-Loire)*.

Vindocinensis monasterium. — *L'abbaye de la Trinité de Vendôme.*
— abbas (Gaufridus), 20.
Vinrai. V. Murai.
Virgulto (Bernardus de), 63.
Viridario. V. Sanctus Egidius de Viridario.
Virleta (Alelmus de), 43.
Vitraria, Vitrearia, Vitreia, Verreria, foresta, feodum de Verreriis, 15, 16, 22, 33, 52, 86, 101, 106, 112. — *Verrières, ancienne forêt dont partie a formé la paroisse de Saint-Barthélemy (Maine-et-Loire).*
Vitreio (Joffridus de), 22.
— (Rotaldus de), 44.
Viviani (Gauterius), 30.
Vo (Raginaldus de), 109.
Vron... (?) (Stephanus), senescallus Andegavie, 108.
Vuingaloius (Beatus), ossa beati Vuingaloii, 98.

W

Warinus. V. Garinus.
Wido. V. Guido.
Willelmus, Willermus. V. Guillelmus.

Y

Yreo (Raignaldus, Rainaldus de), 59, 60, 61.

Z

Zusca (Martinus), 63.

TABLEAU CHRONOLOGIQUE DES DOCUMENTS

Dates	Numéros	Dates	Numéros
1009 (10 juil.)	79.	Vers 1129-1142	38.
1er tiers du xie siècle	26.	Apr. 1131.	3.
		Vers 1134-1143	57.
Vers 1027-1036	12.	1141 (n s.) (14 février)	52.
Vers 1047-1060	6, 25, 76.		
Vers 1060 1070	75.	Vers 1142.	60, 66.
Vers 1069	4.	Vers 1142-1147	61.
Vers 1069-1096	80.	Vers 1144-1149	2.
Vers 1080	77.	1145	48.
Apr. 1082.	81.	1149.	50.
1094 (24 juin)	16.	1150 (9 sept.)	49.
Vers 1096-1101	11, 74.	Vers 1150	32, 33, 39, 62, 83.
1099 (13 avril)	20.		
1100 (8 juillet)	18.	Vers 1150-1153	63, 64.
Vers 1100	7, 10, 41.	1156 (21 fév.)	58, 59, 67.
xiie siècle	27.	1160	22.
Vers 1102-1124	30.	Vers 1160	28, 54.
1103 (11 juillet)	44.	Vers 1162-1177	53.
1103 (17 août)	45.	Vers 1162-1189	35.
1104 (8 juin)	55.	1164.	39.
1108.	72.	1172 (17 avril)	1.
1109 (14 avril)	9.	1174.	23.
1109 (21 juin)	19.	Vers 1175.	21, 29, 40, 42, 51, 56, 84.
Vers 1109-1115	13.		
Vers 1110	8.	1176.	24.
1111.	5.	1178 (8 juillet)	87.
1112 (28 sept.)	15.	Vers 1180.	85, 86.
Vers 1115	82.	Vers 1190	31.
1116 (28 juin)	17.	Vers 1191-1198	43.
Vers 1124	65, 68, 70.	S. d.	14, 46, 47, 69, 73, 78.
1125.	36.		

LA VIE DE SAINT SILVESTRE

ET

L'INVENTION DE LA SAINTE CROIX

Poème français du XIIe siècle

Peu de temps après la publication de l'article de M. Léopold Delisle que nous avons en partie reproduit dans notre introduction, M. Paul Meyer en rendait compte en quelques lignes dans la *Romania*, t. XXVIII (1899), p. 150 : « Le poème, disait-il, doit avoir été composé à Saint-Laud même, où on possédait un morceau de la Vraie Croix ; il mériterait d'être publié comme texte de langue. » Dans le fascicule suivant (p. 280-286), M. Meyer s'est attaché de plus près à l'étude du poème et nous en a donné une appréciation qui peut nous dispenser de toute autre préface. Aussi la reproduisons-nous ci-dessous, presque en entier, avec quelques additions en notes :

« LA VIE DE SAINT SILVESTRE EN VERS FRANÇAIS. — M. L. Delisle vient de donner, dans la *Bibliothèque de l'École des chartes*, LIX, 533 et suiv., la notice détaillée d'un manuscrit appartenant actuellement à M. le marquis de Villoutreys, conservé jusqu'au siècle dernier à l'abbaye (1)

---

(1) Lisez : à la collégiale.

de Saint-Laud d'Angers, qui renferme, en ses quatorze premiers feuillets, un poème dont on ne connaît pas d'autre exemplaire et au sujet duquel j'ai quelques remarques à présenter. Ce poème n'est sûrement pas antérieur aux dernières années du xii⁰ siècle ; l'écriture du ms. appartient au commencement du xiii⁰. Au haut du premier feuillet se lisent ces mots : *De l'Invention de la sainte † de Nostre Seigneur*, écrits, ainsi que M. Delisle l'a remarqué, de la main du président Fauchet (1). Ce titre, on le verra tout à l'heure, n'est pas entièrement exact. Mais disons tout de suite que, si le ms. vient seulement d'être remis en lumière, le poème français qu'il renferme ne nous était pas entièrement inconnu, car Fauchet en avait transcrit une centaine de vers dans un recueil de notes actuellement conservé au Vatican et décrit, il y a dix ans, par M. Ernest Langlois (*en note :* Dans ses *Notices des mss. français et provençaux de Rome, antérieurs au xvi⁰ siècle*, qui forment la seconde partie du t. XXXIII des *Notices et extraits des manuscrits*, p. 38). A vrai dire, ces extraits ne permettaient pas de se rendre compte du sujet traité, qui m'avait paru avoir rapport aux reliques de Charroux (*en note :* Voir *Romania*, XIX, 310), ce qui n'est point exact. La publication des notes de Fauchet, due à M. Langlois, ne perd pas son intérêt, comme on pourrait le croire, depuis la découverte du manuscrit que le savant président avait étudié à la fin du xvi⁰ siècle. En effet, le ms. était alors en meilleur état que maintenant et en quelques endroits les extraits conservés par Fauchet correspondent à des feuillets qui sont actuellement mutilés. Le livre de M. de Villoutreys a beaucoup souffert de la négligence de ses possesseurs. Il est, dans la marge inférieure, détérioré par l'humidité, ailleurs rongé par la dent des rats. Le bas des deux premiers feuillets, où se trouve le commencement du poème, a disparu, de sorte qu'il est

---

(1) Claude Fauchet, premier président de la Chambre des monnaies, historiographe de France (1529-1601).

désormais impossible d'en donner une édition complète.

. . . .

« Ce poème n'est autre chose que la paraphrase de la légende latine de saint Silvestre, dont voici, en quelques lignes, le résumé. Constantin persécutait les chrétiens : l'évêque de la ville de Rome avait dû se retirer, avec ses clercs, sur le mont Soracte. En châtiment de sa conduite, Constantin fut atteint de la lèpre. Les prêtres des idoles lui conseillèrent de se baigner dans le sang de jeunes enfants (on sait qu'on a bien d'autres exemples de cette croyance superstitieuse). On réunit jusqu'à trois mille enfants, qu'on se préparait à égorger pour remplir de leur sang la piscine dans laquelle l'empereur devait se baigner, lorsque celui-ci fut ému de compassion à la vue des mères qui, tout en larmes et échevelées, se précipitaient au devant de lui. Il fit arrêter son char, prononça un discours plein de sentiments philosophiques et humanitaires, déclarant qu'il aimait mieux mourir que recouvrer la santé au prix de la mort de tant d'innocents, d'autant plus, ajoutait-il sagement, qu'il n'était même pas très assuré d'obtenir sa guérison par ce moyen. La nuit suivante, saint Pierre et saint Paul lui apparurent et lui firent savoir que Jésus Christ avait eu pitié de lui et lui donnerait un moyen de recouvrer la santé : Constantin devait faire appeler Silvestre, qui se cachait dans les montagnes, et celui-ci lui indiquerait une piscine d'où l'empereur sortirait guéri après s'y être baigné trois fois ; puis il se convertirait au christianisme et détruirait les idoles. L'empereur se conforma à cet avis. Il se fit baptiser et fut aussitôt guéri. Silvestre devint le chef de tous les évêques et Constantin travailla de ses mains à la construction d'une basilique (*en note :* Cette légende a été analysée par M. Graf (*Roma nella memoria et nelle imaginazini del medio evo*, II, 81 et suiv.), d'après Jacques de Varazze, ignorant probablement que nous possédons un récit plus ancien qui est la source même utilisée par l'auteur de la *Legenda aurea*. Du reste, tout ce que dit M. Graf à ce sujet est extrêmement confus). A cette légende qui se rencontre en de nombreux manuscrits, depuis le x⁰ siècle au moins, et qui a été imprimée dans le tome II du *Sanctuarium* de Mombritius, est joint, en certains manuscrits, un abrégé du récit de l'invention de la sainte croix. C'est le cas, par exemple, du ms. Bibl. nat. latin 5301 (x⁰ siècle), où cet abrégé commence au folio 324.

« Il est vraisemblable que le versificateur français a eu sous les yeux un manuscrit de ce genre, et c'est ce qui explique que Fauchet ait pu écrire en tête du manuscrit : *De l'invention de la sainte croix*. Mais le vrai titre serait : *Légende ou vie de saint Silvestre* (1) ».

« Je vais transcrire le début du poème . . . .

« Mais d'abord je donnerai la partie correspondante du texte latin, d'après Mombritius, afin qu'on puisse voir avec quelle liberté le versificateur a traité sa matière. Les numéros des vers placés de temps en temps entre parenthèses faciliteront la comparaison des deux textes :

In illo tempore exiit edictum ut Christiani ad sacrificandum idolis cogerentur; unde factum est ut, secedens ab Urbe sanctus Sylvester, Sirapti (*Soracte*) latibulo cum suis se clericis collocaret. Constantinus autem Augustus, monarchiam tenens, cum plurimas

---

(1) M. Meyer est revenu depuis sur cette opinion. Après une étude plus approfondie du poème, il estime que le véritable titre doit être *Invention de la sainte croix* ou quelque chose d'approchant. Le commencement du poème est bien pris de la légende de saint Silvestre, mais la suite, depuis le v. 593, est tirée d'un apocryphe intitulé : *Inventio sanctæ Crucis*, ou *Acta sancti Cyriaci*, dont une édition (qui est la reproduction littérale, avec toutes ses fautes, d'un ms. en onciales) a été donnée par M. Alfred Holder (Lipsiæ, Teutner, 1889). Le texte un peu différent, au fond identique, était déjà dans les Bollandistes, à la date du 4 mai. Quant à ce qui concerne la vie de saint Silvestre, nous ne pouvons que nous reporter à la *Legenda aurea* de Jacques de Varazze, les Bollandistes nous faisant défaut sur ce point. — Note d'après des renseignements donnés par M. Meyer.

strages de Christianis dedisset, et innumerabilem populum per omnes provincias fecisset variis pœnarum generibus interfici, elefantiæ a Deo lepra in toto corpore percussus est (72). Huic cum diversa magorum et medicorum agmina subvenire non potuissent, pontifices Capitolii hoc dederunt consilium debere piscinam fieri in ipso Capitolio (112) quæ puerorum sanguine repleretur, in quam, calido ac fumante sanguine, nudus descendens Augustus mox posset a vulnere illius lepræ mundari. Missum est igitur et de rebus fisci vel patrimonii regis ad tria millia et eo amplius adducti ad urbem Romam pontificibus traditi sunt Capitolii. Die autem constituto, egrediente imperatore Constantino palatium, ad hoc eundi ad Capitolium, ut sanguis innoxius funderetur, occurrit multitudo mulierum, quæ omnes, resolutis crinibus nudatisque pectoribus dantes hulutatus et mugitus coram eo se in plateis fundentes lachrymas straverunt. Percunctatus itaque Constantinus Augustus qua de causa multitudo hæc mulierum ista faceret, didicit has matres esse filiorum earum quorum effundendus erat sanguis, tandiu quousque piscina repleretur, in qua, medendi causa, lavandus descenderet et sanandus. Tunc imperator exhorruit facinus et se tantorum criminum reum fore apud Deum existimans quantorum esset numerus puerorum, vicit crudelitatem pontificum pietas Romani imperii, et prorumpens in lachrymis jussit stare carrucam, et erigens se ac convocans universos clara voce dixit : « Audite me comites et commilitones et omnes populi qui astatis : « Romani imperii dignitas de fonte nascitur pietatis. Cur ergo « præponam salutem meam saluti populi innocentis ? Nunc autem « ab effusione innoxii sanguinis sententiam crudelitatis excludam. « Melius est enim pro salute innocentum mori quam per interitum « eorum vitam recuperare crudelem. . . . .
. . . . »
Et hæc dicens iter quod arripuerat eundi ad Capitolium deserens, ad palatium rediit. Non solum autem filios reddidit, verum etiam dona simul amplissima et vehicula infinita et annonas jussit expendi, ut quæ flentes venerant et lugentes, ad patriam alienam alacres cum gaudio ad civitates suas reverterentur. Hac igitur transacta die, nocturno regis facto silentio, somni tempus advenit. Et ecce adsunt apostoli sancti, Petrus cum Paulo, dicentes : « Nos sumus Petrus et Paulus. Quoniam flagitiis terminum posuisti et sanguinis innocentis effusionem horruisti, missi sumus a Christo

Jhesu domino nostro dare tibi sanitatis recuperandæ consilium (264). Audi ergo monita nostra, et omnia fac quæcumque tibi indicamus. Sylvester episcopus civitatis Romæ ad montem Sirapti persecutiones tuas fugiens, in cavernis petrarum cum suis clericis latebram fovet. Hunc cum ad te adduxeris, ipse tibi piscinam pietatis ostendet, in quam dum te tertio merserit, omnis te itas deseret lepræ valitudo, quod dum factum fuerit, hanc vicissitudinem tuo Salvatori compensa (1) »............................

A la suite de ce texte, M. Meyer a publié avec des notes les 121 premiers vers du poème, puis quatre vers conservés par Fauchet, et enfin les vers 257 à 308. D'autre part, M. Delisle avait reproduit les 36 derniers.

« Lorsque le texte entier aura été mis au jour, ajoute M. Meyer, on pourra lui consacrer une étude linguistique qui ne sera pas sans intérêt. Présentement, je me bornerai à présenter deux ou trois remarques. La versification n'a pas le caractère d'une grande ancienneté : il arrive très souvent qu'une phrase se termine avec le premier vers d'une paire ; voy. v. 7, 11, 35, 39, 41, 55, 69, 77, 85, etc. L'auteur rime avec soin. Il recherche les rimes féminines (qui sont par définition *léonines*). Dans les rimes masculines, il associe autant que possible des mots où la consonne qui précède la voyelle finale est la même : *ave[i]r-saveir* 15 16, *fust* (subst.) *fust* (verbe) 19 20, *dampné-né* 21-22, *entendez-rendez* 47-8, etc. La langue est celle de l'ouest : le latin $\bar{e}$, $\breve{\imath}$ donne *ei*, quelquefois *e* (aver 15) : *espleite* 13, *saveir* 16, *mei* 37, *quei* 38, etc. A

---

(1) L'étude de ces textes était indispensable pour la compréhension du poème, mais les fragments cités par M. Meyer nous ont semblé suffisants comme point de comparaison pour le lecteur. Aussi avons-nous jugé qu'il était inutile de reproduire tout le morceau, non plus que le texte des *Acta sancti Cyriaci*. D'ailleurs, le poète anonyme a dû exploiter d'autres sources que la Légende de saint Silvestre et l'*Inventio sanctæ crucis*. Il donne des faits, vers la fin, que l'Inventio ne connaît pas, par exemple la fondation d'un couvent de religieuses (v. 1388 et suiv.). — Note d'après les renseignements donnés par M. Meyer.

noter *ei* pour *ai* : *feit* 7, 16, *entreseit* 8, *eime* 34 ; d'autre part, *ei* est aussi employé pour *ui,* (primitivement *uei*) ou *uei* : *ei* (hodie, *ui*) 259, *peisse (puisse)* 265, *peis (puis)* 305, *veil (vueil)* 43, *feil (fueil)* 44. Notons qu'aux vers 53 4 les rimes *reneit-teneit* associent deux imparfaits qui, d'ordinaire, ne riment pas ensemble dans les textes de l'ouest. Mais, si le poème a été copié dans la région angevine, rien ne prouve qu'il y ait été composé (1). »

D'après les remarques qui précèdent, il sera possible de juger quels développements pourrait entraîner une étude complète du poème. Nous n'avons pas l'intention de l'entreprendre ici et nous nous bornerons à en donner le texte. Encore devons-nous au respect de la vérité de déclarer que ce travail est plutôt l'œuvre de M. Meyer que la nôtre. M. Meyer a bien voulu, non seulement revoir nos épreuves, mais aussi rétablir les formes exactes de certains termes, restituer des passages défigurés ou disparus, noter les concordances avec les textes hagiographiques et y joindre des annotations. C'est à lui que nous devons, en un mot, de pouvoir publier un texte correct, autant qu'il est possible de le faire dans l'état actuel du manuscrit. Que notre ancien maître veuille donc bien recevoir l'expression de notre profonde gratitude.

Il nous reste à spécifier l'emploi des signes et des caractères dont nous allons nous servir : 1° Les lettres ou les mots en italiques représentent ce qui manque par suite du mauvais état du texte ; ce qui manque par la faute du copiste, dans les endroits où le manuscrit n'est pas endommagé, est restitué entre crochets carrés ; 2° La conjonction *et* étant figurée dans le manuscrit sous trois formes différentes, nous avons respecté, autant que possible, ces diverses notations et transcrit *e* quand il y avait un *e* simple, et *et* lorsque le copiste avait écrit soit *et,* en toutes

(1) Le texte est bien de l'Anjou ou des environs.

lettres, soit la ligature &. De même pour *com* ou *con* employé soit comme conjonction, soit comme préfixe, ainsi que pour d'autres termes, nous nous sommes toujours rapproché le plus possible de la forme adoptée par le copiste.

   Qui de cuer i voldra entendre *(fol. 1)*
   Bien porra oïr e aprendre
   Que quanque l'en feit hui en terre,
4 *Se* n'est por l'amor Deu conquerre,
   *E*st tot perdu, quar a la mort
   N'i trove nus autre confort
   Se le bien non que il a feit.
8 E sache chescons entreseit
   Que ce que il feit en sa vie
   Trove a la fin senz plus d'aïe :
   N'i vaut richece ne lignages.
12 Por ce vos di qu'il feit que sages
   Qui en sa vie espleite tant
   Qu'en la fin e*it* Deu a garant ;
   Meis a garant no poet aveir
16 Se il n'a feit ta*nt* de saveir
   Que ce que Dex a*ime* e te*nt* chier.
   Eit bien ser . . . .
   E meïment le digne fust
20 Ou Dex fut mis, quar, s'il ne fust,
   Sanz fin eriont tuit dampné
   Cil qui d'Eve e d'Adan sunt né ;
   Ce sont tuit cil qui ore sunt
24 E qui furent e qui seront.
   Mès Dex, par la saintisme croiz,
   Nos geta toz du parfont poiz
   Ou enclos avoit ses amis
28 . . . .

26-27. Vers rétablis d'après Fauchet.

. . . .
. . . .
. . . .
32 . . . .
    Qui de tot son pocir n'enore,   *(b)*
    Sert e tient chier, eime e aore
    Ce qui a sauvé tot le monde.
36 De buen penser e de cuer monde.
    Entendez ça trestuit vers mei :
    Si orreiz quoment e par quei
    La seintisme croiz fut trovée.
40 Merveille grant e esprovée
    I porreiz aprendre e oïr.
    Après, si Dex me dont joïr
    De ce que je plus aim e veil,
44 Porreiz oïr ou derren feil
    De l'essaucement le miracle
    Qui ja avint au tens Eracle.
    Or feites peiz, si m'entendez ;
48 Cuer e orelles me rendez.

    Ce nos con*te* la veire estoire
    Qu'an . . . nt, a cel tempoire
    Que li amis Deu seint Selvestre
52 Ert de Rome apoistoire e mestre,
    Que Costentins adonc reneit
    Qui de tot le monde teneit
    Enz en sa mein la seignorie,
56 N'en sereit hui la desme oïe,
    Ne l'en ne vos porreit pas dire
    Ne la dolor ne *le* marti*re*,
    Les ang*oisses* ne le contreire
60 Que cist Costentins s . . ser. . re

---

33. Première leçon, corrigée en interligne, *nen cure*. — 36. Première leçon, corrigée, *bien*.

A ceus qui Damedé *amoent*,
Ne qui par . . ser. . .
Quar. . . . . cro . .
64 N . . . .
Tantost com il esteit trovez   (c)
Que a la mort ne fust livrez.
N'i aveit iglese remese,
68 Que il n'eüst fondue e rese,
Tant par hacit crestïenté.
Mès Dex, qui en tel orfenté
Ne voleit pas les suens tenir,
72 Sempres a feit un mal venir
Si grant sor le cors Costentin
Que, dès le chief jusqu'en la fin,
Esteit mesiaus si finement
76 Que, se ceste estoire ne ment,
Nus plus misaus ne poeit estre.
E l'apostoire seint Selvestre,
Qui conseillier ne se saveit,
80 De la poor que il aveit,
O les suens s'en esteit foïz
Joste Rome en un pleseïz
Qui estoit a un païsant.
84 Que vos iree ge disant?
Em l'empereor n'ot qu'irestre.
Boen fisicïen ne boen mestre
Ne pot l'en trover près ne long
88 Qui ne venist a cest beso[n]g,
Quar ceste chose ert mout greveine.
Que, quant plus i meteient peine,
Si nus (?) est qui veir vos en die,
92 P*lus* engrejot sa maladie.

---

61. Ce vers, devenu en partie illisible, est cité par Fauchet. — 67-73 et 81-83 cités par Fauchet. — 83. Première leçon, corrigée, *estiet*.

Ne saveit mès conseil de sei
E . . . evesques de . . . . . ei
V . . . . ui . . . . oire
96 . . . . oire
S'en vienent a l'empereor   *(d)*
Qui mout ert en grant effreor
De ce que garir ne poeit.
100 « Sire, font se il, orendreit
« Avon entre nos conseil pris
« De vos garir, ce nos est vis,
« Se vos creez nostre conseil.
104 — « Seignors, fet s'il, mout me merveil
« Que tel parole m'aveiz dite.
« Si vil chose ne si despite
« Ne porreit estre en nule guise
108 « Que ne face, par tel devise
« Que ge certeinement seüsse
« Que par ce garir en peüsse.
— « Oiez, font s'il, la medicine :
112 « Ou Capitoire est la pecine
« Qui de chaut sanc iert tote pleine ;
« E ceste chose est mout certeine :
« Tantost com i sereiz bagniez
116 « E des dous braz un poi sagniez,
« Qu'autresi sereiz seins e saus
« Com au jor que vos prist li maus. »

Quant l'emperere l'a oï,
120 Dedenz son cuer s'en esjoï,
Qui fut liez de cest covenant
. . . .
. . . .
124 . . . .
. . . .
. . . .
. . . .
128 . . . .

Manque le feuillet 2, soit les vers 129 à 255, dont six nous ont été conservés par Fauchet :

Altresi com toz esbahis (fol. 2, a)
S'est l'empereres arestez...

Més por les barons se pena (b)
De semblant fere, alques joiant...

Celles ont joie et bonne estance (d)
Qui devant si se dementoient...

  Ainz li ont dit par grant amor :   *(fol. 3)*
  « Emperere, par la dolçor
  « Que tu as ei des enfenz fete,
260 « Une parole t'iert retrete
  « Que Deus, nostre sire, te mande.
  « Il le velt et si le conmande
  « Que tu de ceste enfermeté
264 « Soies briement par lui gité ;
  « E coment ce peisse avenir,
  « Fei un suen home a tei venir
  « Que l'en par non cleime Selvestre,
268 « E cil t'enseignera tot l'estre
  « Com tu vendras a garison.
  « Près est d'ici, ce te dison ;
  « Joste Rome est en un cortil,
272 « Tapiz chiés un prodome. » Et cil
  Qui Dé ement Nostre Seignor
  Demore n'i o[n]t fet greignor,
  Li apostre, meis entrenant
276 S'esvanoïrent mentenant.

  Quant l'empurere s'esveilla,
  Poez saveir grant merveille a
  De ce qu'a veü e oï ;
280 Nonporquant molt s'en esjoï,
  Quar molt par a grant volenté
  De retorner en sa santé.

259. *Ei* pour *ui* (aujourd'hui) ; cf. *peisse* pour *puisse*, v. 265.

```
          . . . . . . s que ne se liet
284       . . . . . . ls dom il li siet
          . . . . . . . . . . . . . . .
          . . . . . . . . . . . . . . .
          . . . . . . . . . . . . . .
288       . . . . . . . . . . . . . .
```
   Li chevalier meintenant movent. (b)
   Al lui sont venu, et si trovent
   Seint Sovestre entre ses amis.
292 A genoiz s'iert li bons hom mis,
   Quar nule ore d'oreison fere
   Ne se savoit tenir ne tere.
   Cil qui venu sont li ont dit
296 Qu'alt orendreit seinz contredit,
   O ses cliers, a l'empereor.
   S'il en ont eü effreor
   Ne fet mie a esmerveillier.
300 « Seignor, fet s'il, apareillier
   « Nos devons tuit a cest martire,
   « Kar en cest jor Dés, nostre sire,
   « Le grant guerredon nos velt rendre.
304 « Alon nos en seinz plus atendre,
   « Peis qu'ensi le vuelt Nostre Sire.
   « Si livron nos cors a martire
   « A sa volenté, por celui
308 « Qui por nos ot si grant ennui
   « En la croiz o il fut penez. »
   Li chevalier les ont menez
   La plus droite voie qu'il sorent,
312 E alançois qu'il onques porent
   A lor seignor sont revenuz.
   L'emperere ne s'est tenuz
   Que, tantost com il a veü
316 Cials qui venent, a coneü

---

305. Vers ajouté en marge. — 307. Vers ajouté en marge.

Li quels d'els esteit *seinz* *S*ovestre
. . nos . . a lu . . . . . . po . . . estre
. . . . saluer avertiz (?) . . . . . .
320 . . . .
Ce por quei il l'aveit mandé. *(c)*
A seint Sovestre a demandé
Que, por le Dé o il se fie,
324 Li die que ce senefle
Que il aveit veü la nuit.
Mès, por ce qu'i ne vos ennuit
De recorder tante parole,
328 La vision qui n'est pas fole
Li a dite de chief en chief :
« Emperere, ne vos seit grief,
« Fet li seinz huem, quar, se Dé plest
332 « De qui toz biens abonde et nest,
« La verité savreiz ja tote
« De ce dom estes en tel dote.

« Emperere, li dui prodome
336 « Qui vos vindrent en vostre some,
« Ce sont apostre Jhesu Crist
« Que Deus lessa en terre et mist
« Por essaucier crestïenté
340 « Qui par vos a toz jorz esté
« Destruite et morte et confondue,
« Tante bele iglise fondue,
« Tant crestïens morz a dolor.
344 « Mès neporquant, por la dolçor
« Que des petiz enfanz feïstes
« Quant le duel des meres veïstes,
« Se vos mon conseil en creez,
348 « Do malage que vous veez
« Qui a [si] sorpris vostre cors,
« Se . . . .

« . . . .
352 « *Si vos mostreré la pecine*
« Qui garist pechiez et malages. »   (d)
E l'emperere como sages
A respondi a seint Sovestre :
356 « Sire, fet il, se ce puet estre
« Qu'eve peüst estre trovée
« Qui tant seit bone et esprovée
« Qui garisse alme et cors ensemble,
360 « Donques est bien dreiz, ce me semble,
« Qu'altres Deus n'est en tot le monde
« Que cil qui cors et alme monde.

— Emperere, fet li seins hom,
364 « Totes les eves, ce creon,
« Ont cel poer que vos oez,
« E Deus li bons et li loez
« Les sentefia de sa boche,
368 « E tantost com a l'eve toche
« Li apials de la Trinité,
« De pechié sont tuit aquité
« Cil qui dedenz baptizié sont
372 « Et qui ferme creance i ont ;
« E se santé volez avoir,
« Ce vos fas gié trés bien saveir
« Que Jhesu Crist vos covient croire. »
376 E Costentins respont en oire :
« Ja certes se ge n'i creïsse
« Por vos envoié *n'i oguisse ;*
« Et une riens *poez saveir,*
380 « Se vos savez nul. . . . . .

352. Vers cité par Fauchet.
378. *Oguisse,* ou peut-être *euïsse.* Cependant la première leçon, donnant une forme caractéristique de la région angevine, serait préférable.

```
          . . . . . . . . . . . . . . . . .
          . . . . . . . . . . . . . . . . .
          . . . . . . . . . . . . . . . . .
384       . . . . . . . . . . . . . . . . .
          Conmande aporter les imagres.        (fol. 4)
          E cil, come corteis et sages,
          Tot mentenant les li aporte.
388       De ce forment se reconforte
          L'emperere que il les vit,
          E dist que nule riens ne vit
          Qui tant se samblent de visages
392       Com font li home et les images,
          E trés bien a cials coneüz
          Qu'en son dormant avoit veüz.
          Adonc li mostre l'apostoire
396       Des apostres, segont l'estoire,
          La vie et le contenement,
          Peis li enseigne bonement
          Nostre creance et nostre lei;
400       E quant bien l'ot mis en la fei,
          L'empereres enquis li a.
          Com a l'ome o molt se fia,
          De lui garir que porra estre.
404       Adonc li respont seint Sovestre
          Qu'ançois .vij. jorz geünera
          Et en afflictions sera,
          En oreisons et em proieres,
408       Et por ses robes les plus chieres
          A la char nue avra la here,
          Par tot fera almosne fere
          E les chetis deliverra,
412       E peis emprès le bien verra
          Que Deus li fera entreset,
          Se ce qu'il dist de bon cuer fet.
```

392. *Li home*, ainsi corrigé dans le ms.; première leçon, *les homes*.

L'emperere tot li otroie,
416 Conme cil qui molt a grant joie,
Tot ensi com ge le vos di. (b)
E quant ce vint al samadi,
Qu'acompli furent li .vij. jor,
420 L'apostoiles et tuit li lor
O paleis se sont aüné ;
Mès ançois orent geüné
Dos jorz entiers por Dé proier
424 De son non croistre et essaucier.
Venuz est a l'empereor
L'apostoiles, et sans poor
Li a dit : « Sire, hemès est ore
428 « Que nos façon et sanz demore
« Ce que Nostre Sire plera.
— Face d'aïr ce qu'a fere a! »
Li emperere li respont.
432 A la pecine atant s'en vont,
Qui de vive egue ert tote pleine.
De bon cuer et de bone aleine,
L'a l'apostoile bien seignie
436 Et beneete et prinseignie ;
E quant il l'ot dit et seignié,
Ensi com lor fut enseignié,
Se furent mis toz a genolz,
440 E li seins hom, li bon, li dolz,
Com hom de grant humilité
Pleins de dolçor et de pitié,
Preie Dé que de sa creance
444 Lor face vraie demostrance.
Quant s'oreison ot dite et fete,
A Costentin qui molt se hete,

416. *Molt* a été remplacé, à tort, par *feit* écrit au-dessus en interligne.

         Qui al b*ingnier* e*r*t *a*tornez,
448 Est l'apostoile retornez ;
       De droite mein, non pas d'enverse,   (c)
       Trois foiz sor lui de l'eve verse,
       Et a la tierce fois le plunge ;
452 E no tenez pas a mençonge,
       Quar plus grant noise ne feïst
       Qui fer chaut en l'eve meïst,
       E, que nos voir dire poissons,
456 Com escherdes de grant peisons
       S'en chaï jus la maladie ;
       Ne ja n'ert nus qui m'en desdie,
       C'une si grant clarté i ot
460 C'onques li uns l'autre ne pot
       Esgarder, e molt lor dura.
       Et l'emperere adonc jura
       Que Jesu Crist aveit veü
464 Visablement et coneü.
       Ensi tot seins e tot hetiez,
       Bien vestuz e bien afetiez
       De dras bla[n]s, si com il covient,
468 Vers son palès ariere en vient.

       En son palès est l'emperere
       Qui de la creance o il ere
       A molt grant joie, e fet que sages
472 Ses lois fet metre e ses usages
       Por essaucier crestïenté
       Ensi com ja vos iert canté,
       Et furent mises par .vij. jorz,
476 Que tant dura li suens sejorz
       C'onques sor cheval ne monta
       Ne sa blanche robe n'osta.
       La loi do premier jor fu ţaus
480 Que ce *creïst* (?) chescons mortaus

474. *Canté*, corr. *conté*.

Qu'i n'est c'uns Deus en tot le monde. *(d)*
Après cele fut la segonde,
Qui al segont jor fut donée,
484 Que por riens ne fu[s]t pardonée
Ne vilanie ne leidure
Qui a Dé ne a sa feture
Eüst esté fete ne dite.
488 Do tierz jors fut la lois escrite
Tele com ja vos iert retrete :
S'a crestïens fust honte fete,
Com est de ledir o de batre,
492 Vaillant un uef n'en puisse abatre
Qu'il ne perdent sens droit avoir
La moitié de tot son avoir.
Do quart jor dut ceste lois estre
496 Que tuit li evesque e li prestre
E li clierc, en quel leu qu'il fusent,
Por seignor l'apostoire eüsent,
E qu'altant por lui feïssont
500 Com li baillif por le roi font.
Al quint jor fut ceste lei mise
Qu'en quelque leu qu'il et iglise
Le larron poisse garantir,
504 Que ja sol n'en ose tentir
Ne soner un sol mot des denz
Justice, puis qu'il iert dedenz.
Do seste jor fut tia*x la leis*
508 Qu'enperere ne quiens ne re*is*
Eglise en cité ne feïst
Se l'evesque otrei n'i meïst.
Al seme jor acompli tot
512 E vuelt que l'en face de bot

485. *Leidure*, première leçon corrigée en interligne, *ordure*. — 493. Corr. *perde ?* — 495. *Ceste*, première leçon, corrigée en interligne, *cele*. — 502, *et* pour *ait ;* latin, « in quocumque loco fuerit fabricata ecclesia ».

Par tot le monde les iglises, (fol. 5)
E que les demes soient mises
De ses rentes sai[n]z riens retrere
516 As iglises fonder et fere.
Ensi establist l'emperere
Ce qui li sist et bon li ere.

Quant l'emperere assises ot
520 Ses lois teles com chescun ot,
E les temples ot abatuz,
Les deus debrisiez e batuz,
Lendemein se met a la voie;
524 E l'apostoile l'en conveie
Tant qu'il vindrent en une place
O il li agrée qu'il face,
O nom des doze compeignons
528 Que nos apostres tesmoignons,
Une iglise de molt halt pris.
En sa mein le fesso*ir* a pris
Por conmencier le fondement;
532 Et en après molt b*on*ement,
En l'enor seint Pere et seint Pol,
Porte de la terre a son col
Totes pleines .xij. corbeilles,
536 E de ce vient a grant merveilles.
A *toz* cials qui l'ont esgardé
En après *n'a* gueres tardé
Que *il en son* pale*i*s demeine
540 U*ne molt* riche iglise e pleine
Fet do Baptiste seint Johan.
Ne vos avroie dit oan
. . . s biens (?) qu'il *ot* establiz
544 . . . . ierchié les escriz,

539. Vers cité par Fauchet.

   Et es evangiles musé   (b)
   O il n'a pas son tens usé,
   Que de la croiz o Deus fut mis
548 Por raiembre les suens amis
   Ot enquise la verité
   Qu'en Jerusalem ot esté
   Nostre Sire crucifiez.
552 Il ne s'est mie tant flez
   En nul autre com en sa mere
   D'enquere la o la croiz ere,
   Dom il avoit le voir enquis.
556 Ne me soit ja ici requis
   Conment la mere Costentin
   Se baptiza, quar en la fin
   Vos porroit molt tost ennoier
560 Se ja ce voloie poier
   Qu'ele a son fiz manda et dist;
   Mès oez que Costentins fist :
   Par ses letres et par messages,
564 Conme cortois, li mande et sages
   Qu'ele aut encerchier et enquere
   La cité, le leu e la terre
   O li Joïf qui adonc erent
568 Nostre Seignor crucefierent,
   E tant face par son savoir,
   Que la seinte croiz puisse avoir,
   Qu'en Jerusalem la cité
572 Reçut il mort de verité.

   La bone dame seinte Heleine,
   Qui de la *grace* Dé iert pleine,
   Ert adonc en Costentinnoble,
576 Une cité molt *grant et noble,*

545. *Musé*, première leçon, rayée, *misese*. — 560. Lire *j'a* ?

Ferme et fondée en la lei Dé. (c)
E ains que li eüst mandé
Sis fiz de la croiz la novele,
580 Deus, qui tot ce qu'il velt revele,
Semonse l'en avoit par songe.
Ne quiert demore ne alonge
Que ne voille savoir enfin
584 Que li traïtor de put lin
De la croiz Nostre Seignor firent,
O il a grant tort le pendirent.
Tant enquist e tant se pena
588 O ses granz genz qu'ele mena
Que par lié fut la croiz trovée ;
C'en est la verité provée ;
E m'orrez ja dire coment,
592 Se ceste estoire ne me ment.

Deus cenz anz peis et xxx trois
Qu'en croiz fut mis Deus li haut rois,
O setesme an que son empere,
596 Tenoit Costentins l'emperere,
En Jerusalem la cité
Vint la reïne de bonté,
Qui a la bone ore fust née.
600 S'ot grant genz o sei amenée
De serjanz e de chevaliers
Hardiz e combatanz e fiers.
Tantost com ele fut venue,
604 Ne s'est gueres em pèz tenue
Qu'ele a soi ne face venir
Toz les Joÿs et bien tenir :
Non pas sens plus cels qu'ele trove
608 Dedenz la cité, ançois ruve

599. *Fust*, on préférerait *fut*, au prétérit. — 606. *Toz*, ms. *Tot*.

Que l'on li ameint toz icials   (d)
Qui es citez et es chastials
Sont espanduz par mié la terre ;
612 Mès tant les ot grejés la guerre
E les males destrucions,
Les mals et les occisions,
Les granz famines et les pertes
616 Que Joïs avoient soffertes,
E si ert destruite la vile
Qu'a peines em puet l'on trei mile,
Que dedenz que dehors, trover.
620 Por essaier et esprover
E por savoir ce donc se peine,
La bone dame seinte Heleine.
Lor enquiert si com vos direi :
624 « Seignor, fet ele, bien le sei
« Que fustes ancïenement
« Amé de Dé molt bonement,
« Jusque tant qu'en terre envoia
628 « Son fid qui a soi ravoia
« Toz cials qu'Adans par son pechié
« Avoit en enfer trebuchié ;
« E cil fut de la Virge nez,
632 « Com Isaïes li senez
« Et li autre prophete dient,
« Qui em plus de .v. c. lius crient
« De sa nesance e de sa mort.
636 « Cil fut ocis a si grant tort,
« Com encore hei vos savré dire.
« Alez, si me fetes eslire
« Toz les plus sages d'entre vos
640 « Qui me sachent dire a estros

---

628. *Fid* pour *fiz* ; même forme v. 1318. Cf. *jord* pour *jorz*, v. 1197.

«   Ce que gié lor demanderé. »   (fol. 6)
       E cil s'en partent sanz delé,
       Si s'en treent a une part,
644   Mès bien conmande c'om les gart
       L'empereris, et cil eslisent
       Mil des Joïs que il plus prisent
       De religion et de sen.
648   Quant orent fet, revenent s'en
       E dient : « Dome, nos avons
       « Esleü cials que nos savons
       « Qui plus sont sages de la lei. »
652   Feit la reïne : « Et je l'otrei.
       « Or voil gié donc, senz plus atendre,
       « Que la reson me sachent rendre,
       « Peis que de la loi tant se vantent,
656   « Que ces escriptures nos chantent.
       « Moyses li bials et li droiz,
       « O qui Deus parla tantes foiz,
       « E tantes fois si demostra
660   « Nos dist : Uns enfes nos nestra,
       « Em privé leu et en segrei,
       « Et la mere, si com gié crei,
       « O home ne s'aprochera
664   « Ne charnelment n'i tochera.
       « Seins Ysaies, qui nos conte
       « Une chose qui a ce monte,
       « Dist c'une virge concevreit
668   « Qui nature si decevreit
       « Que virge avant et virge après
       « Avreit enfant, n'a loi[n]g n'a près,
       « Ne savreit compaignie d'ome,
672   « *Del* enfant dist a la personne,
       « Qu'Emmanuel seroit nomez.   (b)
       « E li seins hom li renomez,

658. *Qui* pour *cui*.

　　　　« Cil meismes aillors nos retret
676　« De Dé qui des suens clamor fet,
　　　　« E dist : Norriz et essauciez
　　　　« Ei mes fiz et en bien halciez,
　　　　« E il, sanz nul altre respit,
680　« M'ont vil e tienent en despit.
　　　　« Li buef conut bien son seignor,
　　　　« Et encor, merveille greignor,
　　　　« Li asne, beste de sens seche,
684　« De son seignor conut la creche;
　　　　« Mès Israel e ma mesnie
　　　　« De moi conoistre est bien fesnie :
　　　　« Ne m'ont servi ne coneü,
688　« Ne mis pueples ne m'a seü
　　　　« Ne obeï de nule rien,
　　　　« Honeré ne fet altre bien. »

　　　　La reïne ensi lor descuvre
692　Que, par ces moz e par ceste uvre,
　　　　Se velt Deus de toz les suens pleindre,
　　　　E por milz confondre et ateindre,
　　　　Dist que par eus ot esté dit ;
696　E peis emprès, senz contredit,
　　　　Molt plus grant chose lor pramet
　　　　A dire et a mostrer, et met
　　　　Les altres prophetes avant ;
700　Mès n'i a nul qui tant se vant,
　　　　Toz ne soit chargiez de respondre,
　　　　N'il ne li sevent pas espondre
　　　　La meitié d'ice qu'ele quiert ;
704　E dist : « Seignor, ja ensi n'iert　　　　(c)
　　　　« Ceste reson que vos me dites.
　　　　« Ne furent pas por ce escrites

677-90. Cf. Is., I, 2, 3.

« Les profeties ne li livre.
708 « Alez encor tot a delivre,
« Si eslisiez un altre foiz. »
E cil angoissos et destroiz
S'en vont de ce que nus n'entent
712 La chose o la reïne tent.
Neporquant en ont esleü
.V. cenz d'icials qui l'ont seü,
Que nus ne porroit entreprendre
716 De bien respondre senz mesprendre.

Quant orent fet, si s'en revont
Davant l'empereris, e ont
Dit entr'os : « Dames, nos avomes
720 « Esleü v. cenz de cez homes
« Qui plus sont de sen esprové.
— « O, fet s'Eleine, fol prové,
« Avoglé et de pute orine,
724 « Qui le desloi et la corine
« E la malvese volenté
« O vostre anceisor ont esté
« Avez tenue jusque ci.
728 « Ja certes pitié ne merci
« Ne devroit l'on de vos avoir
« Que l'on ne vos deüst de voir
« Toz ardoir o pendre o larder,
732 « Qu'ainc ne vos volsistes garder
« De celui qui tant bien vos fist,
« Tant mort en vie vos remist,
« Tant avogle renlumina,
736 « Einc vostre mals cuers ne fina,
« Jusqu'a tant que par vostre envie   *(d)*
« Li tolsistes la soe vie
« En la croiz o il fut penduz,
740 « Braz et meins et piez estenduz,
« O vos a grant tort l'oceïstes,
« E por vos escuser deïstes

     « Que Jesu flz Dé n'estoit pas.
744 « Alez, fet s'ele, en es le pas :
     « Si eslesiez la tierce foiz
     « Plus sagement, que, par la croiz,
     « Se vos altre chose ne dites,
748 « De morz vilenes et despites
     « Vos ferei morir a angoisse. »
     N'i a un sol qui rire poisse
     De ce que lor dist la reïne,
752 Mès, seinz respit e seinz termine,
     S'en vont a une part briement
     Por fere son commandement.

     A une part se furent tret,
756 E la reïne lor a fet
     Gardens metre tot environ :
     « Seignor, font se il, que diron ?
     « Por quel afere nos traïne
760 « En tel manere la reïne ?
     « Que demande e que velt savoir ?
     — « Seignor, fet sei Judas, le voir
     « Vos direi que pense ma dame.
764 « Sor mon cors vos di et sor m'alme
     « Qu'ele por ce vos quide atrere
     « C'une demande vos velt fere
     « De la croiz o ele fut mise ;
768 « Por ce vos tient en *tel sormise*.
     « E mot grant merveille seroit   *(fol. 7)*
     « Qui ce enseignier me feroit.
     — « Judas, fet s'adonc la reïne,
772 « Mol[t] seit l'en de plus lonc termine
     « Les choses qui sont avenues,
     « Quar totes gens, granz e menues,
     « Sevent que ja fut Troie prise,
776 « Arse tote et a charbon mise.
     — « Dame, feit sei Judas adonques,
     « Escriture gié ne vi onques

«   Qui de ce me feïst certein
780 «   Que vos quereiz, meis escrivein
«   Ceste e les altres aventures
«   Ont mises en lor escritures,
«   Et ge ne sei onques escrivre.
784 «   Ensorquetot li nostre livre
«   N'en sevent rien ne ne savront,
«   Ne ja ceste chose n'avront,
«   Se Dex plest, que vos me quereiz
«   Ne ja certeine n'en sereiz
788 «   Par chose que gi encore voie ;
«   Querre vos covient altre voie.
— «   Judas, fet s'encor la reïne,
«   Par celui qui toz biens destine
792 «   E par la creance qu'ore ei
«   O crucefis que j'aorei,
«   Se tu altre rien ne me dis
«   Et ton corage ne desdis,
796 «   De fine feim morras a glaive,
«   Et sembleras malement saive,
«   Quant tu por chose si petite
800 «   Morras de mort leide et despite.
«   Es Evangiles ei apris   (b)
«   Que leidengiez, batuz e pris
«   Fut Dex li dolz, li debonere,
804 «   En un leu qui a non Calvare,
«   Et, se ge celui leu savoie,
«   Tost porroie estre mise a voie
«   De savoir ce que tant desir.
808 — «   Dame, ensi est vostre plesir,
«   Fet Judas, que vos me volez
«   Plus fere mal que ne solez,
«   Et plus que gié ne deservi
812 «   Por dire ce c'onques ne vi,

788. On pourrait lire aussi *gié 'ncore*.

« Ne dont gié, voir, certeneté
« Ne poi saveir ne verité ;
« Mès por noient vos em penez,
816 « Que gié ne peis estre menez
« A tel dolor n'a tel martire
« Que ja riens vos en sache dire. »
Quant la reïne seit et voit
820 Que son tens pert ne ne savoit
Conment plus l'em peisse essaier,
En la chartre senz delaier
Le fet avaler, et conmande
824 Que ja n'i mainjust de viande
Ne boive d'eve ne de vin.
Or le tendré a bon devin,
Se il ne muert, o il dira
828 Ce que de la croiz a dire a.
Set jorz fut Judas en la fosse,
C'onques riens, petite ne grosse,
Dedenz n'i meinja ne ne but ;
832 Et quant si fort afflebliz fut
Que plus ne pot soffrir le cors,   (c)
Crie que l'on l'en traie hors.
Hors l'ont mis, e peis seinz termine
836 S'en est venuz a la reïne :
« Dame, fet se il, alons querre
« Sainz delai le leu e la terre
« O li nostre anceisor ont mise
840 « La croiz que tant m'avez requise,
« Quar certes plus ne peis soffrir,
« Et grant honte ei do paroffrir ;
« Mès sachiez que c'est mal gré mien,
844 « Qu'a mon gré n'en feïsse rien. »
La reïne ot que dist Judas,
Molt l'en est bel, qu'en es le pas
Bon avoiement quide avoir
848 De ce que tant voloit savoir.

Neporquant, ançois que se mueve,
Conmande la reïne et ru[e]ve
Que l'on li aport a meingier,
852 Et il meinjue senz dangier,
Que pe[i]n ne vin n'a refusé,
Qu'en la fosse avoit trop musé.

Quant ot meingié et beü pro
856 De ce qui li ot fet grant pro,
Emprès lui se met a la voie
La reïne, qui ot tel joie
Qu'en nul sen ne puet estre mere.
860 Venu sont al leu de Calvere,
O il orent, por mal essample,
D'une deesse fet un temple,
Qui Venus se fesoit nomer,
864 Que, se nus volsist aorer
La croiz illuec des crestïens   *(d)*
Por le leu qui iert ancïens,
Avis li fust, que qu'il orast,
868 Que il la deesse aorast.
Mot iert li leus lèz e vileins.
Et Judas, qui n'iert pas certeins
En quel leu la croiz fu reposte,
872 A val et a mont et en coste,
Veit regardant par mié la place,
Et ançois que il plus en face
Se met a genoilz por orer.
876 Tendrement conmence a plorer ;
En ebré, que nus ne l'entent,
A dit : « Dex, sire omnipotent,
« Qui formas ciel et terre essamble
880 « Et nos donas, si com mei samble,

849. *Que,* ms. *qui.*

« Escrite, o mont de Synaï,
« La loi par la mein Moysi
« Qui est seüe et loi[n]g e près,
884 « Et a lui demostras emprès
« Les os seint Joseph nostre pere,
« Et la loi ensi com ele ere
« Avons tenue jusqu'a ci,
888 « Ge te requier par ta merci
« Que tu me faces demostrance,
« Se tu vuels que cele creance
« En ton non essalcie soit
892 « Que crestïen ont orendroit,
« Et dol leu o fut enterrée
« La croiz, une dolce fumée
« De la terre nos fei venir,
896 « Que ja toi puisse parvenir,
« Lassus o est mi frere Esteinvre,   *(fol. 8)*
« Que, come fals et conme enrievre,
« Jugierent li Joïf a mort
900 « Et lapierent a grant tort. »

N'avoit pas encore terminée
Judas s'oreison ne finée,
C'une fumée ist de la terre,
904 Nule plus doce n'estuet quere,
De la endroit o iert la croiz.
Ne sembloit pas estre de poiz
Ne de chose qui male fust,
908 Qu'ainc leigne, aloe n'altre fust,
N'espiece nule, a negun jor,
Ne geta mès si grant oldor
Com de cele fumée eissoit.
912 Liez fut Judas qui connoissoit
Que Dex ot oï sa proiere.
De bon cuer et o bele chiere,
Com cil qui toz estoit seinz fiel,
916 Estent ses meins envers le ciel,

Et dist : « Dex, sire omnipotent,
« Graces et merciz vos en rent
« Que vos, par la vostre merci,
920 « M'avez deignié mostrer ici
« Ce que gié tant savoir voloie,
« Et dont al cuer tant me doloie
« Que n'en savoi certeneité.
924 « Or sei gié bien de verité
« Que de la Virge fustes nez
« Et en la croiz a tort penez,
« Et qu'a grant droit en vos creoit,
928 « Por la reison qu'il i veoit,
« Mi frere Estievre li martir, (b)
« Et me donez o lui partir,
« Bials sire Dex. o ciel lasus. »
932 Quant ot ce dit, si leva sus
Et prent le fosoir por foïr,
Et cele o n'ot que resjoïr,
La seinte dame, la reïne,
936 Qui ot veü tot le covigne,
Venue i est por adrecier,
Mèsançois ot fet depecier
Tot le temple que mein i mete,
940 Et ot fet fere bele et nete
Cele place tot environ,
Et peis fuent a esperon,
Et ont foï tant en parfont,
944 O l'aïe qu'altres lor font,
Qu'a la seinte croiz sont venu
O Dé virent saignant et nu
Cil que furent a lui ens metre,
948 Et qui fut, si com dit la letre,

---

923. Sic, corr. *certeineté*. Cf. v. 961. — 947. Ainsi corrigé, la première leçon était *ens lui al metre*.

De son sanc arosée et teinte.
La ot plorée lerme meinte
De fine dolçor et de joie.
952 Mès neporquant molt les desvoie
Et lor joie mot dessasamble,
Ce que trois croiz trovent ensamble,
Cele o Dex pendié longement
956 Et les altres dos ensement,
O cil lor membres estendirent
Qui encoste de *lui* pendirent.
Si ont de ce molt grant angoisse,
960 Qu'il n'i a celui d'ials qui poisse
Droite certeineté avoir   (c)
De la Nostre Seignor savoir.
Et si ont le titre trové
964 Que Pilates avoit rové
Sor la croiz metre, et qui mostroit
En ebré o escriz estoit,
Et qui disoit que c'ert Jesus,
968 Rois des Joïs, Nazarenus ;
Mès tant estoit vielz l'escriture
Et effacée la peinture
Qu'il n'osoient vraiement dire
972 Que ce fust cele o Nostre Sire
Fut en un sol jor morz et vis.
Et seint Macaire, ce mest vis,
Uns hom de grant humilité,
976 Ert evesques de la cité,
Sages hom et de grant conseil :
« Dame, fet s'il, molt me merveil
« C'une chose ne volez fere
980 « Por savoir de fi cest afere,
« Quar, qui a la croiz avendra,
« Par estovoir li covendra

969. Première leçon, corrigée en interligne, *li escriz*.

« Qu'o miracle i puisse avenir.
984 « Fetes totes les croiz venir,
« Et, quant seront ci aportées,
« Totes treis en seront portées
« A une meson près d'ici,
988 « Et Dex, par la soe merci,
« Demostrance nos en fera
« De cele qui soe sera.
« Ici molt près a une fame,
992 « Qui molt seult estre bone dame,
« Et qui a non Primaria ; *(d)*
« Et encore altre chose i a :
« Qu'ele ne se tenist por rien
996 « De fere almosne o altre bien.
« Or se giest el liet de la mort,
« N'il n'i a mès altre confort,
« N'altre chose n'i puet l'on prendre
1000 « Se l'arme non qu'ele vialt rendre,
« Qu'ele ne voit ne n'ot n'entent. »
Et la reïne plus n'atent
Qu'a seint Macaire ne s'en aille,
1004 Et Judas ensemble els seinz faille,
Qui ne fet mie a oblier,
Qu'en lui se puet l'on molt fier,
Et font totes les croiz porter
1008 Por la feme reconforter,
Que Dex, par la soe puissance,
Lor en donst vraie connoissance,

A la meson sont ja venu
1012 Et emprès lor est avenu
Que l'une des treis croiz ont prise
Et de desus la feme mise.
Ne onques por ce ne se mut,
1016 Mès ensi comme morte jut,

991. Ms. *Icil.* — 1003. *Qu'a* seint Macaire, première leçon *Que semacaire.*

Sens sei croler ne ça ne la.
Et seins Macaires apela
Celui qu'il vit l'autre tenir,
1020 Et, quant l'ot fet a soi venir,
La feme a de la croiz tochié
Et molt près de lié aprochié ;
Mès onques n'i fist altre force
1024 Que feïst une froide escorce.
La voire croiz a prise emprès,   *(fol. 9)*
Cele qui ert d'ovre ciprès,
O Dex morit por ses amis,
1028 E tantost com il en a mis
Un des corons desus le cors,
Cele saillit de son liet hors,
Tote hetie et tote seine,
1032 Si que, sens travalz e senz peine,
Voiant toz, vait par la meson
E loe Dé en sa reson,
Qui par la vertu de la croiz
1036 L'avoit garie a cele foiz.

Quant de la se furent parti
E a lor voie reverti,
Un vaslet mort ont encontré,
1040 Et, ançois que l'eüst oltré,
Judas, qui fermement creoit,
Conmande qu'arestée soit
La biere al mort un petitet ;
1044 Peis est venuz vers le vaslet
Et de l'une des croiz le toche,
Mès por neient tant l'en aproche,
Conques por ce ne se crolla,
1048 Et de l'autre emprès s'amolla

1022. *Aprochié*, première leçon *atochié*. — 1032. *E senz* peine,
première leçon *esa peine*.

De tochier al plus près qu'il puet,
Mès onques por ce ne se muet.
Emprès les dos, la tierce a prise
1052 Qui de vertuz fere ert aprise ;
Si l'a posée sor la biere,
Et li vaslez, sanz fere chiere,
Que de riens nule fust grevez,
1056 Seins et saus s'en est sus levez
Et prent la croiz a aorer.   (b)
De dolçor conmence a plorer
La bone reïne, la seinte.
1060 La ot plorée lerme meinte
De çols qui la chose ont veüe,
Quar mot grant joie ont tuit eüe,
Et plus la reïne et Judas
1064 E l'evesque, qui n'i doit pas
Estre oblïez en nule guise,
Que par lui et par sa devise
A la croiz esté tant provée
1068 Que la Nostre Sire ont trovée.

Mès cil qui toz jorz a envie
De toz biens et qui en sa vie
Ne finera de toz mals fere,
1072 En l'er amont conmence a brere,
Ce fut Deables qui crioit,
Ensi conme chescun ooit,
Et disoit : « Di va ! qui ies tu,
1076 « Qui hei cest jor as tel vertu
« Que, par une croiz que tu portes,
« Me tols les almes qui sont mortes
« En tel desloi qu'eles sont moies.
1080 « Di va ! Judas, trop me desvoies,
« Et trop m'as orendroit sospris.
« Einc mès par home ne fui pris,

1081. Ms. *solpris*.

« Meis par toi me vient tials damages
1084 « Qui durra mès a toz eages.
« Di va ! Judas, trop m'as meffet
« Que par Judas avoi gié fet ;
« La traïson et demenée
1088 « Dom en cele croiz fut penée
« La char celui qui nos brisa   (c)
« Nostre enfer e qui l'espuisa
« De quant qu'il i avoit d'amis.
1092 « Judas, en mal an nos as mis
« Que jamès garir ne porron
« O cele croiz que nos verron.
« Judas trés bien servi m'avoit,
1096 « Qui al plus bial que il savoit
« Avoit fete la traïson,
« Mais cist Judas m'a em prison
« A toz jorz mès mis et geté,
1100 « D'ice que par lui a esté
« La croiz trovée et descoverte
« Par quei ge sei en tel proverte
« Que ge jamès n'avrei poer
1104 « Tant con la croiz puisse veoir.
« Judas, se tu m'as fet domage,
« Ge n'avrei bien en mon eage
« Jusque tant qu'aie porchacié
1108 « Et tant alié et tant tracié
« Com altre seignor aie quis
« Qui n'eint pas tant le crocefis
« Com fet cil qui ore est ton sire ;
1112 « Et cil o duel et o martire
« Te fera destruire et pener.
« Et peis te voldrei tant mener

1096. *Que il saveit*, première leçon *sui mavoit*. — 1103. *Que ge*, première leçon *Por quei*.

« Et par moi si desvoieras
1116 « Que Jesu Crist reneeras
« Ne te peis ore plus offrir,
« Mon domage m'estuet soffrir ;
« Et après, quant mon leu vendra,
1120 « Se gié peis, ton mal, te querei. »
Judas, qui bien estoit creanz   (d)
Li respont : « Di va ! recreanz,
« Fols et malvès et esbahiz,
1124 « De Dé et do monde haïz,
« Gié ne pris toi ne ta manace,
« Quar Ihesus, par la soe grace,
« A cui gié mon cuer atorné
1128 « De ton poeir m'a destorné.
« Vei t'en ens o feu permanable,
« O tu et li autre deable,
« Emprès le jor do jugement,
1132 « Ardreiz meis sens definement. »

La reïne a mot grant merveille
De ce qu'ele ot, et s'esmerveille
De la bone foi qu'a Judas,
1136 Qui si a certes, non a gas,
Croit et parole par fiance,
Com hom qui est de grant creance.
Et la reïne, dès cest jor
1140 Qu'ele vint primes a sejor
En Jerusalem la cité,
O joie et o humilité,
La seinte croiz a bien gardée,
1144 Et de ce ne s'est point tardée

1115. *Et*, corr. *Que ?* — 1117. Vers écrit en interligne au-dessus de celui-ci, qui a été rayé : *N'ere pas ore apareilliez.* — 1119-20. Ces vers ne riment pas ; lacune ? — 1127. *Gié*, corr. *j'ai.*

Qu'isnelement ne face fere
Une iglise de riche affere,
La o ele la croiz trova.
1148 Et d'ice si bien se prova
C'onques por riens ne vot soffrir
Que nus se peüst poroffrir
A riens do sien doner ne mettre.
1152 Et, ensi com nos dit la lettre
Par quei nos savons ceste estoire, *(fol. 10)*
Judas, com hom de grant memoire,
S'entente met tote et sa cure
1156 A savoir la nostre escriture
E cele loi que nos avon
Et ensi con nos le savon.
Quant do la loi fut bien apris,
1160 L'evesque seint Macaire a pris,
S'a receü de lui baptesme,
Crestïenté et sal et cresme
Et quan que monte a batestire,
1164 Et de tot son cuer tent et tire
A fere ce qu'il cuide et croit
Que Dex vuele et que bial li soit.

Mès entretant que la reïne,
1168 La gentilz de cuer et d'orine,
En Jerusalem sejorna,
La morz, qui onques sejor n'a
Que tot ne tut par fine envie,
1172 A geté hors de ceste vie
Le boen evesque seint Macaire.
Et la reïne debonaire
En un sarqueu a plom serré
1176 A le cors al seint enterré,
Al plus biau que fere le sot;
Et peis, al plus tost qu'ele pot,

1175. *Serré* est écrit au-dessus de *sacré*, qui est rayé.

D'evesque fere a pris conseil,
1180 Mès n'a pas fet grant apareil
Ne grant demore del eslire,
Qu'ensi com le volt Nostre Sire,
Tantost com cil revenu furent
1184 Qui a l'apostoire aler durent,
Par le conseil a l'apostoire, *(b)*
Si com nos conte ceste estoire,
A la reïne pris Judas;
1188 Croce et anel et mitre et dras
D'arcevesque li a baillié,
O siege a or bien entaillié.
De Jerusalem la cité
1192 L'asist par grant humilité.
Et li fut lors changiez sis nons,
Quar, ensi con nos le trovons,
Quiriacus fut apelez,
1196 Et li altres nons fut celez
A tot les jord que il vesquié.
N'ot si seint hom en l'evesquié,
Ne qui Dé de cuer amast plus
1200 Que fesoit seint Quiriacus.

Un jor, emprès grant piece, avint
Que la reïne a Judas vint,
Qui Quiriacus avoit non;
1204 Ensi l'en a mis a reson
Com vos sempres porroiz entendre :
« Sire, dist ele, molt doi rendre
« Granz merciz a Nostre Seignor,
1208 « Qui de mes desiers le greignor
« Par sa grace m'a achevé,
« Que le seint ciprès ei trové
« O Dex fut estendu et mis.
1212 « Meis encor, si com il m'est vis,

1197. *Jord* pour *jorz;* cf. ci-dessus la note du v. 628.

« Ne porrei pas avoir grant joie
« Jusque a tant qu'avoi[é]e soie
« De dos clos qui fichié li furent
1216 « Par les paumes, si com il durent,
« Et do tierz qui li fut fichiez   (c)
« Par les dols piez, quant affichiez
« Fut en la croiz, o a grant tort
1220 « Reçut por nos pechiez la mort. »
Qu'ele avoit molt bien oï dire
C'un sol clo avoit Nostre Sire
Par mié les dos piez embatu,
1224 Quant pris et lïé e batu
L'orent Joïf qui l'estendirent
En la croiz o il le pendirent.

Li evesques li respondit :
1228 « Dame, fet s'il, nul escondit
« Ne peis metre a ce que vos dites
« Que, si m'aït Seinz Esperites,
« Mon poor feré por savoir
1232 « De vostre volenté le voir.
« Mès, si com est droiz e resons,
« Bien savez que par oreisons
« Doit l'on ceste chose requerre
1236 « Celui qui por nos vint en terre,
« Que la force n'i a mestier.
« Alons nos en vers le mostier,
« Que demostrance nos en face
1240 « Dex, nostre sire, par sa grace. »
Atant se metent a la voie
Qui a l'iglise les avoie,
Que la reïne avoit fait fere
1244 O leu qu'il apelent Calvere.
Et, quant al mostier est venuz,
Li seinz hom ne s'est plus tenuz
Qu'il n'alt au leu sanz demorée
1248 O la seinte croiz honorée

Fut trovée par tel maniere, *(d)*
Com l'on vos a dit ça ariere.
Li seinz evesques et li dolz
1252 Por orer s'est mis a genolz,
Meis, eins qu'il conmence a orer,
Tendrement conmence a plorer
E dist : « Dex, qui par ta dolçor
1256 « M'as geté de la fole error
« O j'ei si longement esté,
« E m'as en tel bien visité
« Com j'ore creis e sei de fi,
1260 « Si vraiement com je me fi,[1]
« Sire Dex, en vostre poissance,
« Nos donez vraie connoissance
« De savoir ce que la reïne
1264 « Vos requier[t], Dex, com en termine
« Envers vos de cuer et de cors. »
A cest mot ne dist plus, et lors
Une si granz clartez lor vient
1268 Que nule graignor ne covient,
Et li angres Dé i descent
Si que le virent plus de cent.
O leu o la croiz fut trovée,
1272 Qui tantes foiz fut esprovée,
A veü li seins hom treis clos,
Tot descovert et a desclos,
Si clers con s'il fussent doré.
1276 De cuer en a Dé aoré,
Qui si li mostre ce qu'il quiert
Quant il par bon cuer le requiert.
Prent les e les baille senz terme
1280 La reïne, qui meinte lerme
De joie et de dolçor em pleure, *(fol. 11)*
Parfont l'encline et seins demuere,

1259. Ms. *treis*. — 1264. *en termine*, corr. *enterine* ?

Quant les merciz rendues ot
1284 Al plus biau que fere le sot,
O grant joie, non pas irie,
Vers son paleis est reperie.

Quant la reïne ot espleitié
1288 Que de ce qu'ot tant coveitié
Fu seisie enterinement,
L'un des trois clos qu'ele avoit prent.
Si le fist, si com dit la letre,
1292 Dedenz le hialme son fiz metre,
Que Dex, par la force de lui,
Le gardast des meins a celui
Qui de mal porchacier ne fine,
1296 C'est de deable et de s'orine,
Et que Dex, li halt rois de gloire,
Li otreiast force e victoire
Encontre toz ses enemis.
1300 L'autre des clos emprès a mis
La reïne o frein do cheval,
Qu'ele vuelt que Dex de tot mal
Soit a son fiz force et escuz,
1304 Ne ja ne peisse estre vencuz
En bataille ne en estor,
Et por ce qu'encor n'ert al jor
Averée la prophetie
1308 Que dite avoit sai[n]s Zacarie,
Qui dist que li jorz avendreit
Que ce que li chevals tendreit
En son frein seroit seinte chose,
1312 Mès ore a primes iert esclose
La profetie qu'avoit dite   (b)
Li hom pleins do Seint Esperite.

1312. *esclose*, corr. *desclose* ?

       La reïne qui bon fust née
1316   A fet de genz grant aünée
       La o la croiz fut departie,
       A son fid une grant partie,
       La o il estoit en voie,
1320   E il la reçut o grant joie
       Conme la chose o plus se fie
       De garder s'onor e sa vie,
       Emprès Dé et emprès sa mere ;
1324   Et en la cité o il ere,
       C'estoit a Rome, en a mot mis ;
       S'en r'a grant partie tremis
       A sa cité qui molt iert noble
1328   Qu'il apelent Costentinnoble.
       Le plus en a fet seeler
       L'empereres en un pilier
       O tresgetée estoit s'imagre
1332   Qu'il li est vis que nus domage
       Ne porroit la cité avoir,
       Tant cum si pretios avoir
       Com est la croiz l'eüst en garde.
1336   Do remaignant point ne se tarde
       Que il n'en preigne son tresor
       A grant plenté pierres et or,
       Por si riches chasses a fere,
1340   Com a metre tel seintuere ;
       Et altretel fet la reïne :
       Nul jor ne cesse ne ne fine
       · De fere croiz, o qu'ele fust,
1344   Por estoier le digne fust.
       Ne sei que plus vos en deïsse   (c)
       Ne por quei demore en feïsse,
       Par quei vos fusiez anoié :
1348   Molt en a pris et envoié,

1328. Ms. *Costentin noble.*

Et mot en let par verité
En Jerusalem la cité,
Qu'assez em pooit departir
1352 Mès tant sé gié bien qu'al partir
Prist a son ues de la plus seinte
Cele qui do sanc Dé fu teinte,
Qui plus près de lei s'aprocha
1356 Et nu a nu a lui tocha.

Or est bien droiz que gié vos die
De seint Quiriacus la vie,
Conment en la fin se prova.
1360 Dex en lui tant de bien trova,
Et de sa grace tant i mist,
E li buens evesques tant fist,
Qu'ensi cum nos dit ceste estoire,
1364 A totes genz fu en memoire,
Et par tot fu dit et conté
La novele de sa bonté.
De totes parz a lui venoient
1368 E les malades amenoient,
E Dex de lor enfermetez
Les en avoit molt tost gitez
Par la preiere do seint home.
1372 Dès Jerusalem jusqu'a Rome,
Ce vos peis a un sol mot dire,
N'en avoit nul que Nostre Sire
Amast tant, ne ne li pleseit
1376 Nus altres tant com il fesoit,
Et la reïne l'amoit tant, *(d)*
Por le bien et por le semblant
O ele adès le veoit estre,
1380 Que de lui avoit fet son mestre

1355. Au lieu de *lei s'aprocha*, la première leçon, rayée, portait *sa char tocha*.

           De fere ce qu'il comandoit ;
           Et ele adès li demandoit
           Conseil de ses plus granz afferes
1384   Com cele qui ne vosist gueres
           Fere chose qu'ele seüst
           Qu'a Nostre Seignor despleüst ;
           Et ce n'a pas mis en obli,
1388   Que de puceles establi
           Qui erent en la region
           Une seinte religion,
           Qui toz jorz mès deserviront
1392   Et son servise li diront,
           Si bien con l'avoient apris.
           Et la bone reïne a pris
           Rente et avoir a grant largece.
1396   Si lor establist et adrece
           Par devant l'evesque a delivre
           Dont a toz jorz peüssent vivre.
           Si fesoit por Dé veirement
1400   Et por la croiz seinte ensement,
           Qu'ele de son poier voloit
           Honorer ensi con soloit ;
           Et de ce refesoit grant bien
1404   C'onques ne vost soffrir por rien
           Des virges qu'ele ot amenées
           Et a religion donées
           Qu'ele les piez ne lor lavast
1408   E l'eve as meins ne lor donast,
           Et ert ensi con serve a celes   *(fol. 12)*
           Qui devant erent ses anceles.
           Si gardoit le conmandement
1412   A l'apostre certenement
           Qui dist : « Quant tu mildre seras
           E tu plus t'umelieras. »
           Ensi fesoit la bone dame
1416   Qui en so cuer ert de la flame

Al seint Esperit embrasée,
De toz biens pleine et asazée.
Ne ele nule honor graignor
1420 Ne pooit fere a son Seignor,
Que de la grant humelité
O ele iert e de la pitié
Qu'a grant merveille a toz venoit
1424 De lié, qui en sa mein tenoit
La plus grant partie do monde,
Si com il clot a la roonde,
Et qui a si halt home iert mere
1428 Com est Costentins l'emperere,
Conment tel chose poeit fere,
Com vos m'oez ici retrere,
Que fere ne deignast al jor
1432 Des chambrieres la sordeor.
Meis Dex, li bons, li dolz, li frans,
Toz cials qu'i vuelt fet bien soffrans
De toz travalz por rendre après
1436 Reguerredon qui set de près :
Por une peine .c. repous
Et por un blasme .v^e. lous,
Mil joies por un sol plorer.
1440 Si devons bien de cuer orer
Et proier de jor e de nuit. *(b)*
Que de chose qui li anuit
Par sa grace et par sa merci
1444 Nos gart Dex toz aillors et ci.

Ensi cum je vos ei conté,
La reïne de grant bonté,
Qui par dreit a nom seinte Heleine,
1448 De Dé servir se met em peine,

1418. *Pleine* est ajouté en interligne. — 1445. *Cum*, prem. leçon *est.* — 1448, *met*, corr. *mist?*

```
         Et volt que do seintisme fust
         Une feste establie fust
         Al jor que Dex par sa puissance
1452     Lor en fist vraie connoissance,
         E fu misse al tierz jor en mei,
         Qui peis a esté sens esmei
         Par tot le monde celebrée,
1456     Et, por fere droite amembrée,
         Fut ensi noté es saltiers,
         Es livres et es kalendiers :
         C'est de la croiz l'invention.
1460     Or vos veil fere mention
         D'une chose que dist l'estoire,
         Que Dex par sa seintisme gloire
         Volt que do siecle trespassast
1464     La bone reïne et passast
         Lassus en la soe meson,
         Qui ne dote en nule seison
         Noif ne gelée ne tempeste,
1468     Ne ne li puet fere moleste
         Ne quens, ne reis, ne emperere.
         En tel eage com ele ere,
         Que plus ot de quatre vinz ans
1472     La bone dame, seins ahanz,
         Ne seins soffrir gueres dolor,           (c)
         S'en ala a Nostre Seignor,
         Qui los et honor doit avoir,
1476     Ice doit bien chascons savoir,
         Par toz les siecles qui seront
         E qui jamès ne fineront.
         Fol est qui altrement le creit.
1480     Dites amen, que Dex l'otreit!
```

ERRATA ET ADDENDA

Page 32, note 1. — La date de 1009, indiquée par C. Port, est donnée en marge d'une copie du xvii° siècle de l'acte ci-dessus (V. Arch. de M.-et-L., G., 943). Elle a dû être inspirée au copiste par l'acte faux que nous publions, dans le Supplément, sous le n° 79.

Page 45. — La date de l'acte 33 doit être ramenée à 1150 au plus tard, en raison du nom du doyen de Saint-Laud, Normand.

Page 69, note 2. — ... dans le recueil cité note 1, *ajouter :* de la page précédente.

Page 72, n° 53. — Cf. Dom Housseau, tome XIII, n° 1450.

Page 107, ligne 30. — ... cellibertis, *lisez :* collibertis.

Page 111, ligne 19 du texte. — ... cum burgonovo Albucineriis, *lisez :* cum Burgo Novo, Albucineriis.

Page 116. — Albucineriis ; *peut-être : La Boussinerie ou la Boussinière, commune de Marcé (Maine-et-Loire)*.

Page 120. — Brivo (Molendinum de) ; *ajouter : Moulin de Bré (?), commune de Seiches (Maine-et-Loire)*.

Page 141. — Pozie, *lisez :* Pozia.

Page 153, dernière ligne. — ... jesqu'au, *lisez :* jusqu'au.

www.ingramcontent.com/pod-product-compliance
Lightning Source LLC
Chambersburg PA
CBHW051917160426
43198CB00012B/1924